Neuland

Ohne Goethe und Gotik.
50 junge Ziele in Deutschland

Axel Klemmer

Mit Extra-Heft!

INHALT

01 Meyer-Werft

Papenburg

Auf die Idee muss man erst mal kommen: eine Schiffswerft mitten im Moor zu bauen! Wilm Rolf Meyer hatte diese Idee, und er hatte viel Glück oder einfach den richtigen Riecher, als er 1795 im damals bettelarmen Emsland, knapp 40 km von der Nordsee entfernt, seine Werft gründete. Was daraus geworden ist, kann man heute am Rand von Papenburg bestaunen. Hier entstehen im größten Trockendock der Welt – 504 m lang, 125 m breit, 75 m hoch – die größten Kreuzfahrtschiffe der Welt, Luxusliner für mehr als 4000 Gäste. Es gibt noch ein zweites Baudock (370 x 101 x 60 m), es gibt weitere große und sehr große Hallen für die Vorfertigung und den Sektionsbau, und es gibt ein Besucherzentrum, das 2015 erweitert wurde. Neben detaillierten Schiffsmodellen sieht man auf einer interaktiven Seekarte, wo die von Meyer gefertigten Pötte gerade kreuzen; Höhepunkt ist der Blick in die gigantische Schiffbauhalle 6 und auf die laufende Produktion. Rund 3100 Mitarbeiter, im Schnitt 38 Jahre jung, arbeiten für Familie Meyer, die nun schon seit sieben Generation Personen- und Frachtschiffe baut, Fähren, Forschungsschiffe, Gastanker und Tiertransporter. Besichtigungen sind ganzjährig möglich – aber nur nach vorheriger Anmeldung bei Papenburg Tourismus.

Papenburg Tourismus, Papenburg, Tel. 049 61/839 60,
www.papenburg-tourismus.de

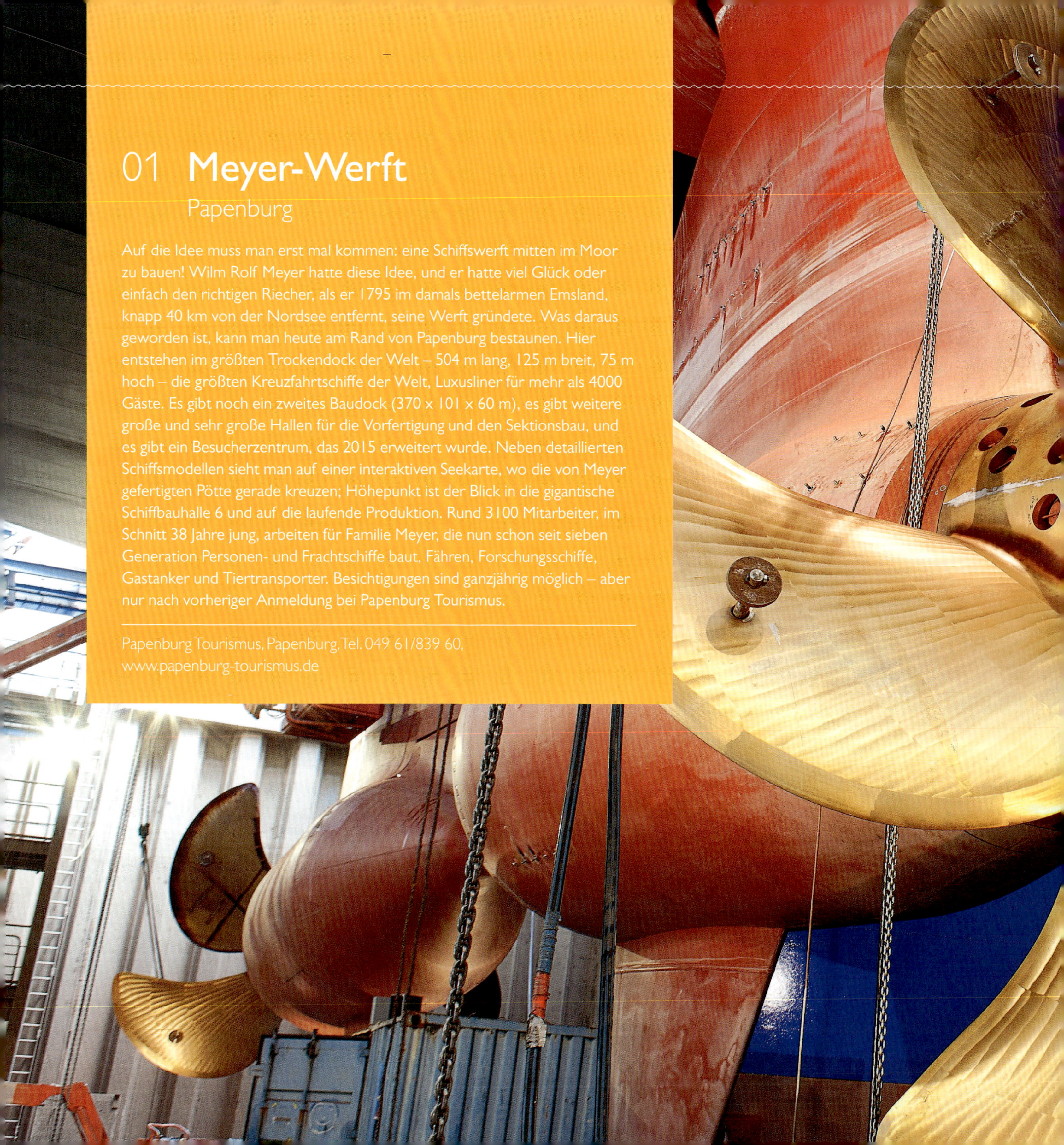

Emsig schraubt sich
das Emsland in die
Zukunft: Montage
in der Meyer-Werft.

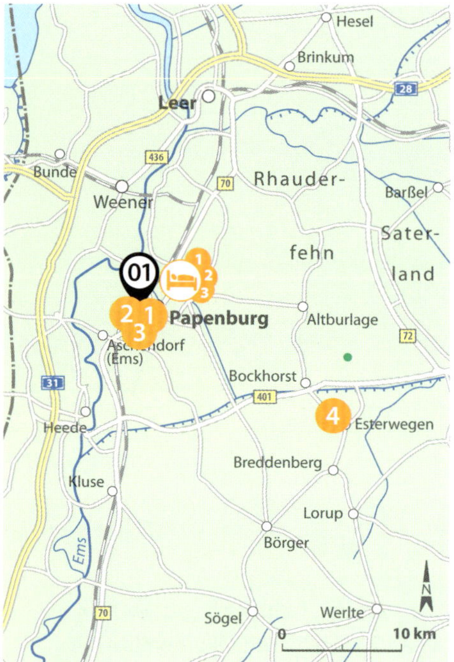

- (01) Meyer Werft
- (1) Zeitspeicher
- (2) Hauptkanal, Freilichtmuseum
- (3) Naschkes Garten
- (4) NSG & Gedenkstätte Esterwegen
- Hotel Alte Werft
- Kedi Hotel
- Park Inn by Radisson

1 Zeitspeicher

Gespeicherte Zeit(geschichte), gleich über der Touristen-Information am alten Papenburger Hafen: Im ersten Stock wird interaktiv vermittelt, wie Papenburg von der bettelarmen Moorkolonie zur properen 35 000-Einwohner-Stadt mit besten Verbindungen zu den Weltmeeren geworden ist. Neben der mühsamen Besiedelung des Gebiets steht natürlich der Schiffbau im Vordergrund. Modelle von Schleusen, Kanalstrecken und Kransystemen können von den Besuchern bedient werden. Man erfährt auch die Geschichte der 1913 in Papenburg gebauten »Graf Goetzen«, die in 5000 Holzkisten verpackt nach Afrika an den Tanganjikasee geschickt wurde – wo sie heute, nach einem Gastauftritt im Hollywoodklassiker »African Queen«, ihrer Sanierung harrt.

Ölmühlenweg 21, Papenburg,
Apr.–Okt. Mo–Sa 9–17 und So 9–14 Uhr,
Nov.–März Mo–Sa 9–17 Uhr,
www.papenburg-tourismus.de

2 Hauptkanal, Freilichtmuseum

Bis 1973 produzierten Meyers direkt in Papenburg mit seinen rund 33 km Kanälen. Mittendrin präsentiert sich der Hauptkanal mit Straßen und Ladenzeilen auf beiden Seiten als eine der schönsten Flaniermeilen Norddeutschlands. Geschäfte, Restaurants und Cafés laden zum Promenieren und Shoppen ein. Außerdem dient der Kanal als Freilichtmuseum. Sechs Schiffsnachbauten liegen hier fest vertäut, darunter die viel fotografierte Brigg »Friederike von Papenburg« mit der Tourist-Information an Bord. Nach Originalplänen hergestellt wurden auch die fünf anderen Traditionsschiffe aus dem 19. Jh.: eine Tjalk, eine Spitzmutte, eine Kuff und zwei Schmacks – sie heißen wirklich so!

Hauptkanal, Papenburg

3 Naschkes Garten

Das Paradies liegt gleich neben dem Gewerbegebiet im Osten Papenburgs, es umfasst 10 000 qm und hat alles, was Adam und Eva woanders auch nicht schöner finden: Hügel, Quelle, Bach und Teich, ein Hochmoor und ein Farnbeet. 2002 wurde der Besitzer, Herr Naschke, für seinen grünen Daumen ausgezeichnet. Auf dem Gelände steht auch eine alte Gulfscheune aus dem Jahr 1803. Der Garten ist frei zugänglich.

Mittelkanal links 63, Papenburg,
Tel. 049 61/710 31

4 Esterwegen: Naturschutzgebiet und Gedenkstätte

Idylle und Grauen liegen manchmal dicht beisammen. Rund 20 km südöstlich von Papenburg liegt die Esterweger Dose, ein 5000 ha großes Hochmoorgebiet, das in

»Ausdocken«

Die ganz großen Spektakel im Nordwesten finden in unregelmäßiger Folge statt. Tausende sehen dabei zu, wenn wieder eine der schwimmenden Hotelstädte aus der Meyer Werft »ausdockt« und zwischen grünen Deichen Kurs auf die Nordsee nimmt. Wann es wieder so weit ist, erfährt man am besten auf der Website unter »Besucher – Termine«.
www.meyerwerft.com

Auch abgetakelt äußerst fotogen: Die Brigg »Friederike von Papenburg« mit der Tourist Information an Bord auf dem Hauptkanal in Papenburgs guter Stube.

dieser Ausdehnung deutschlandweit einzigartig ist und 2005 zum Naturschutzgebiet erklärt wurde. Viele bedrohte Tier- und Pflanzenarten leben hier, darunter Goldregenpfeifer und Bekassinen. Es gibt Sonnentau und Torfmoose – und acht 353 m (!) hohe Längstwellensender der Marine. Der neue, gut 1 km lange MoorInfoPfad mit 17 Stationen (www.moorinfopfad.de) führt in das Gebiet hinein. Er startet am Parkplatz der zentralen Gedenkstätte der Emslandlager mit ihrem Besucherzentrum. Eindringlich wird hier an die Geschichte der 15 Emslandlager erinnert, von denen das KZ Börgermoor im Juni 1933 das Erste war; es folgten die KZs Esterwegen und Neusustrum. 2001 übernahm der Landkreis Emsland das Gelände des ehemaligen NS-Strafgefangenenlagers in Esterwegen von der Bundeswehr mit dem Ziel, eine zentrale Gedenkstätte für die Emslandlager zu errichten. Am 21. Okt. 2011 wurde sie im Rahmen eines feierlichen Festakts eröffnet.

Hinterm Busch 1, Esterwegen, Nov.–März Di–So 10–17, Apr.–Okt. Di–So 10–18 Uhr, www.gedenkstaette-esterwegen.de

Anreise

Hamburg:	2:42 h	Zug
Berlin:	4:41 h	Zug
Dresden:	5:40 h	Auto
Köln:	3:08 h	Zug
München:	7:49 h	Zug

Hotels

Hotel Alte Werft
Das erste Haus am Ort, gut für Business und Urlaub, wurde 1995 auf dem ehemaligen Gelände der Meyer Werft eröffnet. Beim Frühstück sitzt man unter dem Laufkran der Maschinenbauhalle, alte Stanz- und Bohrmaschinen sorgen im Foyer und im Restaurant »Schnürboden« für Atmosphäre.
Ölmühlenweg 1, Papenburg, Tel. 049 61/92 00, DZ ab 127 €, www.hotel-alte-werft.de

Kedi Hotel
Direkt am Stadtpark bietet das Kedi seit 2012 zeitgemäßen Öko Komfort zum Preis einer gehobenen Hostel-Übernachtung. Schnelles WLAN gibt's kostenlos dazu. Wer es besonders ruhig haben möchte, bucht ein Zimmer mit Blick auf den Park.
Deverweg 33–37, Papenburg, Tel. 049 61/94 09 70, DZ ab 59 €, www.kedihotels.de

Park Inn by Radisson
Dieses moderne 4-Sterne-Haus begeistert durch seine tolle Lage: Es ist auf drei Seiten von Wasser umgeben – und steht dennoch mitten im Zentrum von Papenburg neben dem Zeitspeicher. Wer sich in der 3. Etage einmietet, darf sich zusätzlich auch noch über einen Dachbalkon freuen.
Hauptkanal rechts 7, Papenburg, Tel. 049 61/664 00, DZ ab 115 €, www.parkinn.de/hotel-papenburg

02 Maritime Meile

Wilhelmshaven

Beim 1997 eröffneten Küstenmuseum (Weserstr. 58, Feb.–Nov. Di–So 11–17 Uhr) beginnt die äußerst sehenswerte Museumsmeile der deutschen Marinestadt an der Nordsee – mit Piraten, Deicharbeitern, Kaisern und Schiffen, mit Rückblicken und Ausblicken und einer eindrucksvollen multimedialen Präsentation. Vorbei am Feuerschiff »Weser« am Bontekai geht es über das Wahrzeichen der Stadt, die Kaiser-Wilhelm-Brücke (1907), zum Nationalparkzentrum Wattenmeerhaus (Südstrand 110 b, Apr.–Okt. tgl. 10–17 Uhr, Nov.–März Di–So 10–17 Uhr), wo das Skelett eines Pottwals zu bestaunen ist und in den Aquarien allerlei typisches Nordseegetier. Gleich nebenan hat sich das Deutsche Marinemuseum (Südstrand 125, Apr.–Okt. tgl. 10–18 Uhr, Nov.–März tgl. 10–17 Uhr) seit seiner Eröffnung im Jahr 1998 zum Publikumsmagneten entwickelt – was nicht nur an der Dauerausstellung über die Geschichte der deutschen Marine liegt, sondern mehr noch am Freigelände beim Ems-Jade-Kanal. Hier geht man über die Decks des 2003 außer Dienst gestellten Lenkwaffenzerstörers »Mölders« und windet sich durch die klaustrophobische Enge des U-Boots U 10. Etwas weiter liegt direkt am Südstrand das Aquarium (Südstrand 123, tgl. 10–18 Uhr), das 2002 neu gestaltet wurde. Direkt daneben starten die Hafenrundfahrten (Helgolandkai, Apr.–Okt. 11, 13, 15 Uhr, bei Bedarf auch 17 Uhr). Mit MS »Harle Kurier« geht es in den Marinehafen, zu den Tankerlöschbrücken und zum Jade-Weser-Port.

www.maritimemeile.de

Einsteigen zur Hafenrundfahrt! Beim Halbrund des Aquariums (am unteren Bildrand) endet die Maritime Meile.

- 02 Maritime Meile
- 1 Jade-Weser-Port
- 2 Segeltörn
- 3 Nautimo
- 4 Jever Brauerei
- Hotel 1 Columbia Hotel
- Hotel 2 Strandhotels Seestern & Delphin
- Hotel 3 Ankerplatz Hotel

1 Jade-Weser-Port InfoCenter

Am 21. Sept. 2012 nahm das erste und bisher einzige deutsche Terminal für die größten Containerschiffe der Welt (Triple-E-Klasse) mit gut 400 m Länge, mehr als 16 m Tiefgang und einer Transportkapazität von über 18 000 20-Fuß-Containern den Betrieb auf. Aber schon kurz danach galt der Jade-Weser-Port als »Problemhafen« – weil kaum ein Schiff Container brachte. Jetzt läuft es viel besser, und es gibt was zu sehen. Die neue Hafenanlage ist durch Sandaufspülungen entstanden und umfasst ein 130 ha großes Containerterminal mit einer 1725 m langen Anlegezone (Kaje). Anlaufpunkt für Touristen ist ein Betoncontainer mit einer kleinen, aber sehr gut gemachten Ausstellung über das Projekt im großen Runden und über die Containerschifffahrt im eckigen Ganzen. Wie kommt ein Container von Shanghai zum Jade-Weser-Port? Hier erfährt man es auf unterhaltsame Weise. Mit einem Scanner durchsucht man einen Container nach Schmuggelware, am Simulator übt man gefahrlos das Anlegen mit einem der dicken Pötte. Nach der virtuellen Vorbereitung geht es aufs Dach des InfoCenters, wo man das ganze Areal überblickt und mit dem fest installierten Fernglas den Betrieb beobachten kann. Auf der Website kann man auch die aktuellen Termine für Rundfahrten mit dem Hafenbus checken.

Am tiefen Fahrwasser 11, Wilhelmshaven,
Di–So 10–18 Uhr,
www.jadeweserport-infocenter.de

2 Segeltörn mit der »Solveig«

Ein Bild von einem Schiff ist der Nachbau des Zweimasters »Solveig«, auf dem bis zu sechs Gäste zu Tagestörns auf dem Jadebusen anheuern können. 75 € kostet der Spaß – Verpflegung und Getränke inklusive. Zunächst passiert man das Wilhelmshavener Wahrzeichen, die Kaiser-Wilhelm-Brücke, dann geht es durch die Seeschleuse hinaus auf die Jade. An den Löschbrücken vorbei segelt man zum Jade-Weser-Port und zu den (hoffentlich besetzten) Seehundsbänken. Man schnuppert die Luft der offenen Nordsee, sieht an Backbord die Insel Wangerooge und nimmt Kurs zurück nach Wilhelmshaven. Es werden auch Wochenendtrips nach Helgoland angeboten!

Südstrand 3–4, Marina Cramer,
Wilhelmshaven, Info-Tel. 01 72/435 26 44,
www.jadesail.de

3 Nautimo

Nach großer Sanierung wurde am 1. Juli 2015 wieder geöffnet. Wer sich nass machen möchte, findet in der großen »Erlebnis- und Wohlfühlwelt« jede Menge Gelegenheit dazu. Zum Beispiel im Erlebnisbadbereich mit Strömungskanal, Nackenmassageduschen und Geysiren. Warmduscher freuen sich: Die Wassertemperatur beträgt 32 Grad! Außerdem gibt es eine Reifenrutsche, solo oder im Zweisitzer zu befahren. Stolz ist man auf das Sprungbecken, das mit einem höhenverstellbaren Hubboden ausgestattet ist. Seriöse Bewegung ist im Sportbad mit

Wochenende an der Jade

Das große Stadt- und Hafenfest bietet immer am ersten Wochenende im Juli an vier Tagen von Do. bis So. das volle maritime Programm – mit Musik und Marine, Kirmes und Flohmarkt. Gefeiert wird an vielen Orten rund um den Großen Hafen und bis zum Helgolandkai.
www.wochenendeanderjade.de

Was so einen Wal im Innersten zusammenhält, kann man im Wilhelmshavener Küstenmuseum aus der Jonas-Perspektive erfahren.

seinem 25 m langen Becken möglich. Die Saunawelt bietet eine finnische Sauna, eine Mentalsauna und ein Dampfbad.

Friedenstr. 99, Wilhelmshaven, Mo–Fr 10–21.15 Uhr, Sa/So 9–21.15 Uhr, Sauna jeweils bis 22 Uhr, www.nautimo.de

4 Jever Brauerei

Friesisch herb. Ohne Kompromisse. Wer unter dem Schaum der bekannten Fernsehwerbungen die Substanz sucht, findet sie an der Quelle – in Jever. Da gibt es nicht nur ein historisches Brauereimuseum, sondern auch einen modernen Braubetrieb zu entdecken – von der Mälzerei durch das Sudhaus zum Gär- und Filterkeller und vom Maschinenhaus in die Abfüllanlage – 60 000 Flaschen pro Stunde!

Schlachtstr. 2, Jever, Mo–Fr 10–18 Uhr, Sa 10–14 Uhr, www.jever.de

Anreise

Hamburg:	2:33 h
Berlin:	4:32 h
Dresden:	5:00 h
Köln:	4:36 h
München:	7:14 h

Hotels

Columbia Hotel
Ein Traum ist der Blick von der riesigen Terrasse der Kaiser-Wilhelm-Suite auf dem Dach des 2009 eröffneten Hotels. Aber auch für (deutlich!) weniger als dafür verlangte 858 € pro Nacht kann man eine tolle Aussicht genießen. Großartige Lage am Ems-Jade-Kanal, unweit des Südstrands. Schöner Spaziergang zu den Museen der Maritimen Meile.
Jadeallee 50, Wilhelmshaven, Tel. 044 21/77 33 80, DZ ab 158 €, www.columbia-hotels.de/wilhelmshaven

Strandhotels Seestern & Delphin
Der rote Backsteinbau steht direkt beim Deutschen Marinemuseum an der Waterkant. Der Blick zur See, auf Ebbe und Flut ist noch besser als das kostenlose WLAN in den Zimmern. Zwei Restaurants bieten regionale und maritime Küche.
Südstrand 118, Wilhelmshaven, Tel. 044 21/941 00, DZ ab 90 €, www.hoteldelphin.de

Ankerplatz Hotel
Familienhotel in ruhiger Lage unweit des Kurparks. Im Zentrum ist man schnell zu Fuß. Parkplätze gibt's kostenfrei. Gut zu wissen: Die Hausbar wirbt mit der »wahrscheinlich größten Whisky-Auswahl Wilhelmshavens«.
Kopperhörner Str. 7, Wilhelmshaven, Tel. 044 21/932 20, DZ ab 104 €, www.ankerplatz-hotel.de

03 Felix-Nussbaum-Haus

Osnabrück

Diese Zacken vergisst man nicht, und so soll es auch sein. 1904 kam Felix Nussbaum in Osnabrück zur Welt, 1944 starb der jüdische Maler in den Gaskammern von Auschwitz. 1998 widmete ihm seine Heimatstadt ein Haus, das halb Museum, halb Gedenkstätte ist – und obendrein eine architektonische Raumskulptur mit schiefen Böden, scharf geschnittenen Fensterzacken und Wandkeilen. Kein Geringerer als Daniel Libeskind hat es entworfen. Hier ist die weltweit größte Sammlung von Nussbaums Bildern zu sehen. Besonders beeindruckend sind seine späten Werke wie das »Selbstbildnis mit Judenpass« oder »Soir«, das ihn neben seiner Frau zeigt. Im Mai 2011 wurde es mit dem benachbarten Kulturgeschichtlichen Museum Osnabrück durch einen neuen Erweiterungsbau verbunden, der dem Gebäudekomplex als gemeinsamer Eingangsbereich dient.

Lotter Str. 2, Osnabrück, Di–Fr 11–18 Uhr, Sa/So 10–18 Uhr, 1. Do/Monat bis 20 Uhr, www.osnabrueck.de/fnh

Kunstgalerie, Gedenkstätte und Baudenkmal mit Ecken und Kanten: das Felix-Nussbaum-Haus in Osnabrück.

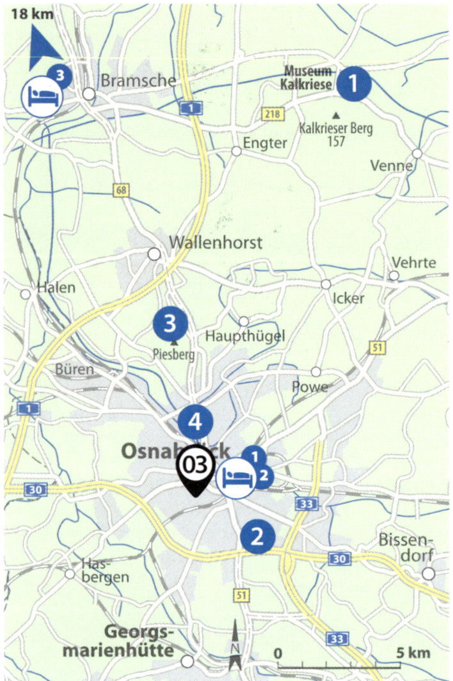

- (03) Felix-Nussbaum-Haus
- 1 Museum und Park Kalkriese
- 2 TERRA.park
- 3 Piesberg
- 4 Kunsthalle
- Hotel 1 Romantik Hotel Walhalla
- Hotel 2 Steigenberger Remarque
- Hotel 3 Gasthof Dückinghaus

1 Museum und Park Kalkriese

Der »deutsche« Nationalheld hieß erst viel später Hermann. Tatsächlich war sein Name Arminius, er war ein Fürst vom Stamm der Cherusker, besaß das römische Bürgerrecht und leistete dem Imperium Militärdienste. Doch anno 9 n. Chr. stand er auf der Seite der Germanen, die unter seiner Führung nördlich des Teutoburger Waldes drei römische Legionen niedermetzelten: ein Sieg, der später zum deutschen Nationalmythos umgedeutet wurde. Der Ort des Geschehens ist heute Bodendenkmal, Forschungs- und Dokumentationsstätte und seit 2002 ein mehrfach ausgezeichnetes Museum. In der eindrucksvollen, neu konzipierten Ausstellung werden rund 3000 Fundstücke ausgestellt. Spannend ist auch der Spaziergang über den 20 ha großen Park, auf dessen Boden Archäologen zahlreiche Zeugnisse der Schlacht fanden.

Venner Str. 69, Bramsche-Kalkriese, Apr.–Okt. tgl. 10–18 Uhr, Nov.–März Di–So 10–17 Uhr, Nov.–März Mo geschl., www.kalkriese-varusschlacht.de

2 TERRA.park am Schölerberg

1140 qkm Landschaft umfasst der Geopark TERRA.vita: vom Teutoburger Wald über das Wiehengebirge bis zur Ankumer Höhe im Nordwesten. 2004 zählte er zu den Gründungsmitgliedern der weltweiten Unesco-Geoparks. Mittendrin liegt Osnabrück, wo 2000 im Rahmen eines dezentralen Expo 2000-Projekts am Schölerberg in Osnabrück der TERRA.park eröffnet wurde, der Laien das Thema Boden näherbringt. Im Park, der unmittelbar neben dem sehr sehenswerten Naturkundemuseum liegt, verdeutlicht ein 60 m langes geologisches Profil den Aufbau des Osnabrücker Landes und seines tieferen Untergrundes, dazu werden in einem Landschaftsgarten regionaltypische Bodennutzungen demonstriert. Und natürlich gibt es auch einen Naturspielplatz für die unwissenschaftliche Bodenkunde.

Am Schölerberg, Osnabrück, Di 9–20 Uhr, Mi–Fr 9–18 Uhr, Sa 14–18 Uhr, So 10–18 Uhr, www.naturpark-terravita.de, www.osnabrueck.de/mas

3 Kultur- und Landschaftspark Piesberg

Am Piesberg, dem Hausberg von Osnabrück, wird es immer wilder: Wald wuchert über Bruchwänden und Schuttkegeln, Schlammteiche und Kleingewässer, Stollen und Halden bieten vielfältigen Lebensraum für Flora und Fauna. Noch vor gut zehn Jahren sind hier Kohle und Sandstein abgebaut worden. Heute dokumentiert der Steinbruch mit seinen über 100 m hohen Wänden als geologisches Bilderbuch 300 Mio. Jahre Erdgeschichte – und das weitläufige Museum Industriekultur zeigt die Entwicklung Osnabrücks vom Bauernstädtchen des 19. Jh. zum Industrie- und Wirtschaftsstandort der Gegenwart. Vom Hafen an der Römereschstraße

Media Art Festival

Medienkunst ist nicht nur Video und Computeranimation, sondern auch Performance, Experimentalfilm, Raum- und Lichtinstallation. Zu sehen jeden Apr. auf dem Media Art Festival, einem der wichtigsten Foren in Europa. www.emaf.de

2000 Jahre Varusschlacht: Zum Jubiläum im Jahr 2009 setzte die Installation »Feldzeichen zu Friedenszeichen« bunte Akzente im Park Kalkriese.

in Osnabrück kann man mit dem Schiff bis zum Piesberger Hafen fahren (Info: Tel. 054 04/704 94 53 oder 01 74/464 24 01). Am Museum startet ein 10 km langer Rundwanderweg zu schönen Aussichtspunkten. Auch die alte Feldbahn fährt wieder am Piesberg – jeden ersten und dritten So. zwischen Apr. und Okt., 10 bis 18 Uhr, alle ca. 20 Min.

Fürstenauer Weg 171, Osnabrück, Mi–So 10–18 Uhr, www.industriekultur-museumos.de, www.osnabrueck.de/piesberg

4 Kunsthalle

Eine Kirche für die Kunst: Seit 1992 bietet die ehemalige Dominikanerkirche mit ihrem umgebauten Klosterkomplex am Rand der Osnabrücker Altstadt einen feierlichen Rahmen für Ausstellungen regionaler, nationaler und zunehmend auch internationaler Künstler der Gegenwart. Die Deckenhöhe des Kirchenschiffes misst 21 m! Im Sommer 2014 wurde umfassend renoviert. Seitdem gibt es im Kirchenschiff keine künstlichen Lichtquellen mehr. Die ausgestellten Werke zeigen sich im reinen, wechselnden Tageslicht.

Hasemauer 1, Osnabrück, Di 13–18 Uhr, Mi–Fr 11–18 Uhr, jeden 2. Do im Monat 11–20 Uhr, Sa/So 10–18 Uhr, kunsthalle.osnabrueck.de

Anreise

Hamburg:	1:49 h
Berlin:	3:04 h
Dresden:	5:32 h
Köln:	2:11 h
München:	5:58 h

Hotels

Romantik Hotel Walhalla
Mitten in der Osnabrücker Altstadt, gegenüber von Marktplatz und Rathaus, wurde 2015 gefeiert: 325 Jahre Hotel Walhalla! Hinter malerischem Fachwerk hat längst auch modernes Design Einzug gehalten. Schöne Wellness-Mansarde mit Bio-Sauna, Dampfbad, Solarium und Anwendungen.
Bierstr. 24, Osnabrück, Tel. 05 41/349 10, DZ ab 119 €, www.hotel-walhalla.de

Steigenberger Remarque
Modernes Tagungs- und Urlaubshotel am Rand der Altstadt mit kostenfreiem WLAN. Praktisch für Touren in die nähere Umgebung ist der Fahrradverleih im Haus. Von der Weinwirtschaft und dem Salon wechselt man zum Absacker in die stilvolle »Haarlem Bar«.
Natruper-Tor-Wall 1, Osnabrück, Tel. 05 41/609 60, DZ ab 67 €, de.steigenberger.com/Osnabrueck

Gasthof Dückinghaus
Das Prädikat Hotelbahnhof nimmt man hier wörtlich: Geschlafen wird in fünf historischen Eisenbahnwaggons – natürlich mit allem Komfort. Sehr beliebt ist auch die Erlebnisgastronomie drinnen und draußen (im Biergarten). Die originelle Herberge liegt etwa 20 km nördlich von Osnabrück
Osterodener Weg 20, Merzen, Tel. 054 66/368, DZ ab 119 €, www.dueckinghaus.de

Nicht nur ein Industriedenkmal, sondern auch ein Beispiel von »schöner wohnen«: die Nordwolle in Delmenhorst.

04 Nordwolle

Delmenhorst/Bremen

1884 machte die Bremer Kaufmannsfamilie Lahusen mit ihrer neu eröffneten »Norddeutsche Wollkämmerei & Kammgarnspinnerei« das Bauernstädtchen Delmenhorst, 14 km westlich von Bremen, zum Industriestandort. 4000 Menschen arbeiteten hier, es gab ein Krankenhaus und eine Badeanstalt, Geschäfte und eine Kantine, Arbeiter- und Beamtenhäuser. 1981 wurden die letzten Maschinen abgeschaltet. Dass die Wiederbelebung dieser riesigen Industriebrache gelang, verdankt sich der Expo 2000. 24 ha umfasst diese Stadt in der Stadt – ein unversehrtes Baudenkmal, das als Ankerpunkt auf der Europäischen Route der Industriekultur (ERIH) kaum ein Gegenstück hat – weil es nicht einfach als Freilichtmuseum dient, sondern einen lebendigen Stadtteil darstellt, in dem Menschen wohnen, arbeiten, lernen und Kultur genießen. Mittendrin dokumentiert das Nordwestdeutsche Museum für Industriekultur 100 Jahre deutsche Arbeits- und Sozialgeschichte. Zu sehen sind nicht nur die teils funktionstüchtigen Maschinen, sondern auch die originalen Personalkarteien von 1884 bis 1981 – Biografien aus einer untergegangenen Welt. Im Mittelpunkt steht die »Kathedrale der Arbeit«, das eindrucksvolle Turbinenhaus von 1902, in dem heute Ausstellungen, Konzerte, Theaterstücke – und Trauungen stattfinden. Ein weiterer Veranstaltungsort ist das ehemalige Rohwollelager, heute »com.media«, mit Platz für 400 Personen. In jedem Fall sollte man das Areal der Nordwolle zu Fuß durchstreifen.

Am Turbinenhaus 10–12, Delmenhorst,
Di–Fr und So 10–17 Uhr,
www.nordwolle.de

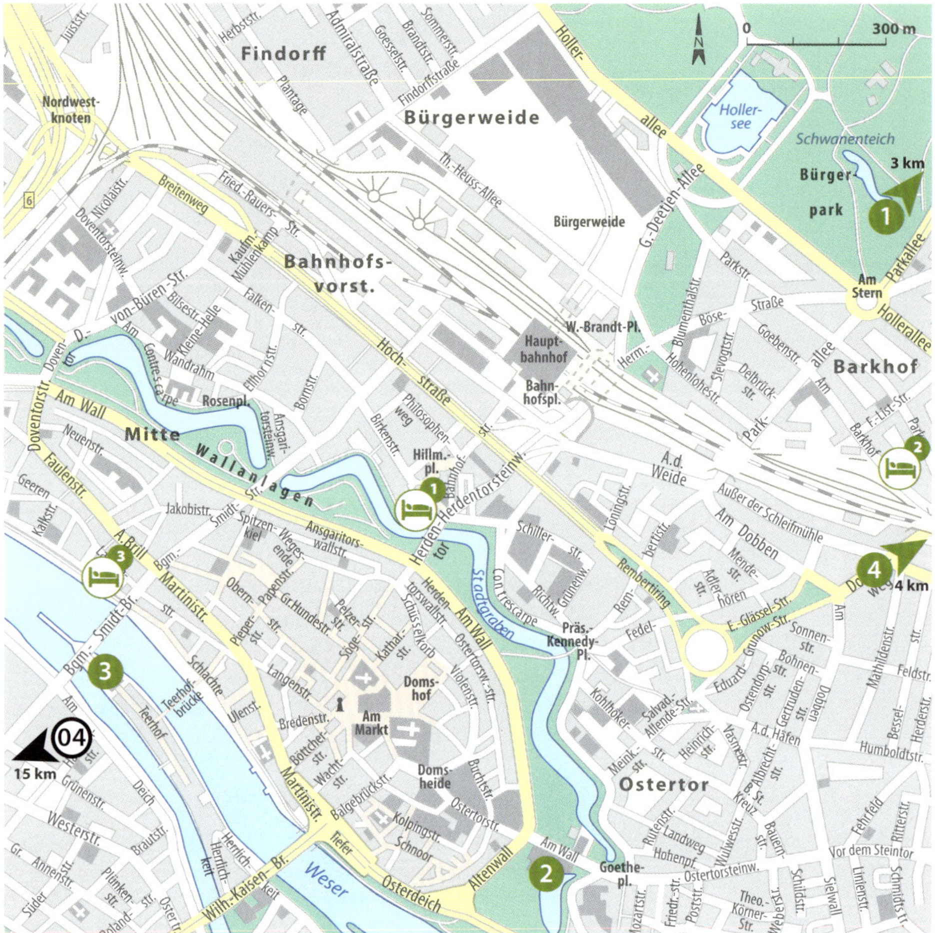

04 Nordwolle, Delmenhorst
1 Universum
2 Kunsthalle
3 Weserburg
4 botanika
1 Swissotel
2 Villa Linnenschmidt
3 Überfluss

1 Universum

Im Jahr 2000 tauchte ein silberner Wal zwischen der Bremer Uni und dem Bürgerpark auf: das Science Center »Universum«, eine naturwissenschaftliche Erlebniswelt, die sich mit den Phänomenen des Alltags beschäftigt. Technik, Mensch und Natur heißen die drei Themenbereiche, man darf anfassen und experimentieren, fühlen und entdecken. Eine Sonderausstellungsfläche wurde in der SchauBox eingerichtet – mit ihrer eckigen Architektur ein großer Kontrast zur organischen Silhouette des »Universums«. Dann geht es in den Park und zum 27 m hohen »Turm der Lüfte«. In ihm erfährt man, wie unsere Atmosphäre funktioniert, auf ihm genießt man den tollen Blick über Bremen.

Wiener Str. 1a, Bremen,
Mo–Fr 9–18 Uhr, Sa/So 10–18 Uhr,
www.universum-bremen.de

2 Kunsthalle

Als sie im Aug. 2011 wiedereröffnet wurde, hatte sie links und rechts zwei kubische Anbauten bekommen. Die Kunsthalle steht in den grünen Wallanlagen zwischen dem Stadtgraben und der Weser, nur wenige Minuten vom Bremer Marktplatz entfernt. Unter den »Meisterwerken aus über 600 Jahren Kunstgeschichte«, von mittelalterlichen Malereien bis zu zeitgenössischer Medienkunst, nimmt das Kupferstichkabinett einen Sonderplatz ein: Mit mehr als 200 000 Handzeichnungen und druckgrafischen Blättern gehört es zu den bedeutendsten grafischen Sammlungen in Europa.

Am Wall 207, Bremen,
Mi–So 10–17 Uhr, Di 10–21 Uhr,
www.kunsthalle-bremen.de

3 Weserburg

Die Lage ist spektakulär: Wie ein Schiffsbug teilen die alten Speicherhäuser der Weserburg am Westende des Stadtwerders den Fluss. Mitten in der Weser wurde hier im Jahr 1991 erstmals ein Museum

Hallooo? Hallooo! Im Universum dreht sich das Echo im Kreis.

eingerichtet, das ausschließlich Bilder und Objekte aus privaten Sammlungen zeigt: aufregende Gegenwartskunst, darunter viele Werke von Gerhard Richter (»Schädel mit Kerze«).

Teerhof 20, Bremen,
Di–So 11–18 Uhr, Do 11–20 Uhr,
www.weserburg.de

4 botanika, Rhododendronpark

Nun hat Deutschland auch ein »Grünes Science Center«. Es befindet sich seit 2003 im Rhododendron-Park nordöstlich der Innenstadt und vermittelt eine sinnliche Reise durch die Welt der Pflanzen. Artenvielfalt und Pflanzenökologie heißen die Themen. Hier darf man sich in eine Fliege versetzen, die einer fleischfressenden Pflanze auf den sprichwörtlichen Leim gegangen ist, oder ein Bienenvolk bei der Arbeit beobachten. Und dann ist da noch der Rhododendronpark selbst: Fast 600 Wildarten und über 3000 Züchtungen sind hier zu bestaunen. Auf 46 ha Fläche wird eine unterhaltsame botanische Reise vom Himalaja hinab ins Tal und weiter durch durch Yunnan, Burma und Neuguinea inszeniert. Zwischen den Rhododendren und Azaleen (Hauptblütezeit im Frühjahr!) stößt man auf Kultpfähle, Gebetsmühlen, einen Teepavillon und die größte Buddha-Statue außerhalb Asiens.

Deliusweg 40, Bremen, Mo–Fr 9–18 Uhr,
Sa/So 10–18 Uhr, Rhododendronpark
tgl. 7 Uhr–Sonnenuntergang,
www.botanika-bremen.de

Hotels

Swissotel
Vom sehr großen, modernen Business- und Kongresshotel am Stadtgraben gegenüber den Wallanlagen ist man in kürzester Zeit zu Fuß in der Bremer Altstadt. Wer mit dem Auto anreist, muss allerdings ein Stück gehen: Der Stellplatz befindet sich im öffentlichen Parkhaus 100 m weiter.
Hillmannpl. 20, Bremen,
Tel. 04 21/62 00 00, DZ ab 104 €,
www.swissotel.de/hotels/bremen

Villa Linnenschmidt
Der Geheimtipp nordöstlich der Altstadt: eine Gründerzeitvilla mit nur sechs Zimmern und zwei Suiten, alle wunderbar renoviert, äußerst geschmackvoll eingerichtet und individuell. Mit der Tram ist man in wenigen Minuten in der Innenstadt.
Schwachhauser Heerstr. 157, Bremen,
Tel. 04 21/56 34 83 87, DZ ab 146 €,
www.villa-linnenschmidt.de

Überfluss
Mittlerweile ist es auch schon klassisch: das Designhotel direkt an der Weser. Absolute Schau ist das Duscherlebnis in den Zimmern – mit Blick auf den Fluss. Das Spa bietet einen Pool, Dampfbad, finnische Sauna und Fitnessraum. Im Restaurant werden die Steaks auf Holzkohle gegrillt.
Langenstr. 72, Bremen,
Tel. 04 21/32 28 60, DZ ab 169 €,
www.hotel-ueberfluss.de

Freimarkt

Schon anno 1035 feierten die Bremer die »Marktgerechtigkeit«, und sie feiern heute noch. 17 Tage lang kann man sich im Okt. in modernen Fahrgeschäften schwindlig fahren lassen. Danach ins mittelalterliche Dorf.
www.freimarkt.de

Anreise

Hamburg:	0:55 h	Zug
Berlin:	2:58 h	Zug
Dresden:	5:25 h	Zug
Köln:	3:05 h	Zug
München:	1:10 h	Flugzeug

Science-Fiction an der Weser: Über dem runden Klimahaus greift das Atlantic Hotel Sail City nach den Sternen.

05 Klimahaus

Bremerhaven

Das »Haus« sieht aus wie eine Amöbe, ist aber erheblich größer – schließlich hat die ganze Welt unter seiner glasig schimmernden Haut Platz. Bei seiner Eröffnung am 27. Juni 2009 erregte das »Klimahaus 8° Ost« aber nicht nur mit seiner Architektur Aufsehen, sondern fast noch mehr mit seinem bahnbrechenden Ausstellungskonzept: Besucher begeben sich hier auf eine Reise entlang dem 8. Längengrad rund um die Welt. Und das geschieht nicht nur virtuell vor interaktiven Bildschirmen, sondern sinnlich-real, zum Sehen, Hören, Fühlen. Die Reise hat acht Stationen auf unterschiedlichen Breitengraden. In der Schweiz riecht man Almwiesen (und Kuhfladen), und man jodelt mit Alm-Öhi um die Wette. Auf Insektengröße geschrumpft, tastet man sich auf Sardinien durch eine duftende Wiese. Im Niger steht man unter dunklem Himmel vor einem leeren, einzig von einem dürren Bäumchen überragten Sandquadrat. In der feuchtwarmen Dschungelluft Kameruns schleicht man schwitzend durch den finsteren Regenwald – um später in der Antarktis mit aufgestellten Zehen in den Sandalen über blankes Eis zu rutschen. Zurück an der heimatlichen Nordsee, hockt man schließlich auf einer grünen Hallig und sieht die Flut um sich herum steigen. Bildschirme gibt es auch: Auf ihnen sieht man Menschen, die erzählen, wie sie unter diesen Bedingungen leben. Das ist informativ, vergnüglich, überraschend, smart.

Am Längengrad 8, Bremerhaven,
Apr.–Aug. Mo–Fr 9–19 Uhr, Sa/So 10–19 Uhr,
Sept.–März tgl. 10–18 Uhr,
www.klimahaus-bremerhaven.de

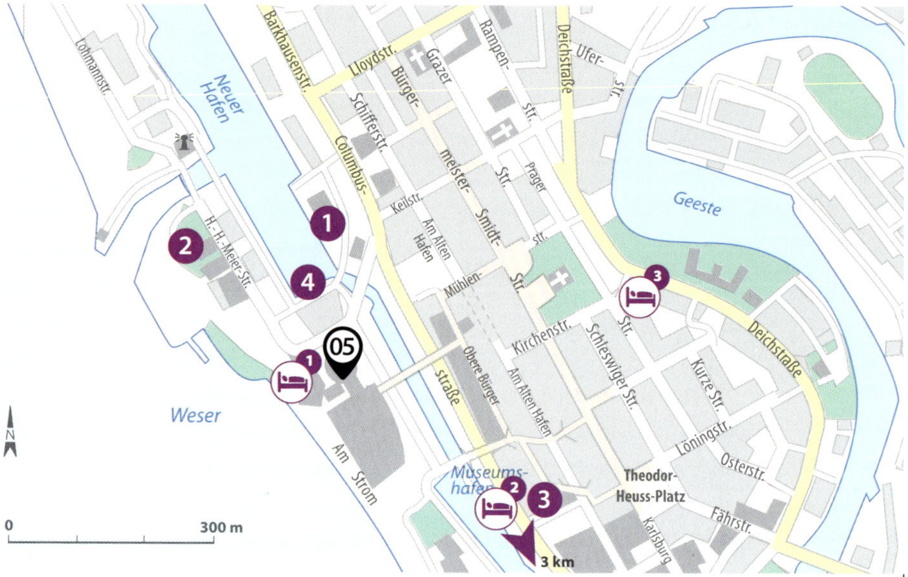

05 Klimahaus
1 Auswandererhaus
2 Zoo am Meer
3 Fischereihafen
4 Überseehäfen
1 Atlantic Sail City
2 Best Western Plus
3 Hotel Haverkamp

1 Auswandererhaus

7,2 Millionen Menschen verließen zwischen 1830 und 1974 von Bremerhaven aus die Alte Welt, um in der Neuen ihr Glück zu finden. Ihren Schicksalen widmet sich das Auswandererhaus, 2007 als »Europäisches Museum des Jahres« ausgezeichnet. Was es bedeutet, Deutscher mit Migrationshintergrund zu sein, wird anhand 34 realer Familiengeschichten vermittelt. Die Reise beginnt mit dem stimmungsvoll inszenierten Abschied an der Gangway in einem Gewirr von Stimmen und Geräuschen, sie setzt sich über die Passage unter Deck und die gnadenlosen Einreiseformalitäten auf Ellis Island vor New York fort und endet beim Leben der Nachkommen jenseits des Atlantiks. Mittels elektronischem »Boarding Pass« folgt man den Wegen der Auswanderer. Besucher haben auch die Möglichkeit zur eigenen Familienforschung.

Columbusstr. 65, Bremerhaven, März–Okt. tgl. 10–18 Uhr; Nov.–Feb. tgl. 10–17 Uhr, www.dah-bremerhaven.de

2 Zoo am Meer

Schwule Humboldtpinguine! 2005 war es das große Thema: Weil es zu viele männliche Tiere gab, hatten sich homosexuelle Pärchen gebildet und versucht, Steine auszubrüten. Und als endlich weibliche Pinguine aus anderen Zoos da waren, blieben die männlichen Paare einfach zusammen. Der Zoo am Meer bietet aber noch viel mehr – nicht zuletzt die tolle Lage zwischen Hafenbecken und Meer. Zwischen 2000 und 2004 wurde die Anlage neu konzipiert und komplett umgebaut. Immer noch sind viele Meerestiere zu sehen, aber auch Eisbären, Basstölpel und Robben, Schimpansen, Pumas und Keas. Zuletzt kamen im Jahr 2013 noch neun Seewasseraquarien dazu. Toll ist auch die Aussichtsplattform über der Wesermündung.

H.-H.-Meier-Str. 7, Bremerhaven, Apr.–Sept. tgl. 9–19 Uhr, März und Okt. tgl. 9–18 Uhr, Nov.–Feb. tgl. 9–16.30 Uhr, www.zoo-am-meer-bremerhaven.de

3 Schaufenster Fischereihafen

Immer noch hält man das Andenken an den 1. Apr. 1985 hoch: Damals wurde bei einer Fischauktion mit 1 Mio. DM

Fischparty

Am letzten Aprilwochenende steigt im Schaufenster Fischereihafen das große Festival der Meerestiere – mit einer kulinarischen Bummelmeile entlang des Hafenbeckens, einem großen Fischbett aus Eis samt fachkundiger Beratung und abwechslungsreicher Live-Musik auf zwei Bühnen.
www.fischparty-bremerhaven.de

Nicht idyllisch, aber groß – und äußerst eindrucksvoll: die Bremerhavener Überseehäfen

die höchste Tagessumme weltweit erzielt. Heute präsentiert sich hier das Schaufenster Fischereihafen als »maritime Erlebniswelt rund um den Fisch und das Meer«. Man bummelt in der ehemaligen Fischpackhalle IV vorbei an Restaurants, Kneipen – und einer Menge Fisch, der u. a. in historischen Räucheröfen höchst appetitanregend veredelt wird. Außerdem wirft man einen Blick ins »Atlanticum« mit seinem 150 000 l fassenden Seewasseraquarium. Beim Gang durch den verspiegelten Tunnel sieht man Katzenhaie, Schollen, Hummer und Seespinnen nicht nur neben, sondern auch über sich. Im Hafenbecken gleich nebenan kann man auch zu Hafenrundfahrten starten.

Atlanticum, Am Schaufenster, Bremerhaven,
www.forum-fischbahnhof.de

4 Überseehäfen

Gleich gegenüber vom Auswandererhaus beginnen die Rundfahrten durch die riesige Anlage der Überseehäfen im Norden Bremerhavens. Am spektakulärsten ist natürlich der Containerhafen mit der Parade imposanter Containerbrücken entlang der 5 km langen Stromkaje an der Weser – es handelt sich um das längste zusammenhängende Container-Terminal der Welt. Das Auto-Terminal, gleich nebenan, ist Zwischenparkplatz für mehr als 1,3 Mio. Autos, die hier Jahr für Jahr umgeschlagen werden. Dann sind da noch das Frucht-Terminal, an dem Kühlschiffe ihre vitaminreiche Ladung löschen und natürlich das Kreuzfahrt-Terminal, historisches Tor zur Neuen Welt für Millionen von Auswanderern. Wo die Dampfer des Norddeutschen Lloyd früher zu ihren Wettfahrten um das »Blaue Band« für die schnellste Atlantiküberquerungen starteten, legen heute Kreuzfahrer zu Touren in die Fjorde Norwegens ab.

H.-H.-Meier-Str. 4, Bremerhaven,
März–Nov., Tel. 04 71/41 58 50,
www.hafenrundfahrt-bremerhaven.de

Anreise

Hamburg:	1:44 h	Bahn
Berlin:	3:44 h	Bahn
Dresden:	4:40 h	Auto
Köln:	4:15 h	Bahn
München:	6:25 h	Bahn

Hotels

Atlantic Sail City
Das moderne Wahrzeichen von Bremen steht zwischen Neuem Hafen und Museumshafen und bringt einen Hauch von Dubai ans Ufer der Weser: Wie ein geschwungenes Segel aus Stahl und Glas ragt das Gebäude bis zur Aussichtsplattform in 90 m Höhe hinauf. Hinter den Panoramafenstern schläft man in eher kleinen, funktionalen Zimmern.
Am Strom 1, Bremerhaven,
Tel. 04 71/30 99 00, DZ ab 138 €,
www.atlantic-hotels.de

Best Western Plus
Schicker neuer Hotelriegel mit 94 Zimmern und großen Glasfronten nahe dem Schaufenster Fischereihafen. In den Zimmern der Superior-Kategorie schaut man über den Hafen. Schöne Terrasse unmittelbar über dem Wasser.
Fischkai 2, Bremerhaven,
Tel. 04 71/80 93 53 00, DZ ab 101 €,
www.bestwestern.de

Hotel Haverkamp
Familienbetrieb mit sehr gutem Service in der Innenstadt. Kleiner, feiner Spabereich mit Schwimmbad, Sauna und Aroma-Dampfbad. Im ambitionierten Hotelrestaurant »Weinrot« kommen Veganer, Vegetarier, Fischesser und Flexitarier gleichermaßen auf ihre Kosten.
Prager Str. 34, Bremerhaven,
Tel. 04 71/30 99 00, DZ ab 137 €,
www.hotel-haverkamp.de

06 Multimar-Wattforum

Tönning

1985 wurde der Nationalpark Schleswig-Holsteinisches Wattenmeer gegründet, seit seiner Erweiterung im Jahr 1999 ist er der bei Weitem größte Nationalpark Deutschlands. Wobei gut zwei Drittel der Gesamtfläche von 4410 qkm zwischen der dänischen Grenze und der Elbmündung ständig unter Wasser liegen. Der Rest, überwiegend Salzwiesen, fällt im Wechsel von Ebbe und Flut trocken. Wer wissen möchte, wie diese faszinierende Landschaft »funktioniert«, muss nach Tönning fahren. Das hübsche Städtchen an der Eidermündung besitzt nicht nur einen der schönsten Häfen an der Nordseeküste, sondern seit 1999 auch das größte Informationszentrum des Nationalparks. Im Multimar-Wattforum sind in 36 großen Aquarien die Tiere des Wattenmeeres zu sehen, insgesamt mehr als 280 Arten: Nagelrochen und Katzenhaie, Krebse, Muscheln und Schnecken. Ein absoluter Hingucker ist das 17,5 m lange Skelett eines 1997 gestrandeten Pottwals – zu dem sich im Feb. 2013 ein Zwergwal, auch Minkewal genannt, gesellte. Information zu vermitteln, ist jedoch nur die eine Aufgabe des Wattforums, das sich auch als Aufzuchtstelle für bedrohte Arten versteht. Besonders stolz ist man auf eine Nachzucht von Seepferdchen der für ausgestorben gehaltenen Gattung *Hippocampus guttulatus,* die man 2004 im Watt fand. Auch kleine Katzenhaie wurden bereits begrüßt.

Dithmarscher Str. 6a, Tönning, Apr.–Okt. tgl. 9–18 Uhr, Nov.–März tgl. 10–17 Uhr, www.multimar-wattforum.de

Alien aus der Nordsee: Eine Hälfte des Pottwal-Skeletts im Wattforum hat eine Haut aus Kunststoff bekommen.

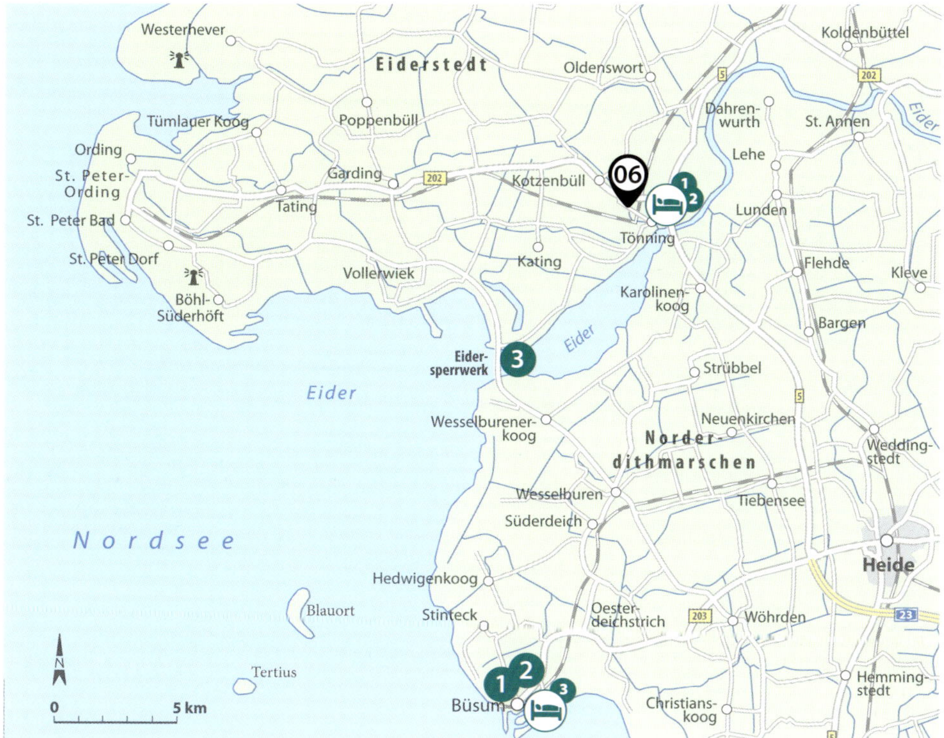

06 Multimar Wattforum
1 Sturmflutenwelt
2 Familienlagune Perlebucht
3 Eidersperrwerk

1 Hotel Godewind
2 Gästehaus Lexow
3 Hotel Schelf

Kitesurf Worldcup

12 km lang ist der Streifen Sand, der die Halbinsel Eiderstedt bei St. Peter Ording nach Westen hin vom Wattenmeer und der Nordsee trennt. Hier verfolgen 200 000 Zuschauer Ende Aug. zehn Tage lang die besten Kitesurfer der Welt bei ihren atemberaubenden Manövern.
www.kitesurfworldcup.de

1 Sturmflutenwelt »Blanker Hans«

Eine große blaue Welle schwappt durch den Hafen im Seebad Büsum, 30 km südlich von Tönning. Seit 2006 symbolisiert sie die Gewalt der aufgewühlten Nordsee: den »Blanken Hans«. In der Sturmflutenwelt wird anschaulich inszeniert, was die Menschen erwartet, wenn das Wasser höhersteigt, als es für sie gut ist. Dreh- und Angelpunkt ist die Sturmflut am 16. Feb. 1962, als in Hamburg 315 Menschen ertranken. Die interaktive Dauerausstellung widmet sich den Themen Wetter, Gezeiten, Küstenschutz und Deichbau. 2011 wurde die Sonderausstellung »Piraten – Segeln unter schwarzer Flagge« eröffnet.

Dr.-Martin-Bahr-Str. 7, Büsum,
tgl. 10–18 Uhr,
www.blanker-hans.de

2 Familienlagune Perlebucht

Wir bauen uns eine neue Bucht! Das dachten sich die Büsumer, als sie im Jahr 1971 für ihre Nordseeurlaber die Perlebucht anlegten. In den vergangenen Jahren wurde das Gelände kräftig modernisiert und zielgruppengerecht umbenannt. Heute heißt es »Familienlagune Perlebucht«, und es bietet neben dem weitläufigen Bade- und Freizeitareal an der Nordseestraße vor allem die neu gestaltete Insel mit Dünen und windgeschützten Mulden. Sie ist über eine lange Seebrücke zugänglich und erschließt so das Beste beider Welten: nach Osten hin die kinderfreundliche Lagune mit flachem Wasser zum gefahrlosen Planschen, nach Westen hin den Zugang zum Watt oder, je nach Gezeiten, zur »richtigen« Nordsee. Neben naturbelassenen Arealen und Salzwiesen gibt es alle erforderlichen Urlaubsinfrastrukturen für die Sicherheit (DLRG), das Wohlbefinden (diverse Gastronomie) und den Spaß (Spielgeräte, Hängematten, Volleyball- und Beach-Soccer-Felder).

Nordseestraße, Büsum,
www.familienlagune.de

Hotels

Hotel Godewind
Wunderschönes, denkmalgeschütztes Haus direkt am malerischen Tönninger Hafen. Einrichtung im Mix zwischen antik und moderat-modern. Im Restaurant lernt man die regionalen Spezialitäten von See (Seezunge) und Land (Lamm) kennen.
Am Hafen 23/24, Tönning,
Tel. 048 61/66 00, DZ ab 79 €,
www.hotel-godewind.info

Gästehaus Lexow
Noch so ein prächtiges Haus am Tönninger Hafen – diesmal mit roter Backsteinfassade. Im angeschlossenen Café-Restaurant kann man den Nachmittag in Begleitung von Friesentorte, Tee oder einem echten Pharisäer (starker, gesüßter Kaffe mit Rum und einem Sahnehäubchen) verbummeln.
Am Hafen 36–38, Tönning,
Tel. 048 61/960 80, DZ ab 95 €,
www.gaestehaus-lexow.de

Hotel Schelf
Dieses toll gelegene, modern eingerichtete und sehr komfortable Urlaubs- und Wellness-Hotel steht gleich hinter der Büsumer Strandpromenade. Helles, modernes Design in den Zimmern, vorbildliche ökologische Haustechnik mit eigenem Blockheizkraftwerk und Solartherme.
Hohenzollernstr. 22, Büsum,
Tel. 048 34/96 20 90, DZ ab 112 €,
www.hotel-schelf.de

Drachen steigen lassen kann jeder. Wer beim Kitesurf World Cup vor St. Peter Ording nicht nur zuschauen, sondern auch mitmachen will, sollte mehr drauf haben.

3 Eidersperrwerk

Rund 10 km südwestlich von Tönning verläuft ein gewaltiger Riegel aus Stahl und Beton quer über die Mündung der Eider in die Nordsee. Fünf mächtige Doppelhubtore, jeweils 40 m breit, regeln den Wasserdurchlauf und sollen dafür sorgen, dass Sturmfluten wie anno 1962 keine schlimmen Schäden mehr anrichten können. Zusammen mit den Deichen misst das Eidersperrwerk knapp 5 km Länge; es ist das größte Küstenschutzbauwerk in Deutschland und eines der größten in Europa. Am 20. März 1973 wurde es eingeweiht – nach rund sechs Jahren Bauzeit. Das Herzstück der Anlage mit den gigantischen Hubtoren durchfährt man als Autofahrer in einem 236 m langen Tunnel. Die besten Blicke auf das Bauwerk hat man von den hochgelegenen Fußgängerwegen. Am Südende liegt ein Parkplatz mit Aussichtspavillon und Infotafeln. Wer die Gelegenheit hat, sollte an einer der Führungen durch die gesamte Anlage teilnehmen, die zwischen Mai und Sept. 14-tägig (jeweils Do.) stattfinden.

Wesselburener Koog, Tel. 048 33/41 01,
www.nordseebucht.de/sehenswertes

Anreise

Hamburg: //	1:30 h	Auto
Berlin: ////////	4:10 h	Auto
Dresden: /////////////	5:40 h	Auto
Köln: ///////////	5:00 h	Auto
München: //////////////////	8:00 h	Auto

Englische Parkrinder sind ebenso hübsch wie selten – und höchst gefährdet. In der Arche Warder lebt die größte deutsche Zuchtgruppe.

07 Tierpark Arche Warder

Warder/Kiel

Tiger, Giraffen, Elefanten und Pinguine hat schon jeder gesehen. Aber Bentheimer, Posaviner, Turopolje, Girgentana, Poitou, Hinterwälder, Vorwerk, Skudde ...? Das sind Tiere, die den Menschen mal vertraut waren: als Schweine, Pferde, Ziegen, Esel, Rinder, Hühner und Schafe. Auf dem Freigelände der Arche Warder kann man sie alle sehen. Der euroaweit einzigartige Haustierpark nahe der A7, 25 km südwestlich von Kiel (Bus 4610 direkt ab Kiel Hbf.), bietet Lebensraum für rund 1200 Tiere von 86 Rassen, die irgendwann unmodern geworden und in Vergessenheit geraten sind und nun auf der Roten Liste der bedrohten Nutztierrassen stehen.
3 km misst der Rundweg über das 40 ha große Gelände. Dabei darf man nicht nur über die Vielfalt der Arten und ihre Schönheit staunen, sondern auch mit den Tieren interagieren – im Gegensatz zu Wildtieren sind sie ja von Natur aus an Menschen gewöhnt! Neben der direkten Begegnung von Mensch und Tier bietet man den Besuchern auch eine Vielzahl von Veranstaltungen zwischen Wildem Westen und Viehauktionen und außerdem kulinarische Genüsse im Restaurant »Farmküche« – sogar vegetarisch oder vegan ...

Langwedeler Weg 11, Warder,
tgl. ab 10 Uhr bis Einbruch der Dunkelheit,
www.arche-warder.de

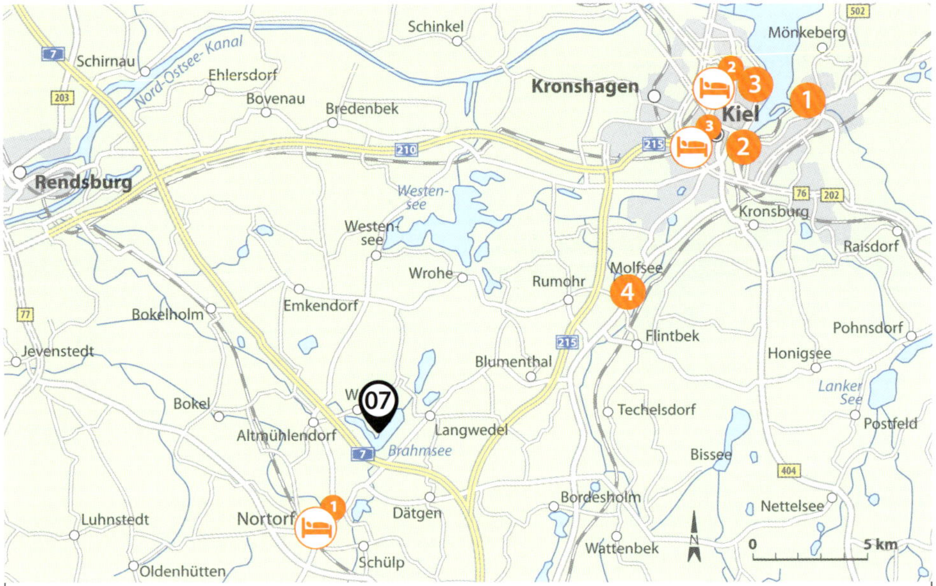

- (07) Arche Warder
- (1) Kulturinsel Dietrichsdorf
- (2) Hafen und Ostseekai
- (3) Schifffahrtsmuseum
- (4) Freilichtmuseum Molfsee
- (Hotel 1) Kirchspiels Gasthaus
- (Hotel 2) Romantik Hotel Kieler Kaufmann
- (Hotel 3) Atlantic Hotel Kiel

1 Kulturinsel Dietrichsdorf

Aushängeschild des Geländes auf dem Campus der FH Kiel ist der Mediendom (www.mediendom.de). Unter der Projektionskuppel können einem im 360°-Multimedia-Modus die Sinne schon mal durcheinandergeraten: Es geht in die Weiten des Weltraums, mit der Sonde über den Mars oder, mikroskopisch geschrumpft, durch den »Kosmos« einer Orchideenblüte. Echte Sterne und Mondkrater sieht man in klaren Nächten auch – durch das Fernrohr der Sternwarte (Fr/Sa ab 18.30, 19 oder 20.30 Uhr). Noch mehr Wissenschaft und Technik bietet das Computermuseum (Eichenbergskamp 8, Sa/So 14–18 Uhr): Atari, Commodore, IBM, Pacman – damit wurden die Nerds von heute sozialisiert. Absolutes Schmuckstück ist der 1955/57 entwickelte Großrechner Z22 mit seinen schimmernden Röhrenfeldern.

Sokratespl. 6, Kiel,
www.fh-kiel.de/kulturinsel-d

2 Hafen und Ostseekai

Der Bummel am Ostseekai entlang gehört zum Pflichtprogramm für Besucher der schleswig-holsteinischen Landeshauptstadt. Vom Windjammer bis zum U-Boot sieht man hier alles, was schwimmt. Die günstige Lage in der Kieler Förde sorgt für den attraktiven Mix aus Handels-, Kreuzfahrt- und Fährverkehr. Seit 2007 können auch Luxusliner mit einer Länge bis zu 360 m am Ostseekai anlegen – so wie die »Queen Elizabeth«, die hier am 24. Juli 2012 festmachte. Dreh- und Angelpunkt ist das vollverglaste »Cruise Terminal«, eines der modernsten Terminals an der deutschen Küste, ausgelegt für 6000 Passagiere. Hafenrundfahrt? Aber natürlich. 2 Std. dauert der Spaß, los geht's im Sommer an der Bahnhofsbrücke um 11, 13 und 15 Uhr (Reservierung: Tel. 04 31/67 91 00).

Ostseekai, Kiel,
www.kiel-sailing-city.de, www.portofkiel.com

3 Schifffahrtsmuseum

Drei Jahre lang war saniert worden, seit Apr. 2014 kann man die maritime Geschichte Kiels wieder in der denkmalgeschützten Fischhalle von 1909/10 besichtigen. Sehr schön: Zur Wasser- bzw. Hafenseite hin erlauben Panoramafenster den optischen Brückenschlag von der Ver-

Kieler Woche

Jeden Juni freuen sich Zigtausende auf die berühmte Windjammerparade. Man sieht das Spektakel an der ganzen Küste, an Bord eines Seglers oder vom Ballonkorb aus. Tolle Feuerwerke.
www.kieler-woche.de

Es müssen nicht immer Windjammer sein: Bei der Kieler Woche werden Welt- und Europameisterschafts-Regatten auch in kleineren Bootsklassen ausgetragen.

gangenheit in die Gegenwart. »Indoor« sieht man, wie Fischer, Schiffbauer, Segler und Marinesoldaten Kiel zu der Stadt gemacht haben, die sie heute ist. »Outdoor« kann man unter der Museumsbrücke den Tonnenleger »Bussard«, das Seenotrettungsboot »Hindenburg« und das Feuerlöschboot »Kiel« besichtigen.

Wall 65, Kiel, Mitte Apr.–Mitte Okt.
tgl. 10–18 Uhr, übrige Zeit Di–So 10–17 Uhr,
www.kiel.de/kultur/museum

4 Freilichtmuseum Molfsee

Für Familien mit Kindern unverzichtbar: die heile Welt von früher, nur 6 km südlich von Kiel – 60 ha Wiesen, Gärten, Felder und Teiche, mehr als 70 historische Gebäude, backende Bäcker, schmiedende Schmiede, Körbe flechtende Korbmacher. Dazu Wissenswertes über Milchwirtschaft, Walfang und Pharmazie, Hoftiere zum Streicheln und gutes Essen.

Hamburger Landstr. 97, Molfsee, Apr.–Okt.
tgl. 9–18 Uhr, Nov.–März So 11–16 Uhr,
www.freilichtmuseum-sh.de

Anreise

Hamburg:	1:05 h
Berlin:	3:05 h
Dresden:	5:31 h
Köln:	5:28 h
München:	7:25 h

Hotels

Kirchspiels Gasthaus
Der traditionsreiche Familienbetrieb mit seinen modern eingerichteten Komfort-Zimmern befindet sich in Nortorf, ungefähr 9 km vom Tierpark Arche Warder entfernt. Im schönen Hotelrestaurant wird ausgezeichnete Regionalküche serviert.
Gr. Mühlenstr. 9, Nortorf,
Tel. 043 92/202 80, DZ ab 89 €,
www.kirchspiels-gasthaus.de

Romantik Hotel Kieler Kaufmann
Die ehemalige Bankiersvilla von anno 1911 begeistert innen mit klassisch-eleganten Interieurs und außen mit der Gartenterrasse, von der man zu Kaffee und Kuchen den Blick auf die Förde genießt. Durch den Park geht man hinunter zum Ufer – das man beim altehrwürdigen Yacht Club erreicht.
Niemannsweg 102, Kiel,
Tel. 04 31/881 10, DZ ab 147 €,
www.kieler-kaufmann.de

Atlantic Hotel Kiel
Großes, kantiges Businesshotel in bester zentraler Lage zwischen Hafen und Hauptbahnhof. Design und Komfort werden gleichermaßen großgeschrieben. Schöner Fitness- und Saunabereich auf der 7. Etage. Auf dem Dach genießt man in der Bar »Deck 8« zu ausgezeichneten Cocktails das tolle Hafenpanorama.
Raiffeisenstr. 2, Kiel,
Tel. 04 31/37 49 90, DZ ab 169 €,
www.atlantic-hotels.de/kiel

08 Hafencity

Hamburg

Hamburgs neues Wahrzeichen ist eine Baustelle. 2007 begannen die Arbeiten an der 110 m hohen Elbphilharmonie, das erste Konzert soll nun – hoffentlich – am 11. Jan. 2017 stattfinden. Fertig ist immerhin der Info-Pavillon (Magellan-Terrassen, Apr.–Okt. Di–So 10–17 Uhr, Nov.–März Do–So 10–17 Uhr). Auf der Kaispitze zwischen Sandtor- und Grasbrookhafen errichtet, markiert die Elbphilharmonie das westliche Ende der HafenCity. Einen Überblick über das größte innerstädtische Bauprojekt Europas erschließt der 13 m hohe »ViewPoint« am Baakenhafen (Grandeswerder Str.). Mehr Informationen erhält man im sehenswerten Infocenter Kesselhaus (Am Sandtorkai 30, Di–So 10–18 Uhr, Mai–Sept. Do 10–20 Uhr), wo ein stets akualisiertes Modell im Maßstab 1:500 zeigt, wie das Quartier am Ende aussehen wird. Und es gibt noch zwei Informationsstellen: den Pavillon Osaka 9 (Osakaallee 9, Di–So 10–18 Uhr) neben dem Maritimen Museum. Hier beginnt von Mai bis Okt. jeden Di. um 18 Uhr der »Grüne Landgang«, eine Führung zu Umweltthemen. Nicht weit davon bietet ein weiterer Pavillon in der Osakaallee 14 (Di–So 10–18 Uhr) Informationen zur Gestaltung des Überseequartiers.

www.hafencity.com

Auch die Elbphilharmonie wird mal fertig. Die »Queen Mary II« kann aber nicht mehr so lange warten.

![08] Hafencity
1 Miniatur Wunderland
2 Sammlung Falckenberg
3 Maritimes Museum
4 Eismeer im Tierpark
5 Harrys Hafenbasar
Hotel 1 Empire Riverside
Hotel 2 Gastwerk
Hotel 3 Wedina

1 Miniatur Wunderland

Auch diese Hamburger Baustelle ist gewaltig, wenn auch in verkleinertem Maßstab. Mitten in der historischen Speicherstadt liegt die größte Modelleisenbahnanlage der Welt. Im Dez. 2000 begannen die Bauarbeiten, im Frühjahr 2013 waren bereits 13 km Schienen auf 1300 qm Fläche verlegt, und wenn das ganze Projekt im Jahr 2020 vorläufig (!) abgeschlossen sein wird, sollen 1300 Züge über 20 km Schienen auf dem dann 2300 qm großen Areal unterwegs sein. Wie diese Landschaft entsteht, kann man zum Glück schon jetzt live verfolgen, die Abschnitte Mitteldeutschland, Österreich, Hamburg, Amerika, Skandinavien und Schweiz sind bereits fertig. Sehr niedlich ist die 120 qm große Fantasiestadt Knuffingen mit ihren 6000 Einwohnern, 100 beweglichen Modellautos – und Feueralarm alle 10 Min. 2011 bekam Knuffingen auch noch einen Airport mit 14 m langer Start- und Lande-

Da entwickeln Hamburger Jungs einen Sinn für Ordnung und Sauberkeit: Im Miniatur Wunderland wird der Hamburger Michel geputzt.

bahn spendiert, auf der die Flugzeugmodelle nicht nur rollen, sondern tatsächlich (ein bisschen) abheben. Wer diesen unwiderstehlichen Große-Jungen-Traum ansehen möchte, sollte genug Zeit mitbringen – und die aktuellen täglichen Öffnungszeiten vorher auf der Website checken.

Kehrwieder 2–4, Block D, Hamburg, tgl. 9.30–18, Sa ab 8, So ab 8.30 Uhr, teilweise auch bis 19, 20 oder 21 Uhr, www.miniatur-wunderland.de

2 Kunstsammlung Falckenberg

Seit 2008 zeigt der Unternehmer, Mäzen und Sammler Harald Falckenberg seine Schätze in den umgebauten Fabrikhallen der Phoenixwerke in Hamburg-Harburg: radikal moderne Kunst. Ungefähr 2000 Arbeiten von zeitgenössischen Künstlern bilden den Grundstock der Kunstsammlung, die seit 2008 durch regelmäßige Themen- und Sonderausstellungen ergänzt wird. Auch multimediale Projekte, etwa vom unvermeidlichen Jonathan Meese, waren schon zu sehen. Seit 2011 gehört die Kunstsammlung zum Ausstellungskomplex der Deichtorhallen – zusammen mit der Sammlung des Fotografen F. C. Gundlach, der Halle für aktuelle Kunst und dem Haus der Photographie. Allgemeine Öffnungszeiten gibt es nicht, man kann die Kunstsammlung Falckenberg nur im Rahmen von Führungen besichtigen (Do/Fr 18 Uhr, Sa 12 und 15 Uhr, So 12, 15 und 17 Uhr); Anmeldung erforderlich.

Wilstorfer Str. 71, Tor 2, Hamburg, www.sammlung-falckenberg.de, www.deichtorhallen.de

3 Maritimes Museum

Peter Tamm, langjähriger Chef des Axel-Springer-Verlags und privater Sammler, spendierte der Hafenstadt Hamburg endlich ihr großes Maritimes Museum – anno 2008, nachdem ihm der Senat die Räumlichkeiten im prächtig renovierten Kaispeicher B der HafenCity zur Verfügung gestellt hatte. Dort sind sie nun also auf neun »Decks« zu sehen: Gemälde und

Hafengeburtstag

Vier bunte Tage zu Christi Himmelfahrt: Über dem bunten Volksfesttreiben ragen die Masten der größten und schönsten Windjammer auf. Mehr als 1 Mio. Besucher pro Jahr! www.hafengeburtstag.de

Konstruktionspläne, Uniformen, Waffen, nautische Geräte, Karten, Schiffsmodelle bis zum Abwinken… Man erfährt, was Menschen seit Jahrhunderten auf die See hinaustreibt und was sie dort alles anstellen, um Reichtum, Ruhm und Wissen zu gewinnen. Mehr als 40000 Einzelstücke umfasst die Sammlung, im Aug. 2013 kam ein Schiffssimulator dazu: Hier kann man Ex-Kapitänen dabei zusehen, wie sie ein 300-m-Containerschiff durch die Häfen von Hamburg, Rotterdam und Singapur manövrieren (Di/Mi/So 14 Uhr).

Kaispeicher B, Koreastr. 1, Di–So 10–18 Uhr,
www.internationales-maritimes-museum.de

4 Eismeer im Tierpark

1863 gründete Carl Hagenbeck sen. am Spielbudenplatz eine »Handels-Menagerie«, 1907 eröffnete sein Sohn den Tierpark nördlich von Altona im heutigen Bezirk Eimsbüttel. Es war der erste Zoo ohne Gitter – weltweit. Neueste Attraktion auf dem 25 ha großen Parkgelände mit seinen vielen Freigehegen ist das 2012 eröffnete »Eismeer«. Schon 1907 hatte Carl Hagenbeck jun. in einem »Nordland-Panorama« eine arktische Landschaft mit entsprechender Fauna präsentiert. Die Neuauflage der Themenwelt beeindruckt nicht nur mit einem innovativen Wasser- und Energiekonzept, sondern in erster Linie durch die Tiere, denen man durch große Panoramascheiben beim Planschen zusehen kann: Eisbären, Seebären, Pinguine. Es gibt auch eine begehbare Seevogel-Voliere, besonders stolz ist man jedoch auf die Walrosse. Am 15. Juni 2014 wurde hier das erste deutsche Walross geboren – und auf den niedlichen Namen Thor getauft.

Lokstedter Grenzstr. 2, Hamburg,
tgl. ab 9 Uhr, Juli/Aug. 9–19 Uhr, März–Juni u. Sept./Okt. 9–18 Uhr, Nov.–Feb. 9–16.30 Uhr,
www.hagenbeck.de

5 Harrys Hafenbasar

Die berühmt-berüchtigte Ethno-Fundgrube hat am 26. Sept. 2013 ihr neues Quartier im Schwimmkran »Greif« am Ponton 5 in der Hafencity bezogen – mit 332428 Objekten in 33 themenbezogenen Kammern: Masken und Stabfiguren aus Afrika, Buddhas und Masken aus Asien, Masken und Kultobjekte aus Südamerika. Den kuriosen Mix aus Geschäft und Völkerkundemuseum gründete Harry Rosenberg (1925–2000), der von seinen Reisen Kunst und Souvenirs aus aller Welt mitgebracht oder anderen Seefahrern abgekauft hatte. Heute verwaltet der Verein Hafenbasar e.V. das fantastische Erbe.

Sandtorkai 60, Hamburg, Sa/So 11–16 Uhr,
www.hafenbasar.de

Anreise

Berlin:	1:38 h	Bahn
Dresden:	4:11 h	Bahn
Köln:	4:03 h	Bahn
Frankfurt:	1:10 h	Flug
München:	1:20 h	Flug

Hotels

Empire Riverside
Der coole Hotelturm von Star-Architekt David Chipperfield ragt in toller Lage zwischen den Landungsbrücken St. Pauli und der Reeperbahn sehr hoch in den Himmel. Ein echtes Hamburger Highlight ist das Traumpanorama in der Bar »20up« – 90 m über dem Lichtermeer des Hamburger Hafens, einen feinen Cocktail in der Hand…
Bernhard-Nocht-Str. 97, Hamburg,
Tel. 040/31 11 90, DZ ab 109 €,
www.empire-riverside.de

Gastwerk
Das ehemalige Gaswerk in Ottensen bietet wohnliches Loft-Ambiente in Backstein-Industriearchitektur und ist als viel fotografiertes Design-Hotel längst ein moderner Klassiker. Viele schöne Details, ein feines (Day-)Spa und gute Küche im Restaurant »Mangold«.
Beim alten Gaswerk 3, Hamburg,
Tel. 040/89 06 20, DZ ab 92 €,
www.gastwerk.com

Wedina
Die hip-intellektuelle Alternative zu den Nobelherbergen »Kempinski Atlantic« und »Le Royal Méridien« im Hamburger Szene-Viertel St. Georg an der Alster. Zu den vier »bunten« Häusern (rot, gelb, grün und blau) ist das neue Galeriehotel dazugekommen.
Gurlittstr. 23, Hamburg,
Tel. 040/280 89 00, DZ ab 125 €,
www.hotelwedina.de

09 Hanse Sail

Rostock

Die vier tollen Tage zwischen Rostock und Warnemünde beginnen am Do., und wenn sie am zweiten So. im Aug. enden, haben rund eine Million Menschen mal wieder das volle Programm gesehen: bis zu 300 Schiffe in allen Größen, Kreuzer und Fähren, Marine- und Containerschiffe, vor allem aber Traditionssegler mit einem, zwei, drei oder gar vier Masten. Die 117 m Viermastbark »Sedov«, das größte noch in Betrieb befindliche Segelschiff der Welt, ist regelmäßiger Gast in Rostock. Die große Party steigt aber auch im Rostocker Stadthafen, am Warnowufer und am Warnemünder Passagierkai – mit den obligatorischen Shanty-Chören und Fischverkäufern, buntem Markttreiben und jeder Menge Live-Unterhaltung auf mehreren Bühnen. 1991 feierte man zum ersten Mal, die Organisation ist seitdem professioneller geworden, stützt sich aber immer noch auf viele Freiwillige jeden Alters, die ihre Begeisterung für Windjammer, Hansekoggen, Vintage-Yachten und betagte Museumsdampfer gern weitergeben. Wer das bunte Treiben unter hohen Segeln auf der »richtigen« See erleben möchte, begibt sich am besten auf die beiden Hafenmolen in Warnemünde und heuert gleich auf einem der Traditionssegler an, gerne auch vor oder nach der Hanse Sail.
Kontakte vermittelt das Büro der Hanse Sail (Info: Tel. 03 81/381 29 75, Mail: tallshipbooking@gmx.de).

www.hansesail.com

Schönste Sicht auf das Treiben der Traditionssegler hat man von den Hafenmolen in Warnemünde.

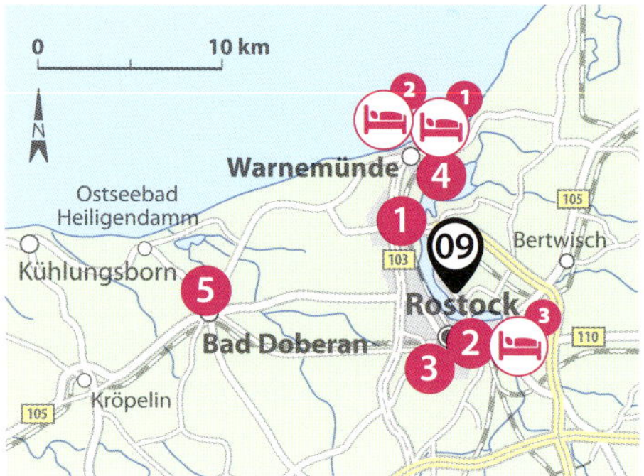

- 09 Hanse Sail
- 1 IGA-Park
- 2 Darwineum
- 3 Hafenrundfahrt im Kajak
- 4 Warnemünde Cruise Center
- 5 Bäderbahn »Molli«
- Hotel 1: Hohe Düne
- Hotel 2: Neptun
- Hotel 3: Pentahotel

1 IGA-Park, Schiffbaumuseum

Ungefähr auf halber Strecke zwischen Rostock und Warnemünde liegt auf dem linken Warnowufer das Paradies. Es misst rund 100 ha und ist die Hinterlassenschaft der Internationalen Gartenbauausstellung IGA 2003. Das Gelände wurde seitdem teilweise renaturiert, Bach- und Wasserläufe, Schilf- und Weidenbestände vermitteln ein ursprüngliches Bild. Geblieben sind die Nationengärten (China, Japan, Luxemburg, Tunesien, Ungarn und Niederlande), geblieben ist der 10 000-Tonnen-Frachter »Dresden« auf der Warnow, mit dem Schiffbau- und Schifffahrtsmuseum (Apr.–Okt. tgl. 10–18 Uhr, Nov.–März tgl. 10–16 Uhr, www.schifffahrtsmuseum-rostock.de). In der Miniportanlage darf man Schiffsmodelle steuern, und man bekommt verschiedene Schiffsantriebe erklärt. Schön sind das Diorama einer Stralsunder Segelschiffswerft und die Schiffszimmermannswerkstatt aus dem 18. Jh. Auch außen gibt es was zu sehen: eine historische Bootswerft und einen Schwimmkran, einen Dampfschlepper, ein Beton- und ein Hebeschiff.

Dorf Schmarl, Apr.–Okt. ab 9 Uhr, Nov.–März ab 10 Uhr bis Eintritt der Dunkelheit, spätestens 22.30 Uhr, www.iga-park-rostock.de

2 Darwineum

Der Mensch stammt vom Affen ab. In der 4000 qm großen Tropenhalle des Rostocker Zoos kann man Orang-Utans, Gorillas, Gibbons und Zwergseidenäffchen beim Turnen und Leben zusehen. Und sich Gedanken über die Evolution machen. Man folgt schmalen Dschungelpfaden, vorbei an Terrarien, in denen Schlammspringer leben, Schnabeligel und weitere lebende Fossilien, die es vorgezogen haben, auf weitere Entwicklungsschritte zu verzichten. Nebenbei erhält man in acht »Kojen« viele Informationen über natürliche Ökosysteme. 2012 eröffnet, ist das Darwineum das bisher größte Bauprojekt im größten Zoo an der Ostseeküste.

Barnstorfer Ring 1, Rostock, Mai–Aug. tgl. 9–19 Uhr, März/Apr. und Sept.–Okt. tgl. 9–18 Uhr, Nov.–Feb. 9–17 Uhr, www.zoo-rostock.de

3 Hafenrundfahrt im Kajak

Zur Hafenrundfahrt mit Schwimmweste und Spritzdecke: In Zweier-Kajaks geht es hinaus auf die Unterwarnow. 2 Std. dauern die Touren, bei denen die Guides ihren Gästen die Geschichte Rostocks von der ersten Slawenburg bis zur Gegenwart nahebringen. Los geht's am Haargraben nahe der Vorpommernbrücke, neben dem Hafenbecken des Wassersportvereins »Hanseat« (Info-Tel. 01 76/62 00 11 32).

Fischerbruch 31, Rostock, Frühling/Sommer tgl. 10–12 und 14–16 Uhr, www.stadtpaddeln-rostock.de

4 Warnemünde Cruise Center

Nach AIDA Cruises, Costa Crociere, Norwegian Cruise Line, Princess Cruises und ab 2016 auch TUI Cruises: Das Geschäft hat sich so gut entwickelt, dass bereits 2005 am Neuen Strom bzw. Seekanal in Warnemünde das große neue Kreuzfahrt-Terminal in Betrieb ging. Mit 198 Schiffs-

Warnemünder Woche

Nicht nur Spaß, sondern echter Sport: Anfang Juli treffen sich rund 2000 Spitzensegler, -surfer und -kiter aus aller Welt zu spannenden Wettkämpfen auf der Ostsee. An Land gibt's Beachhandball, Lacrosse, Mode, Trachten und jede Menge Musik. www.warnemuender-woche.de

Entzückende CO_2-Schleuder: Der »Molli« setzt seine Fahrt von Bad Doberan nach Kühlungsborn auch in den Zeiten der Energiewende unbeeindruckt fort.

anläufen wurde 2013 ein neuer deutschlandweiter Rekord aufgestellt. Insgesamt rechnet man in Rostock mit rund 500 000 Kreuzfahrtpassagieren, die das Terminal aus Stahl und Glas jedes Jahr passieren. Davor, am Cruise Port, stehen acht Liegeplätze zur Verfügung, der größte für Ozeanriesen bis zu 355 m Länge.

Am Passagierkai 3, Warnemünde,
www.rostock-port.de, www.rostock.travel

5 Unterwegs mit dem »Molli«

2007 wurde er weltberühmt – als offizielles und einziges Transportmittel der Pressevertreter zum G8-Gipfel in Heiligendamm. Anders als Politiker produziert der »Molli«, die Mecklenburgische Bäderbahn, aber echten Dampf. Die Fahrt von Bad Doberan nach Kühlungsborn mit seiner langen Strandpromenade (3150 m), erfolgt auf Spurweite 900 mm und dauert 40 Min. Am Endbahnhof kann man das sehr nette Molli-Museum besuchen.

Am Bahnhof, Bad Doberan, Apr.–Okt.
8.35–18.45 Uhr etwa im Stundentakt,
www.molli-bahn.de

Anreise

Hamburg:	1:48 h (Zug)
Berlin:	2:39 h (Zug)
Dresden:	4:00 h (Auto)
Köln:	5:56 h (Zug)
München:	6:45 h (Auto)

Hotels

Hohe Düne
Luxus-Resort mit eigener Marina auf rund 30 ha Land an der Einfahrt zum Rostocker Hafen mit Angeboten für Kongressmenschen, Yachtbesitzer, Familien und die verwöhntesten Gesundheitstouristen – der Wellnessbereich ist schwer zu toppen. Gleich beim Hotel beginnt ein kilometerlanger Traumstrand.
Am Yachthafen 1, Warnemünde,
Tel. 03 81/504 00, DZ ab 185 €,
www.hohe-duene.de

Neptun
Mit seinen 18 Stockwerken ist das ehemalige Renommierobjekt aus DDR-Zeiten der Hingucker an der Strandpromenade. Alle Zimmer haben einen Balkon mit Meerblick – wahlweise mit Sicht auf Sonnenauf- oder Sonnenuntergang. Zertifiziertes Original-Thalasso-Zentrum mit üppigen Spa-Angeboten.
Seestr. 19, Warnemünde,
Tel. 03 81/77 70, DZ ab 139 €,
www.hotel-neptun.de

Pentahotel
Cooles Stadthotel mit Altbaufassade im Zentrum von Rostock zwischen Wallanlagen und Marienkirche. Lounge-Atmosphäre in Hallen und Restaurants, Flatscreens mit Sky-TV in den Zimmern.
Schwaansche Str. 6, Rostock,
Tel. 03 81/497 09 02, DZ ab 79 €,
www.pentahotels.com

10 Ozeaneum

Stralsund

Als es 2008 eröffnet wurde, war es eine Sensation. Zwei Jahre später wurde es zum Europäischen Museum des Jahres gekürt, und heute ist es eine der meistbesuchten Sehenswürdigkeiten an der Ostseeküste. Auf denkbar spektakuläre Weise widmet sich das Ozeaneum dem Lebensraum Meer. Das ist nicht nur informativ und ökologisch korrekt, sondern vor allem ein Augenschmaus. Grandios sind die Aquarien, allen voran das 2,6 Mio l fassende Aquarium »Offener Atlantik« mit Thunfischen, Rochen – und mit Niki, einer fast 3 m langen Sandtigerhaidame. Grandios sind auch das Schwarmfischbecken, in dem Heringe dicht an dicht ihre meditativen Kreise ziehen, und das Tunnelaquarium, das die Unterwasserwelt vor Helgoland darstellt und in dem Katzenhaie, Dorsche und Seelachse über den Köpfen der Besucher entlangschwimmen. Seit 2010 haben auch zehn Humboldt-Pinguine ihr neues Zuhause auf der Dachterrasse des Ozeaneums bezogen – wo sie sich unter Wasser beobachten lassen.

Hafenstr. 11, Stralsund, Juni–Sept. tgl. 9.30–20 Uhr, Okt.–Mai tgl. 9.30–18 Uhr, www.ozeaneum.de

Sie repräsentieren die Weltmeere: das Ozeaneum und die »Gorch Fock« auf der Hafeninsel.

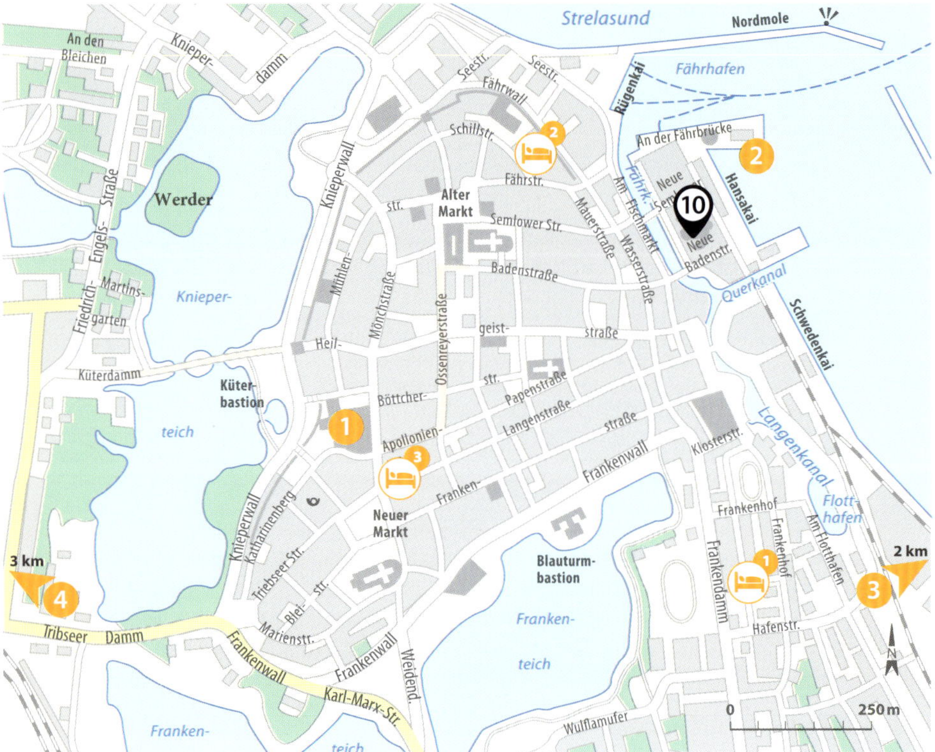

![10] Ozeaneum
1 Meeresmuseum
2 Gorch Fock
3 Insel Dänholm
4 Freizeitpark Grünhufer Bogen
Hotel 1 Arcona Hotel Baltic
Hotel 2 Scheelehof
Hotel 3 Schweriner Hof

Sundschwimmen

2315 m misst die Strecke über den Strelasund, von Altefähr auf Rügen hinüber nach Stralsund. Am ersten Juli-Samstag treten 1000 Schwimmer im traditionellen Massenstart gegeneinander an. Beim ältesten Langstreckenschwimmen Deutschlands ist Dabeisein und Zuschauen alles. www.sundschwimmen.de

1 Deutsches Meeresmuseum

Das Ozeaneum stiehlt ihm ein bisschen die Schau, dabei ist das Meeresmuseum in Stralsund die erste Adresse der Stiftung Deutsches Meeresmuseum (Kombiticket kaufen!). Hier geht es vor allem um Meereskunde und Meeresbiologie, Fischerei sowie Fauna und Flora der Ostsee. Besonders beeindruckend sind das 15 m lange Skelett eines Finnwals in der Dauerausstellung über Wale, Modelle eines Mondfischs und einer Japanischen Riesenkrabbe sowie eine präparierte Lederschildkröte, die in ihrem Erdenleben 450 kg gewogen hat. Schöne Aquarien gibt es auch, 36 an der Zahl. Man sieht verschiedene Haie, Rochen und Muränen, Tintenfische und Seepferdchen, Meeresschildkröten – und im tropischen Aquarium die sprichwörtlich bunte Vielfalt der Evolution.

Ecke Mönchstraße/Bielkenhagen, tgl. 10–17 Uhr, Nov.–Juni Mo geschl., www.deutsches-meeresmuseum.de

2 »Gorch Fock«

Sie ist ein deutscher Mythos: 1933 für die Reichsmarine gebaut, bei Kriegsende 1945 im Strelasund versenkt, 1947 wieder gehoben, nach vielen Hochsee-Einsätzen unter dem russischen Namen »Towarischtsch« im Jahr 2003 vom Verein »Tall Ship Friends« erworben und in den alten Heimathafen Stralsund zurückgeholt. 82 m lang und 37 m hoch, gilt die Dreimastbark bis heute als eines der schönsten Segelschiffe, die je gebaut wurden – wovon man sich ganzjährig an Bord überzeugen kann.

An der Fährbrücke, Stralsund, Apr.–Okt. tgl. 10–18 Uhr, Nov.–März tgl. 10–16 Uhr, www.gorchfock1.de

3 Insel Dänholm

Unmittelbar vor Stralsund gelegen, ist die kleine Insel Zwischenstation auf der Brücken-Querung des Strelasunds zur Insel Rügen. Im 19 Jh. wurde der Dänholm zur »Wiege der preußischen Marine« ausgebaut. Die militärische Historie endete erst 1991, als auch die Bundesmarine den Standort räumte. 1999 eröffnete das Deutsche Meeresmuseum auf der Insel das Nautineum (Zum Kleinen Dänholm, Stralsund, Mai–Okt. tgl. 10–16 Uhr, www.deutsches-meeresmuseum.de/nautineum) mit Ausstellungen zu Meeresforschung und Fischerei. Sehenswert ist auch das Marinemuseum (Zur Sternschanze 7, Stralsund, Mai–Okt. Di–So 10–17 Uhr, marinemuseum-daenholm.beepworld.de), das Befestigungsanlagen, zwei Torpedoboote, Schiffsschrauben, Minen und einen Marinehubschrauber zeigt.

www.stralsundtourismus.de

Seit 2007 führt die neue Rügenbrücke über die kleine Insel Dänholm.

4 Freizeitpark Grünhufer Bogen

Am Rand von Stralsund finden moderne Menschen vieles, das sie in ihrer Freizeit glücklich macht – wie den HanseDom (Grünhufer Bogen 18–20, Stralsund, www.hansedom.de) mit seinem angeschlossenen Hotel, ein attraktives Wohlfühlpaket für fröhliches Planschen im Erlebnisbad, stilles Schwitzen und Genießen im Spa, Sport und Fitness, Gesundheit und Gastronomie. Sehr familienfreundlich präsentiert sich der Zoo (Grünhufer Bogen 2, Stralsund, zoo.stralsund.de, März–Okt. tgl. 9–18.30 Uhr, Nov.–Feb. tgl. 10–16 Uhr) in einem schön bepflanzten Park beim Stadtwald. Hier leben nicht nur Löwen, Bären und Leoparden, sondern auch viele bedrohte Haustierarten wie das Rauwollige Pommersche Landschaf oder die Ostpreußische Skudde. Und mit vielen Tieren darf man auf »Fellfühlung« gehen. Shoppen? Kann man natürlich auch: im Einkaufszentrum Strelapark (Grünhufer Bogen 13–17, Stralsund, Mo–Sa 9–20 Uhr, www.strelapark.de).

Grünhufer Bogen, Stralsund,
www.freizeitpark-stralsund.de

Anreise

Hamburg:	2:46 h	Bahn
Berlin:	3:07 h	Bahn
Dresden:	4:00 h	Auto
Köln:	6:00 h	Auto
München:	7:10 h	Auto

Hotels

Arcona Hotel Baltic
Großes Haus in guter Lage gleich neben der Altstadt. In den Zimmern zur Straße hin sollte man nachts die Fenster aber besser geschlossen halten. Empfehlenswert ist das Essen im Hotelrestaurant »Weinwirtschaft«: Fisch, Fleisch, Tapas, Wein ...
Frankendamm 22, Stralsund,
Tel. 038 31/20 40, DZ ab 88 €,
baltic.arcona.de

Scheelehof
Zentraler geht's nicht: Das schöne Romantik-Hotel steht genau zwischen Altem Markt und Hafen. Eigentlich handelt es sich um ein Ensemble aus fünf Stadthäusern (die beiden ältesten stammen aus dem 14. Jh.), das in den Jahren 2010/2011 aufwendig saniert worden ist. Ausgezeichnetes Gourmet-Restaurant »Scheel's«, gemütliche Kellerkneipe »Scheel's Labor«.
Fährstr. 23–25, Stralsund,
Tel. 038 31/28 33 00, DZ ab 105 €,
www.hotel-stralsund-scheelehof.de

Schweriner Hof
Auch in diesem Altstadthotel logiert man in modern eingerichteten Zimmern hinter einer historischen Fassade. Ruhebedürftige nehmen ein Zimmer zum Innenhof. Tolles italienisches Restaurant »Osteria Dell'Oca«.
Neuer Markt 1, Stralsund,
Tel. 038 31/28 84 80, DZ ab 74 €,
www.schweriner-hof.de

Technischer Fortschritt kann zum Guten und zum Schlechten führen. Anschauungsmaterial bietet das ehemalige Kraftwerk in Peenemünde.

11 Historisch-Technisches Museum

Peenemünde/Usedom

Das dunkle Erbe des Ortes am Nordwestende der Insel Usedom hat die Gestalt einer 14 m hohen Rakete und einen kurzen Namen: V2. In Peenemünde wurde die »Vergeltungswaffe 2« der Deutschen Wehrmacht entwickelt, die Tausende von Zwangsarbeitern und KZ-Häftlingen in unterirdischen Stollen produzieren mussten. Es ist die hässliche Seite der wissenschaftlich-technischen Pionierarbeit, die hier geleistet wurde. Sie verbindet sich mit dem Namen Wernher von Braun, der mit seinem Team in Peenemünde ab 1937 die erste mit Flüssigtreibstoff getriebene Rakete der Welt konstruierte, die mehr als 100 km Höhe erreichte und damit die Grenze zum Weltraum durchstieß. Als ballistische Boden-Boden-Rakete wurde sie ab 1944 auf Ziele in England, Frankreich und Belgien abgefeuert. Im ehemaligen Kraftwerk der Raketenversuchsanstalt ist die Dauerausstellung des Historisch-Technischen Museums untergebracht. Auf dem insgesamt 25 qkm großen Gebiet verstreut liegen noch weitere historische Bauten. »Denkmal-Landschaft« heißt der 25 km lange Rundweg, der die 20 wichtigsten Stationen miteinander verbindet.

Im Kraftwerk, Peenemünde,
Apr.–Sept. tgl. 10–18 Uhr, Okt.–März tgl. 10–16 Uhr, Nov.–März Mo geschl.
www.peenemuende.de

(11) Historisch-Technisches Museum
1 U 461
2 NSG Peenemünder Haken
3 Familientierpark Wolgast
4 Tauchgondel Zinnowitz
1 Zur Zwiebel
2 Am Deich
3 Usedom Palace

1 U 461

Es ist wirklich nicht zu übersehen: Direkt am Eingang des Haupthafens von Peenemünde liegt im Hafenbecken ein gewaltiges U-Boot. Es handelt sich um die sowjetische U 461, ein Boot der von der Nato so benannten »Juliett«-Klasse, Baujahr 1961. Im Dez. 1998 wurde es nach Peenemünde geschleppt – wo es seitdem friedliche Urlauber fasziniert. Mit 86 m Länge sind die »Julietts« die längsten konventionellen U-Boote der Welt. Wer sich durch die Schotte und Gänge zwängt – vom Torpedoraum im Bug über den Turmfahrstand und die verschiedenen Aggregate und Maschinen bis zum Heck-Torpedoraum –, fühlt sich in die heißen Jahre des Kalten Krieges zurückversetzt.

Haupthafen, Peenemünde, Juli–Mitte Sept. 9–19 Uhr, Mai/Juni 10–17 Uhr, Mitte Sept.–Okt. 10–16 Uhr, Nov.–Apr. 10–15 Uhr, www.u-461.de

2 NSG Peenemünder Haken

Am Nordende Usedoms, gleich neben dem Flugplatz von Peenemünde, kann man ein erstaunliches Phänomen besichtigen: Militärische Nutzung schützt die Natur! Das mehr als 1870 ha große Gebiet des »Hakens« war über 50 Jahre militärisches Sperrgebiet – was sich unter Zugvögeln herumgesprochen hat. Zu Zigtausenden rasten sie auf dem Areal mit seinen Flachwasserbereichen und Windwatten. Zu ihnen gesellen sich große Schwärme von Watvögeln, Enten und Schwänen sowie eine riesige Kormorankolonie. Auch Seeadler lassen sich immer wieder beobachten. Der Zugang ist jedoch stark eingeschränkt, da hier immer noch große Mengen an Munition herumliegen. Der Museumsverein Peenemünde e. V. veranstaltet jedoch spannende Rundfahrten mit Kleinbussen über das ansonsten gesperrte Flughafen-Gelände. So darf man exklusive Blicke auf die Kormorankolonie und auf die Überreste der Raketen-Abschussrampen werfen, die von der fantastischen Natur mehr und mehr überwuchert werden. Die Rundfahrten starten am Flugplatz Peenemünde.

Am Flughafenring, Peenemünde, im Sommer tgl. 11, 13 und 15 Uhr, www.peenemuende-west.de

3 Familientierpark Wolgast

Nicht spektakulär, aber umso sympathischer und landschaftlich wunderschön: In einem Waldstück im Norden von Wolgast, rund 22 km vor Peenemünde und somit direkt auf dem Anfahrts- bzw. Rückweg gelegen, lassen sich vor allem heimische Tiere in ihrer natürlichen Umgebung beobachten. Auch Tiere mit Migrationshintergrund sind zu sehen: Nasenbären, Erdmännchen und Lemuren. Viele Gehege sind seit 1990 erweitert oder weiträumig erneuert worden. Es gibt mehrere Spielplätze und eine Scooterbahn, Eltern

Meeresrausch-Festival

Alle Achtung: Peenemünde hat ein richtiges Open-Air-Festival! Drei Tage dauert das »Meeresrauschen« im Juni, das 2015 bereits zum fünften Mal stattfand. Alles in allem ein prima Termin für Naturfreunde, die nach Sonnenuntergang zu elektronischen Klängen gern in die Sterne schauen. www.meeresrausch-festival.de

Hotels

Zur Zwiebel
In dem sympathischen Frühstückshotel nimmt man am besten ein Zimmer mit Blick über den Deich hinaus auf den Peenestrom. Die Lage ist, na ja, zentral, denn Peenemünde ist wirklich klein: Der Hafen und die Museen sind in wenigen Minuten zu Fuß zu erreichen. Ein Radwanderweg führt direkt am Hotel vorbei.
Peenepl. 3, Peenemünde,
Tel. 03 83 71/264 39, DZ ab 55 €,
www.hotel-zur-zwiebel.de

Am Deich
Das beliebte Café bietet neben mehr als 100 (!) Kaffeevariationen auch Ferienwohnungen und sechs einfache Komfortzimmer. Gute Lage für Besichtigungen in Peenemünde und ausgedehnte Touren auf Usedom – direkt neben dem Hotel »Zur Zwiebel«.
Feldstr. 1A, Peenemünde,
Tel. 03 83 71/285 82, DZ ab 72 €,
www.usedomer-hotel.de

Usedom Palace
Klassische Bäderarchitektur vom Feinsten: Der schneeweiße Hotelpalast mit seinen spitzen Türmen wurde 2000 wiedereröffnet und ist das Schmuckstück an der Strandpromenade von Zinnowitz, 17 km südöstlich von Peenemünde. Tolle französisch-elsässische Küche.
Dünenstr. 8, Zinnowitz,
Tel. 03 83 77/39 60, DZ ab 110 €,
www.usedom-palace.de

Taucht nichts mehr. Der sowjetische Unterwasserjäger U 461 bietet in seinem Inneren aber beeindruckende Interieurs und unheimliche Erinnerungen an den Kalten Krieg.

können den Nachwuchs im Bollerwagen zu den Streichelgehegen transportieren.

Am Tierpark 1–2, Wolgast,
Mai–Okt. Do–Mo 10–18 Uhr, Mai–Sept. tgl. 9–18 Uhr, Okt.–Apr. tgl. 9–16 Uhr,
www.tierparkwolgast.de

4 Tauchgondel Zinnowitz

Wie im Fahrstuhl geht es hinunter auf den Grund der Ostsee. Bis zu 25 Unterseetouristen teilen sich den Platz in der Druckkabine. Hinter den großen Fenstern ziehen Quallen und Fische vorbei, und wenn sie das draußen mal nicht tun, sieht man sie drinnen im eigens produzierten 3-D-Film. Seit 2006 bereichert die Tauchgondel das Urlaubsangebot von Zinnowitz, einem der malerischsten und traditionsreichsten Seebäder auf Usedom. Der Spaß findet in exponierter Lage statt: am Ende der schönen, 315 m langen »Vineta«-Seebrücke.

Strandpromenade, Zinnowitz, Juni–Aug. 10–21, Apr./Mai und Sept./Okt. 10–19 Uhr, Nov.–März 11–16 Uhr,
www.tauchgondel.de

Anreise

Hamburg:	2:50 h
Berlin:	2:20 h
Dresden:	4:10 h
Köln:	6:40 h
München:	7:30 h

12 Müritzeum

Waren/Müritz

Was ist der Unterschied zwischen einer Muräne und einer Maräne? Nur ein Buchstabe – aber eine ganze Lebenswelt. Das Müritzeum im Heilbad Waren am Ufer der Müritz ist so etwas wie die Süßwasser-Variante des »salzigen« Ozeaneums in Stralsund. Und es ist ein beeindruckendes Bauwerk, das am 2. Aug. 2007 als »Haus der 1000 Seen« am Rand der Altstadt eröffnet wurde: Außen mit verkohlten Lärchenschindeln verkleidet, ragt es mit seinem runden Grundriss über dem kleinen Herrensee auf. Von drinnen kann man einen Blick unter dessen Wasserspiegel werfen – in die richtige Natur. Wie das Ozeaneum überwältigt das Müritzeum mit seinen Aquarien, vor allem natürlich mit dem über zwei Etagen reichenden Süßwasserbecken, dem größten Aquarium für einheimische Süßwasserfische in Deutschland. Hinter seiner 6 mal 6 m großen Scheibe zieht ein 500-köpfiger Maränenschwarm seine Bahnen. In 24 Becken wird die heimische Unterwasserfauna inszeniert. Man staunt über die weißen Störe und, seit 2014, über den goldenen Hecht, und man genießt nach dem tollen Mix aus Ästhetik, Naturwissenschaft und Umweltbildung am Ende auch noch die Landschaftsidylle im Park am Herrensee.

Zur Steinmole 1, Waren, tgl. 10–19 Uhr, www.mueritzeum.de

Tolle Architektur im Müritzeum: 2015 stand hier die größte Pyramide der Welt – aus Dominosteinen.

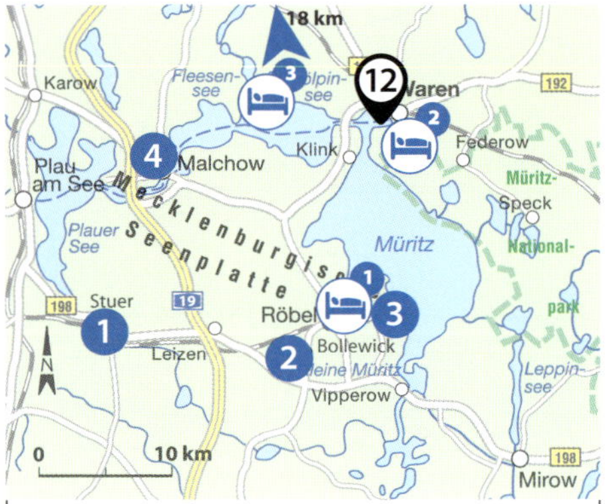

(12) Müritzeum
1 Bärenwald Müritz
2 Die Scheune
3 Müritz Therme
4 DDR-Museum
Hotel 1 Landhaus Müritzgarten
Hotel 2 Hotel Harmonie
Hotel 3 Schloss Ulrichshusen

1 Bärenwald Müritz

Wer es an diesen Ort geschafft hat, darf sich mit Fug und Recht Problembär nennen. 2006 wurde der Bärenwald Müritz gegründet, ein 16 ha großes Freigehege, in dem derzeit 18 Braunbären einen Lebensraum vorfinden, wie sie ihn mögen: mit Mischwald und Lichtungen, Wiesen und Hängen und einem natürlichen Wasserlauf zum Planschen. So gut ging es ihnen früher nicht. Alle Bären im Park haben eine traurige Vergangenheit, sie stammen aus schlechter privater Haltung oder aus Zirkusbetrieben. Ausgewildert können sie nicht werden, weil sie in freier Wildbahn nicht überleben würden. Die Tiere sind nicht nur an Menschen gewöhnt, viele sind leider auch verhaltensgestört. Hier haben sie genug Platz und viele Rückzugsmöglichkeiten. Die 35 km weite Reise von Waren zum Bärenwald kann man Di., Mi. und Fr. mit Bus und Schiff zurücklegen: Jeweils um 10 Uhr startet die 5-Seen-Fahrt nach Malchow, wo der Bus wartet (www.baerenwald-mueritz-ticket.de). Weitere Infos zur Anreise mit ÖPNV: Tel. 039 91/64 50, www.pvm-waren.de.

Am Bärenwald 1, Stuer, Apr.–Okt.
tgl. 9–18 Uhr, Nov.–März tgl. 10–16 Uhr,
www.baerenwald-mueritz.de

2 Die Scheune

25 km südlich von Waren, kurz hinter Röbel an der Müritz, steht ein gewaltiges Bauwerk: 125 x 35 m, zwei Etagen hoch. Was der Baron von Langermann zu Dambeck und Spitzkuhn im Jahr 1881 am Ortsrand von Bollewick (Betonung auf dem »e« !) auf die grüne Wiese setzen ließ, ist die größte Feldsteinscheune Deutschlands. Noch um 1990 lebten hier 650 Kühe, dann drohte das imposante Bauwerk zu verfallen – und wurde gerettet. Längst ist es als Veranstaltungs- und regionaler Messeort, als Einkaufs- und Infozentrum und einfach nur als Ausflugsziel eine der meistbesuchten Adressen im Bereich der Müritz. Einheimische Erzeuger bieten Lebensmittel, Textilien, Kosmetik und Kunsthandwerk an. Es gibt Mecklenburger Traditionswerkstätten, eine Leinenweberei und einen Kürschnerbetrieb, eine Tischlerei, eine Schokoladenwerkstatt, einen Bauernladen und Gastronomie. Der sehenswerten Regionalausstellung im Obergeschoss ist ein Welcome Center der Mecklenburgischen Seenplatte angegliedert, in der Tenne werden Konzerte und Ausstellungen veranstaltet. Auch das Bio-Landhotel »Zur Scheune« ist in das alte Gemäuer eingezogen (www.landhotel-zur-scheune.de) – mit Café, Gutsherrenkeller und Dorfschenke.

Bollewick/Dudel 1, Apr.–Okt.
tgl. 10–18 Uhr, Nov.–März tgl. 10–17 Uhr,
www.diescheune.de

3 Müritz Therme

Manchmal, vor allem bei Regen, hat man selbst am schönsten Strandbad keinen Spaß. Darum gibt es die MüritzTherme in Röbel mit ihrer 3000 qm großen Spaß-, Sport- und Erholungswelt. Das 25-m-Wettkampfbecken nimmt sich neben der Müritz (17,8 x 9,9 km) zwar bescheiden aus, dafür gibt es eine 57 m lange Wasserrutsche und einen Strömungskanal nebst Sprudelliegen und Massagedüsen sowie einen Saunabereich. Und wer doch Natur will, kann ins schöne Strandbad

Müritz Sail

Das »süße« Pendant zur »salzigen« Hanse Sail an der Ostsee. Seit 2002 bietet das Großevent in Waren alles, was auf dem Wasser stattfindet, lustig ist oder Kondition verlangt. An Land wird eine Erlebnismeile eingerichtet.
www.mueritzsail.net

Spätes Glück kommt unverhofft. Im Bärenwald dürfen Bären, die es früher schwer gehabt haben, das Leben endlich wieder genießen.

Müritzbad (Seebadstr. 1, tgl. 10–20 Uhr, Nebensaison bis 18 Uhr) ausweichen.

Am Gotthunskamp 14, Röbel, tgl. 9–21 Uhr,
www.mueritztherme.de

4 DDR-Museum

Ostalgie? Warum nicht! Vor allem wenn sie so liebevoll inszeniert wird wie in Malchow, 23 km westlich von Waren (mit der Regionalbahn direkt in 25 Min. zu erreichen). Im »Film-Palast«, der dort am 14. Dez. 1957 mit dem sowjetischen Streifen »Der Prolog« eröffnet wurde, flimmern die Bilder nicht mehr, seit 1999 sind sie fest installiert und bieten Kopf-Kino. Die stetig erweiterte Sammlung zum Alltag in der DDR berührt auch Wessis. Man erlebt Schulanfang, Jugendweihe und Hochzeit, Arbeitsleben und Urlaubsspaß. So war das also im realsozialistischen Kinderzimmer, beim Einkauf im »Konsum«, beim Radiohören und Fernsehen im Wohnzimmer der 1960er-Jahre …

Kirchenstr. 25, Malchow,
Apr.–Sept. 10–17 Uhr, übrige Zeit
Di–Fr 10–16 Uhr, Sa/So 13–16 Uhr,
www.ddrmuseum-malchow.de

Anreise

Hamburg:	2:20 h
Berlin:	1:50 h
Dresden:	3:30 h
Köln:	6:00 h
München:	6:10 h

Hotels

Landhaus Müritzgarten
Grüner wird's nicht. In einem großen Landschaftsgarten logiert man wahlweise im Haupthaus, einer Gästevilla oder einem Blockhaus. Ein guter Ausgangspunkt für Touren rund um den Nationalpark und Rundfahrten auf der Müritz.
Seebadstr. 45, Röbel,
Tel. 03 99 31/88 10, DZ ab 95 €,
www.hotel-mueritzgarten.de

Hotel Harmonie
Sehr schöne Lage am Westrand der Altstadt von Waren, dicht am Wasser und unmittelbar gegenüber dem Müritzeum. Stilvolle Interieurs und gute Wellness-Angebote im hauseigenen Spa.
Kietzstr. 16, Waren,
Tel. 039 91/669 50, DZ ab 99 €,
www.hotelharmonie-waren.de

Schloss Ulrichshusen
Direkt am kleinen Ulrichshuser See, ungefähr 15 km nördlich von Waren, liegt dieser fantastische Gebäudekomplex aus den Jahren 1624/26. 1987 bis auf die Grundmauern abgebrannt, wurde das Ensemble 2001 als Hotel wiedereröffnet. Man nächtigt entweder im Herrenhaus aus der Renaissance oder in zwei anderen historischen Gebäuden. Zugleich einer der stimmungsvollsten Veranstaltungsorte der Festspiele Mecklenburg-Vorpommern.
Seestr. 14, Ulrichshusen,
Tel. 03 99 53/79 00, DZ ab 100 €,
www.ulrichshusen.de

13 Museumsinsel

Berlin

Auf dieser Baustelle wird noch länger gebaut als am Berliner Flughafen, fertig ist man auch noch nicht, dafür ist die Museumsinsel schon jetzt Unesco-Welterbe. Die fünf Museen, im 2. Weltkrieg größtenteils zerstört, werden seit der Wiedervereinigung renoviert. Im bisher nur zum Teil sanierten Alten Museum (Di–So 10–18 Uhr, Do bis 20 Uhr) ist ein Teil der Antikensammlung zu sehen, das architektonisch grandios gestaltete Neue Museum (tgl. 10–18 Uhr, Do bis 20 Uhr) zeigt seit seiner Wiedereröffnung im Herbst 2009 die Sammlung des Ägyptischen Museums mit der Büste der Nofretete. Im Pergamonmuseum (tgl. 10–18 Uhr, Do bis 20 Uhr) wird in den nächsten Jahren renoviert: Der Pergamonaltar wird wohl erst 2019 wieder zu besichtigen sein, der Südflügel mit dem Markttor von Milet, dem Ischtar-Tor und der Prozessionsstraße von Babylon bleibt geöffnet. C. D. Friedrich, Cézanne, Corinth und Beckmann sind in der Alten Nationalgalerie (Di–So 10–18 Uhr, Do bis 20 Uhr) zu sehen, und das Bode-Museum (Di–So 10–18 Uhr, Do bis 20 Uhr) an der Nordspitze der Museumsinsel zeigt byzantinische Kunst, italienische und deutsche Skulpturen, ein Münzkabinett sowie alte Meister der Gemäldegalerie. Nächster Meilenstein ist die Eröffnung des neuen Eingangsbereichs mit der James-Simon-Galerie, die 2017 fertig sein soll.

Bodestr. 1–3, Berlin, www.smb.museum, www.museumsinsel-berlin.de

Erfolgreiche Wiederbelebung: das Neue Museum mit seiner Sammlung ägyptischer Kulturschätze.

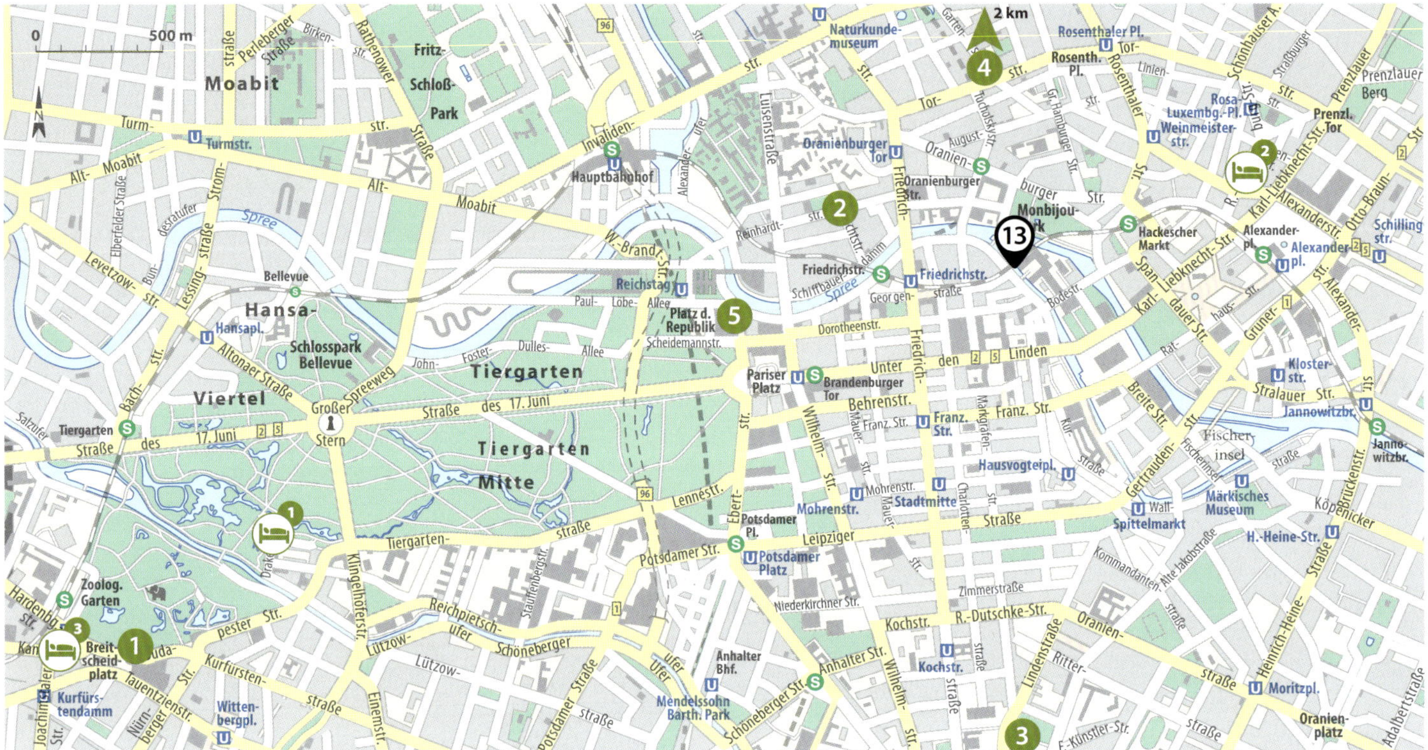

![13] Museumsinsel
1 Bikinihaus
2 Boros Bunker
3 Jüdisches Museum
4 Berliner Unterwelten
5 Reichstagskuppel
1 Das Stue
2 Lux 11
3 Waldorf Astoria

1 Bikinihaus

Affen schauen? Kann man nicht nur *im*, sondern seit 2014 auch *vor* dem Berliner Zoo: in der »Concept Mall« des Bikinihauses. Boutiquen und Flagship Stores, dazu Gastronomie und Wohnungen. Große Panoramafenster zu den Affen, tolle 7000 qm große begrünte Dachterrasse.

Budapester Str. 38–50, Berlin, Mo–Sa 9–21 Uhr, www.bikiniberlin.de

2 Boros Bunker

Der imposante Nazibunker beschützt heute eine eindrucksvolle Sammlung von etwa 130 zeitgenössischen Gemälden, Fotos und Videos, Installationen und Skulpturen, unterlegt mit pulsierenden Soundflächen. Führungen (1.30 Std.) nur nach Voranmeldung online.

Reinhardtstr. 20, Berlin, Do–So, www.sammlung-boros.de

3 Jüdisches Museum

Ein zerfetzter Davidstern als Grundriss: Daniel Libeskind hat ein Haus mit spitzen Winkeln, schiefen Ebenen und schmalen Fensterschlitzen gebaut. Zwischen den Betonwänden stößt man auf großartige Kunstinstallationen.

Lindenstr. 9–14, Berlin, Mo 10–22, Di–So 10–20 Uhr, www.jmberlin.de

10 000 Gesichter aus Eisen: »Schalechet« (»Gefallenes Laub«) im Jüdischen Museum.

4 Berliner Unterwelten

Unter den aufgehübschten Plätzen und bunt wuselnden Kiezen Berlins verbirgt sich eine dunkle Welt aus Gängen, Bunkern, Treppen und Tunneln. Verschiedene Touren führen zu Luftschutzräumen aus dem 2. Weltkrieg, zu Flucht- und Spionagetunneln aus dem Kalten Krieg oder zum Geisterbahnhof am Oranienplatz. Besondere physische Herausforderungen stellt der Abstieg über die Trümmerhalden ins Innere des teilweise gesprengten Flakturms im Humboldthain.

Brunnenstr. 105, Berlin,
www.berliner-unterwelten.de

5 Reichstagskuppel

Der staatsbürgerliche Pflichtspaziergang über die spiralförmigen Rampen auf der Innenseite der 24 m hohen Kuppel bietet ein fantastisches 360-Grad-Panorama. Auch die Dachterrasse des Reichstagsgebäudes kann besichtigt werden. Im Dachgartenrestaurant kostet die Latte Macchiato 4,90 €, aber als Bürger in »seinem« Parlamentsgebäude kann man leider keine andere wählen. Für Terminanfragen steht ein Online-Formular zur Verfügung, eine Anmeldung ist auch per Fax (030/22 73 64 36) möglich, nicht aber telefonisch.

Platz der Republik 1, Berlin, tgl. 8–24 Uhr,
letzter Einlass 22 Uhr,
www.bundestag.de

Berlinale, Filmfestspiele

350 Filme in zwei Februarwochen, mit Welt- und Europapremieren. Spannend ist die ausgewogene Bilanz zwischen Großproduktionen und Independent-Werken.
www.berlinale.de

Anreise

Hamburg:	1:42 h
Dresden:	2:08 h
Köln:	1:05 h
Frankfurt:	1:10 h
München:	1:10 h

Hotels

Das Stue
Architektur- und Designrausch am Südrand des Tiergartens beim Neuen See. Berlins neueste Nobelherberge überwältigt mit äußeren und inneren Werten. Zu Letzteren gehören der Gourmet-Tempel »Cinco« und die Treatments im Susanne Kaufmann Spa.
Drakestr. 1, Berlin,
Tel. 030/311 72 20, DZ ab 200 €,
www.das-stue.com

Lux 11
Alexanderplatz, Museumsinsel und Hackesche Höfe sind bequem zu Fuß zu erreichen. Zur tollen Lage in Mitte gibt es cool gestylte Zimmer mit hohen Fenstern, begehbaren Schränken und geräumigen Duschen im Raum, dazu viele junge und schöne Menschen.
Rosa-Luxemburg-Str. 9–13, Berlin,
Tel. 030/936 28 00, DZ ab 99 €,
www.lux-eleven.com

Waldorf Astoria
182 höchst luxuriöse Zimmer und 50 Suiten auf 118 m Höhe im besten Westen Berlins – unmittelbar neben Zoo, Bikinihaus und Gedächtniskirche. Was noch? Deutschlands erster Guerlain Spa, das Gourmet-Restaurant »Les Solistes«, die Neuauflage des legendären Romanischen Cafés, die »Lang Bar« im Art-déco-Stil und und und.
Hardenbergstr. 28, Berlin,
Tel. 030/814 00 00, DZ ab 210 €,
www.waldorfastoriaberlin.com

14 Berliner Mauer

Berlin

Früher die »tödlichste Grenze der Welt«, heute eine Top-Attraktion. In der Nacht zum 13. Aug. 1961 riegelte die DDR-Regierung die Grenze zwischen dem Ost- und den Westsektoren der Stadt ab. Über 43 km Länge wurde ein Todesstreifen mit Beobachtungstürmen, Hunde-Laufanlagen, einem elektrischen Signalzaun, Selbstschussanlagen und Minen errichtet.
Nach ihrer Öffnung am 9. Nov. 1989 verschwand die Berliner Mauer rasch, und heute verrät meist nur noch eine doppelte Pflastersteinreihe, die sich quer durch die Stadt zieht, wo sie einmal stand. Im Bezirk Prenzlauer Berg kann man ihr zu Fuß folgen: vom S-Bahnhof Bornholmer Straße nach Süden in den grünen »Mauerpark«, der sich sonntags in einen riesigen Flohmarkt verwandelt (Bernauer Str. 63–64). An der Bernauer Straße steht der längste konservierte Abschnitt der Berliner Mauer, hier befinden sich auch eine Gedenkstätte, das Dokumentations- und das Besucherzentrum, wo man u. a. den GPS-basierten MauerGuide erhält (www.mauerguide.com). Sehenswert ist auch die East Side Gallery in der Mühlenstr. 3–100 (www.eastsidegallery-berlin.de): 1,3 km lang und bunt bemalt.

Bernauer Str. 119, Berlin, Di–So 10–18 Uhr, Gedenkstättenareal tgl. 8–22 Uhr, www.berliner-mauer-gedenkstaette.de

Küssende Männer sind in Berlin nicht nur an der East Side Gallery zu sehen. Gut so.

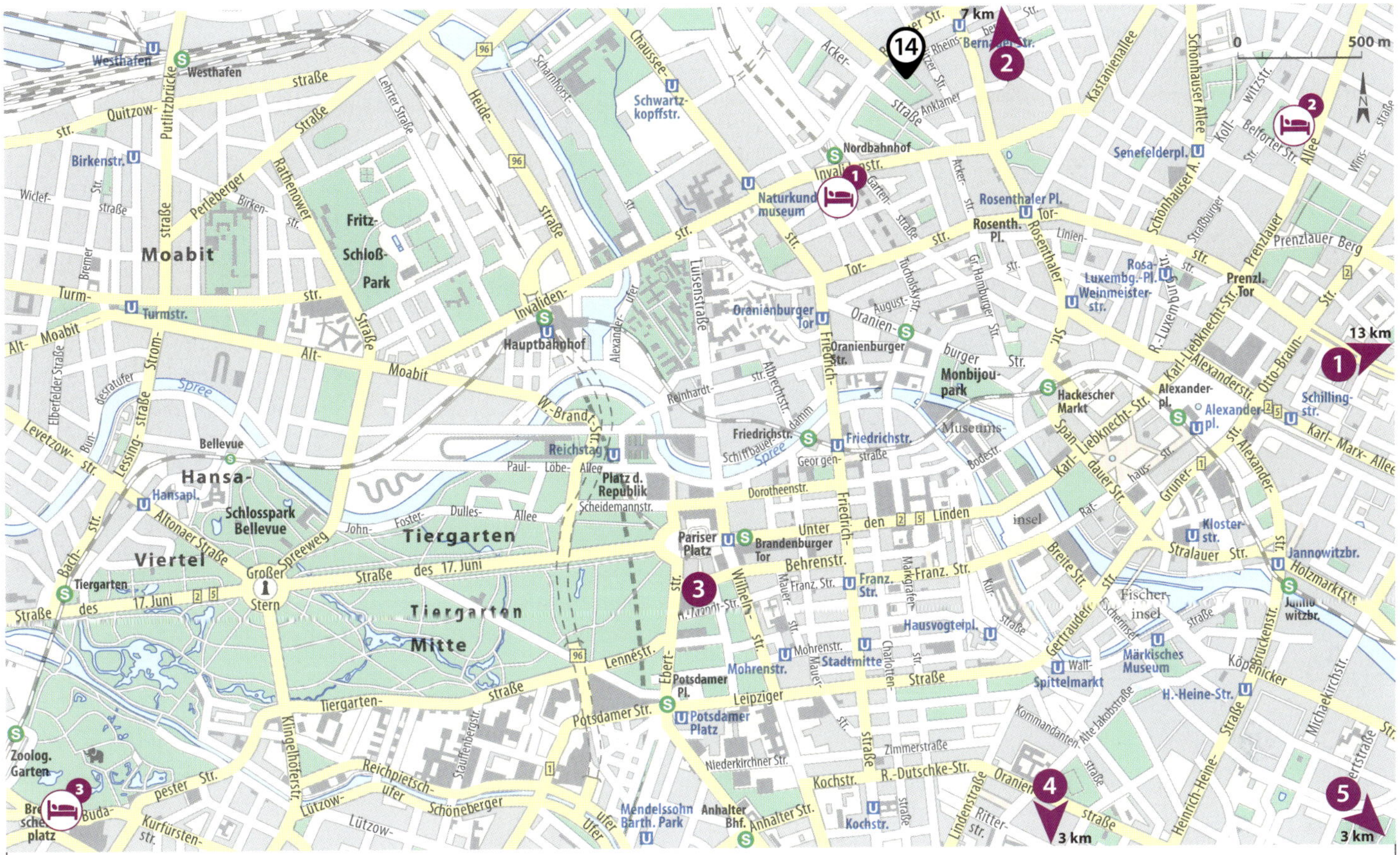

14 Berliner Mauer, Gedenkstätte

1 Gärten der Welt

2 Freibad Arena Badeschiff

3 Holocaust-Mahnmal

4 Tempelhofer Feld

5 Klunkerkranich

1 Honigmond Garden Hotel

2 Ackselhaus & Blue Home

3 25hours Hotel Bikini

1 Gärten der Welt

Marzahn? Klingt nach »Platte brutal« und scheint außer abweisender Wohnarchitektur nicht viel zu bieten. Dabei wurde hier mit den »Gärten der Welt« eine fantastische Parklandschaft geschaffen, die in Berlin einzigartig ist. 1987, zur 750-Jahr-Feier Berlins, ging es im Rahmen der Berliner Gartenschau los. Aber erst nach der politischen Wende von 1989 und der Jahrtausendwende entwickelte sich das weitläufige Naherholungsgebiet um Kienberg und Wuhletal zur touristischen Attraktion. Im Jahr 2000 wurde der Chinesische Garten eröffnet, 2003 folgten der Japanische und der Balinesische Garten. 2005 kam der Orientalische Garten dazu, 2006 der Seouler Garten, ein Geschenk der koreanischen Hauptstadt Seoul an Berlin, und ein Jahr später konnte man schon den Irrgarten und das Bodenlabyrinth besuchen. Nach dem italienischen Renaissancegarten (2008) wurde als neunter Garten der Christliche Garten eröffnet. So kann man bequem von Italien über den Orient bis nach Bali wandern – und

... und dann nüscht wie raus nach Wannsee? Das ist an schönen Sommertagen immer noch eine gute Idee. Wenn Berlinerinnen und Berliner heute die Badehosen einpacken, dann haben sie aber vielleicht auch das Arena Badeschiff in Treptow zum Ziel.

in einem chinesisches Teehaus auch noch mehr als 30 Sorten grünen Tee probieren.

Eisenacher Str. 99, Berlin, tgl. ab 9 Uhr, Kassenöffnung bis 20 Uhr (Apr.–Sept.), 18 Uhr (März u. Okt.) bzw. 16 Uhr (Nov.–Feb.), www.gruen-berlin.de

2 Freibad Arena Badeschiff

Wer sportlich seine Bahnen ziehen will, geht besser woanders hin. Wer aber genussvoll planschen und anschließend den gebräunten, tätowierten oder sonstwie kuratierten Körper auf dem breiten Holzsteg exponieren möchte, ist goldrichtig. In der Tradition alter Flussschwimmbäder bietet das Badeschiff im umgebauten Schubleichter an der Arena mitten in der Spree, zwischen East Side Gallery und Treptower Park, ein 32,5 m langes und 8,2 m breites Wasserbecken – und eine tolle Aussicht auf Oberbaumbrücke und Fernsehturm. Es gibt auch einen Strand zum Buddeln für die Kleinen und eine Beach Bar, die an einigen Wochenenden von DJs beschallt wird. Ist der Sommer vorbei, bietet das Winter-Badeschiff zwei finnische Saunen und einen überdachten Pool.

Eichenstr. 4, Berlin, Mai–Sept., tgl. 8–24 Uhr, Apr. ab 11 Uhr, www.arena-berlin.de

Karneval der Kulturen

Multikulti rockt. Immer um Pfingsten wird in Kreuzberg gefeiert, und zwar vier Tage lang. Der große Straßenumzug wird umrahmt von einem Straßenfest rund um den Blücherplatz, der beweist, was alle hier sowieso schon wissen: Der lokale Kiez ist das bessere Global Village.
www.karneval-berlin.de

3 Holocaust-Mahnmal

Das Denkmal für die ermordeten Juden Europas, wie es offiziell heißt, war schon wenige Jahre nach seiner Eröffnung im Mai 2005 ein Sanierungsfall. Viele der 2711 (heute 2710) Betonpfeiler, die der New Yorker Architekt Peter Eisenman auf den fast 20 000 qm großen, offenen Platz nahe dem Brandenburger Tor gesetzt hat, sind bereits so marode, dass sie mit Stahlmanschetten gesichert werden müssen. Dennoch – oder jetzt erst recht – ist das Stelenfeld ein Ort des Gedenkens, der keinen kaltlässt. Der Effekt, der sich einstellt, wenn man den Verkehr auf der Ebertstraße hinter sich lässt und zwischen den unterschiedlich hohen, leicht verkanteten Pfeilern hindurchgeht, ist verblüffend, beklemmend, widersprüchlich. Das Denkmal ist rund um die Uhr frei zugänglich. Unter ihm befindet sich der eindrucksvolle Ort der Information.

Cora-Berliner-Str. 1, Berlin, Apr.–Sept. Di–So, 10–20 Uhr, Okt.–März Di–So 10–19 Uhr, www.stiftung-denkmal.de

4 Tempelhofer Feld

Berlin kann Flughafen – und wie! Bis 2008 war der internationale Zentralflughafen Tempelhof in Betrieb. Die mehr als 1200 m lange, bogenförmige Flughalle mit dem Hangar sowie die Empfangs- und Verwaltungsgebäude galten bei ihrer Eröffnung im Jahr 1934 als erster moderner Großflughafen überhaupt. Längst gehört das Ensemble im Süden der Hauptstadt zu den eindrucksvollsten Baudenkmälern Deutschlands. Und das ihm vorgelagerte 303 ha große ehemalige Flughafengelände ist seit 2010 der größte Stadtpark der Hauptstadt – mit wunderbaren Wiesen und Biotopen, die durch das Berliner Naturschutzgesetz geschützt sind. Dieser einzigartige Lebensraum ist zugleich ein faszinierendes Erholungsgebiet, nicht nur für die Inlineskater auf den mehr als 40 m breiten Start- und Landebahnen. Spaziergänger und Radfahrer kommen ebenso auf ihre Kosten wie alle, die einfach nur im Gras liegen und in die Wolken schauen wollen. Wer grillen oder seinen Hund frei herumlaufen lassen möchte, kann dies in jeweils drei bezeichneten Bereichen tun.

Platz der Luftbrücke 5, Berlin, tgl. von Sonnenauf- bis Sonnenuntergang, www.thf-berlin.de

5 Klunkerkranich

Seit Juni 2013 dürfen sich die Neukölln Arcaden des »vielleicht menschenfreundlichsten Parkdecks aller Zeiten« rühmen. Über der Parkhausschnecke im sechsten Stock bietet der Kulturdachgarten »Klunkerkranich« seinen Besuchern eine grüne Garten- und Hüttenidylle, die längst über die Grenzen des Bezirks hinaus bekannt ist: als Dachcafé, Open-Air-Konzertclub, Chillzone und Himmelslounge mit bester Aussicht, tags wie nachts.

Karl-Marx-Str. 66, Berlin, Mo–Sa 10–24 Uhr, So 12–24, Fr 17–1.30, Sa/So 12–1.30 Uhr, www.klunkerkranich.de

Anreise

Hamburg:	1:42 h	Zug
Dresden:	2:08 h	Zug
Köln:	1:05 h	Flug
Frankfurt:	1:10 h	Flug
München:	1:10 h	Flug

Hotels

Honigmond Garden Hotel
Das Paradies liegt an der lauten Invalidenstraße unvermutet hinter einer Fassade aus der Mitte des 19. Jh.: alte Bäume, zwitschernde Vögel, quakende Frösche, stumme Goldfische, Efeu… Es gibt Gartenzimmer im ehemaligen Geräteschuppen und schöne Räume im Haupthaus, mit Stuck, Holzdielen und Antiquitäten.
Invalidenstr. 122, Berlin,
Tel. 030/28 44 55 77, DZ ab 99 €,
www.honigmond.de

Ackselhaus & Blue Home
Die beiden Gründer-Häuser sind bereits eine Berliner Institution. Man logiert in thematisch gestalteten »Wohnwelten« (Afrika, Picasso, New York…), immer individuell und gemütlich. Überraschend die Aquarien in der Hofdurchfahrt, sehr schön der grüne Hinterhofgarten.
Belforter Str. 21, Berlin,
Tel. 030/44 33 76 33, DZ ab 120 €,
www.ackselhaus.de

25hours Hotel Bikini
Sehr angesagtes Hotel im sehr angesagten Bikihaushaus direkt beim Zoo – aus den »Jungle«-Zimmern schaut man in die Gehege, in der Sauna sieht man die Affen (hinter der Scheibe). Hippes Großstadtpublikum mit allen einschlägigen Startup-Accessoires.
Budapester Str. 40, Berlin,
Tel. 030/120 22 12 55, DZ ab 130 €,
www.25hours-hotels.com

15 Filmpark Babelsberg

Potsdam

Während es in Hollywood erst richtig losging, wurde auf dem Gelände des ältesten Großfilmstudios der Welt schon Kino gemacht. Seit 1912 ist in Potsdam Filmgeschichte geschrieben worden: von den Stummfilm-Klassikern »Nosferatu« (1922) und »Metropolis« (1925/26) bis zum Oscar-prämierten »Pianist« (2002) von Roman Polanski. Hier standen schon Tom Cruise (»Operation Walküre«, 2007), Brad Pitt (»Inglorious Basterds«, 2008) und Jennifer Lawrence (»Die Tribute von Panem – Mockingjay I«) vor der Kamera. Dass Hollywood immer wieder gern nach Potsdam kommt, hat einen guten Grund. Schließlich ist das Studio 20 mit 7355 qm Fläche das größte Filmstudio der Welt – und etwas weniger als doppelt so groß wie das größte US-Studio. Während der Führung durch den Themenpark der alles in allem 46 ha umfassenden Medienstadt Babelsberg sieht man dagegen die Sets der neuen deutschen Film- und Fernsehwelt (GZSZ). Es gibt die obligatorische Stuntshow, eine Filmtier-Show und ein »4D-Actionkino«, und man geht durch die bekannteste Außenkulisse der Filmstadt, die »Berliner Straße«, in der u. a. die DDR-Klamotte »Sonnenallee« spielte. Man sieht Kulissen und Requisiten und wird auf den neusten Stand in Sachen Film- und Kameratechnik gebracht.

Großbeerenstr. 200, Potsdam,
Tel. 03 31/721 27 50, Apr.–Okt. 10–18 Uhr,
www.filmpark-babelsberg.de

Nach der Wende hat sich die Sicherheitslage im Osten dramatisch verändert. Wenigstens im Filmpark Babelsberg.

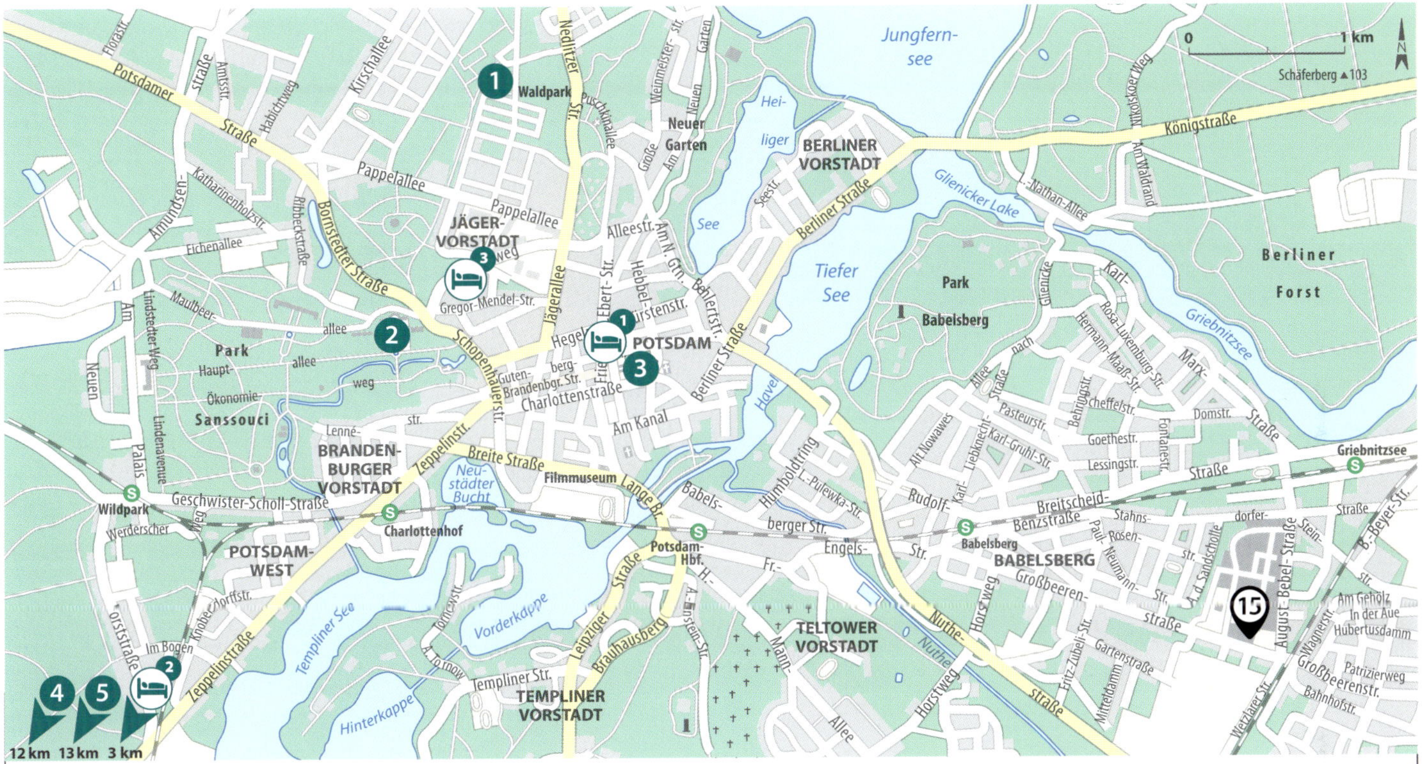

15 Filmpark Babelsberg
1 Biosphäre
2 Sanssouci
3 Wochenmärkte
4 Märkisches Ziegeleimuseum
5 Weinregion Wachtelberg
1 NH Voltaire
2 Bayerisches Haus
3 Villa Monte Vino

1 Biosphäre

Potsdam, die Landeshauptstadt Brandenburgs, ist nicht nur die Stadt der großen Landschaftsparks, sondern sie ist auch eine Gartenstadt. Im Volkspark zwischen dem Park Sanssouci und dem Neuen Garten fand 2001 auf einem ehemaligen Militärgelände die Bundesgartenschau 2001 statt. Spektakulärste Hinterlassenschaft des Großevents ist die »Biosphäre«, ein ganzes Haus voller tropischer Flora und Fauna mitten in Brandenburg. Mehr als 20 000 exotische Pflanzen verzeichnet das Inventar, dazu kommen Leguane, Schlangen, Spinnen, Frösche, Gottesanbeterinnen und Geckos. Das alles wird nicht streng wissenschaftlich im Stil eines klassischen Botanischen Gartens präsentiert, sondern ausdrücklich als »Naturerlebniswelt« mit Wohlfühlcharakter für wärmeliebende Menschen: Die Temperatur beträgt zwischen 23 und 28 Grad, die Luftfeuchtigkeit 80 Prozent – und zwar das ganze Jahr über. Zum vielseitigen Veranstaltungsprogramm gehören nicht nur die Koi-Fütterung und das stündliche Gewitter über dem Urwaldsee, sondern auch Sonderausstellungen, in denen durchaus kritische Themen wie z. B. die zunehmende Vermüllung der Ozeane angesprochen werden. Wer die »Biosphäre« besuchen möchte, muss sich nicht unbedingt beeilen, allzu lange warten sollte er dennoch nicht, denn im Sept. 2017 ist endgültig Schluss mit bunt. Der Betrieb des belieb-

Einer der buntesten Bewohner der »Biosphäre« in Potsdam ist der Atlas-Seidenspinner, der es aus den Tropen bis nach Brandenburg geschafft hat.

ten Tropenhauses kostet die Stadt zu viel Geld. Abgerissen wird sie nicht, aber was mit der Halle einmal passieren wird, steht noch nicht fest.

Georg-Hermann-Allee 99, Potsdam,
Mo–Fr 9–18 Uhr, Sa/So 10–19 Uhr,
www.biosphaere-potsdam.de

2 Schloss und Park Sanssouci

Zugegeben, dieses Highlight ist nicht neu, aber man kommt einfach nicht daran vorbei. Warum sollte man auch? Friedrich der Große lebte »ohne Sorge« (frz. sans souci) und ohne Frauen in seiner Sommerresidenz, die zwischen 1745 und 1747 entstand und als das schönste Beispiel für luftig-leichte Rokoko-Architektur in Deutschland gilt. In dem Terrassengarten darunter wächst der Wein, und im Inneren des Schlosses lässt sich die original erhaltene Raumausstattung besichtigen – wenn man sich frühzeitig das Ticket gesichert hat und am besten am frühen Vormittag kommt. Sanssouci ist aber nur ein ziemlich kleines Element des 289 ha großen Schlossparks. Man könnte ihn auf fast 70 km Wegen durchwandern und dabei weitere große (Neues Palais, Orangerie) und kleine Gebäude (Drachenhaus, Chinesisches Teehaus) besichtigen. Und es geht noch größer. Zum Gesamtkunstwerk Potsdamer Parklandschaft, seit 1990 Unesco-Welterbe, gehören auch der Neue Garten mit Schloss Cecilienhof, dem Ort der »Potsdamer Konferenz« von 1945, Babelsberg, Glienicke und die Pfaueninsel mit ihren Schlössern. Insgesamt umfasst die Potsdamer Parklandschaft ca. 500 ha Parkflächen mit 150 Gebäuden.

Maulbeerallee, Potsdam,
Sanssouci Di–So 10–18 Uhr,
www.spsg.de

3 Potsdamer Wochenmärkte

Was die Mark so alles hergibt – und sie gibt viel her! –, bekommt man hier: Obst, Gemüse und Blumen, Kirschen aus Werder, frischen Fisch aus der Havel, Teltower Rübchen, Beelitzer Spargel… Auf dem Potsdamer Wochenmarkt vor der Kirche St. Peter und Paul wird das alles angeboten – wenn die Saison eben danach ist. Natürlich steigert die malerische Kulisse des Holländischen Viertels die Kauflaune ungemein. Marktzeiten sind, unabhängig vom Wetter, immer montags bis freitags von 7–16 Uhr und samstags von 7–13 Uhr (Apr.–Okt.) bzw. 7–12 Uhr (Nov.–März). Der andere große Potsda-

Schlössernacht

Der Park von Sanssouci ist voller Blumen, Sänger und Musikanten. Wer das Spektakel Mitte Aug. besuchen möchte, sollte rechtzeitig Karten reservieren, um das ganze Programm samt Feuerwerk am Ende zu erleben.
www.schloessernacht.de

mer Wochenmarkt findet am Nauener Tor statt, immer mittwochs und samstags von 9–16 Uhr.

St. Peter und Paul bzw. Nauener Tor, Potsdam, www.potsdam.de

4 Märkisches Ziegeleimuseum

Zum Industriedenkmal wurde das Museum erst 1993, die Geschichte der Ziegelei in Werder an der Havel reicht jedoch viel weiter zurück. Der Tonabbau ist bis ins Jahr 1462 verbrieft. Das Besondere: Immer noch werden hier Tonziegel im Manufakturbetrieb hergestellt. Der aufbereitete Ton wird in gewässerte Holzformen gefüllt, überflüssigen Ton streichen die Ziegelstreicher von Hand ab. Gebrannt wird in einem aufwendig restaurierten Ringofen aus dem 19. Jh. So entstehen Handstrichziegel, Terrakotten und Formsteine in kleinen Serien und in vielen Farbvarianten, die vor allem im Denkmalschutz und bei Restaurierungen historischer Gebäude Verwendung finden – was Besucher auch zu sehen bekommen. Das Märkische Ziegeleimuseum wurde in einem Turm eingerichtet, von dem man früher die ein- und ausfahrenden Transportkähne auf dem Glindower See im Blick hatte. Die Ausstellung dokumentiert die Lebens- und Arbeitsbedingungen der Saisonarbeiter sowie die Geschichte der Fabrikeigentümer und bietet Künstlern eine Ausstellungsfläche auf der zweiten Etage.

Alpenstraße 44, Werder/Havel, OT Glindow, März–Okt. Mi/Sa/So 10–16 Uhr, www.ziegeleimuseum-glindow.de

5 Wein vom Wachtelberg

Mit den weltbesten Rieslingen von der Mosel kann der Wein von der Havel zwar nicht konkurrieren, dafür haben die Brandenburger Winzer auch einen Superlativ auf ihrer Seite. Im Jahr 1985 setzten sie auf dem 52. nördlichen Breitengrad bei der Stadt Werder an der Havel, etwa 8 km westlich von Potsdam, am Wachtelberg auf 6,2 ha Fläche Reben. 2012 kamen weitere 1,2 ha am Werderaner Galgenberg dazu. Seither rühmt sich die Stadt des nördlichsten Anbaugebiets für zertifizierte Qualitätsweine in Europa – möglicherweise sogar weltweit. Gekeltert werden weiße (Müller-Thurgau, Kernling, Saphira, Sauvignon blanc) und rote Weine (Dornfelder und Regent). Vom Bahnhof in Werder fährt man mit dem Bus 631 oder 635 zur Haltestelle Werder-Post und folgt den Hinweisschildern zum Weinberg. Anlaufpunkt ist die Straußwirtschaft »Weintiene«. Auf Anfrage werden Weinbergführungen angeboten.

Am Plessower Eck 2, Werder/Havel, Ostern–Mitte Okt. Fr ab 14, Sa/So ab 10 Uhr, ab Mitte Aug. auch Mo–Do 14–20 Uhr, www.wachtelberg.de

Anreise

Hamburg:	2:26 h
Berlin:	0:24 h
Dresden:	2:58 h
Köln:	5:27 h
München:	6:51 h

Hotels

NH Voltaire
Das hübsche alte Stadtpalais mit seinem modernen Anbau steht direkt beim Holländischen Viertel mit seinen Galerien, Boutiquen und Kneipen. Auch nach Schloss Sanssouci und in die Potsdamer Parklandschaft kommt man problemlos zu Fuß.
Friedrich-Ebert-Str. 88, Potsdam, Tel. 03 31/231 70, DZ ab 74 €, www.nh-hotels.com

Bayerisches Haus
Bayerisch-preußische Völkerverständigung sozusagen: Alpenländische Architektur verblüfft im weitläufigen Wildpark zwischen Potsdam und Werder. Zur absolut idyllischen Lage gibt es gediegene Interieurs sowie feine Wohlfühlpakete im Spa und in den Restaurants: dem Gourmetrestaurant »Friedrich Wilhelm« und der südtirolerischen »Alten Försterei«.
Im Wildpark/Elisenweg 2, Potsdam, Tel. 03 31/550 50, DZ ab 119 €, www.bayerisches-haus.de

Villa Monte Vino
Die Turmvilla von 1896 in bester Lage (mit etwas schwieriger Parksituation) oberhalb des Weinbergs von Sanssouci ist ein architektonisches Schmuckstück. Familiäre Atmosphäre, Leihfahrräder z. B. für einen Ausflug nach Werder.
Gregor-Mendel-Str. 27, Potsdam, Tel. 03 31/201 33 39, DZ ab 129 €, www.hotelvillamontevino.de

So groß – so nutzlos? Von wegen: Längst ist die Förderbrücke F60 eine der größten Sehenswürdigkeiten in der Lausitz.

16 Förderbrücke F60

Lichterfeld-Schacksdorf

Man nehme einen Eiffelturm, setze oben noch mal 182 m drauf, kippe ihn um, bringe vorne und hinten ein Fahrwerk an und setze das Ganze auf Schienen. So etwa kann man sich die Abraumförderbrücke F60 vorstellen, die den Himmel über dem 1991 stillgelegten Tagebau Klettwitz-Nord (heute voller Wasser und zum Bergheider See umbenannt) im Niederlausitzer Braunkohlerevier ausfüllt. 502 m lang, bis zu 80 m hoch, 240 m breit und 11 000 t schwer, gilt sie als die größte bewegliche Arbeitsmaschine der Welt. Ihre Bestimmung, den Abraum über einem Kohleflöz abzutransportieren, erfüllte sie nur von März 1991 bis Juni 1992. Nach dem Vorruhestand wollte man sie zunächst sprengen. Niemand, der damals in der Lausitz lebte und arbeitete, konnte sich vorstellen, dass Menschen, die nur noch Werkzeuge in der Größe von Laptops oder Handys und Bauelemente in Chip-Format kennen, genau das sehen wollen: einen industriellen Dinosaurier. Die Führung über das Ungetüm ist atemberaubend. Jeden Sa. in der Hauptsaison zwischen Mai und Sept. sowie auf gesonderte Bestellung wird die F60 bei Dunkelheit zur Licht- und Klangskulptur. Der nächtliche Rundgang bis auf 74 m Höhe wird dabei selbst zur Performance.

Bergheider Str. 4, Lichterfeld-Schacksdorf, Mitte März–Ende Okt. tgl. 10–18 Uhr, Nov.–Mitte März Mi–So 11–16 Uhr, www.f60.de

- (16) Förderbrücke F60
- (1) Biotürme Lauchhammer
- (2) IBA-Terrassen
- (3) Schwarze Pumpe
- (4) Senftenberger See
- (Hotel 1) Zum Vetter
- (Hotel 2) Seehotel
- (Hotel 3) Strandhotel

1 Biotürme Lauchhammer

Wer das Ensemble aus 24 hohen, schlanken Türmen besucht – alle 22 m hoch und zu sechs Gruppen mit jeweils vier Türmen zusammengefasst –, muss sich heute nicht mehr die Nase zuhalten, sondern kann beide Hände zum Fotografieren verwenden. Seit 1952 war in Lauchhammer aus Braunkohle Koks hergestellt worden, der Treibstoff für die Schwerindustrie der DDR. Und in den 24 Türmen waren die phenolhaltigen Abwässer der Kokerei biologisch gereinigt worden, mithilfe von Bakterien. Der Gestank muss bestialisch gewesen ist. 1991 wurde die Kokerei stillgelegt und abgerissen, die Türme blieben zum Glück stehen. 2008 wurde das bizarre Baudenkmal mit EU-Mitteln saniert und, ergänzt durch zwei gläserne Aussichtskanzeln, für Besucher geöffnet. Die Biotürme sind auch eine gefragte Location für Konzerte und Theateraufführungen, für Partys und Open-Air-Veranstaltungen.

Finsterwalder Str. 57, Lauchhammer,
Sa/So 10–18 Uhr u. nach Vereinbarung
(Tel. 01 72/411 42 14 o. 035 74/869 02 00),
www.biotuerme.de

2 IBA-Terrassen

Es ist nicht weniger als die größte Landschaftsbaustelle Europas: die Umwandlung des früher so staubigen Bergbau- und Industriereviers im Süden Brandenburgs in eine saubere, moderne Erholungslandschaft. Entscheidenden Anteil daran hatte die Internationale Bauausstellung (IBA) Fürst-Pückler-Land von 2000 bis 2010. In Großräschen kann man sich über die Dimensionen des Projekts ins Bild setzen. Es geht um eine Fläche von 100 x 80 km … Direkt unter dem Besucherzentrum auf den 2004 eröffneten IBA-Terrassen ist die riesige Grube des ehemaligen Tagebaus Meuro mittlerweile voll Wasser gelaufen – sie heißt jetzt »Ilse-See«. Seit 2007 sind die IBA-Terrassen eine Station auf der »Energie-Route Lausitzer Industriekultur«, die zehn ehemalige und teilweise noch aktive Industriestandorte miteinander vernetzt (www.energie-route-lausitz.de). Umfangreiches Veranstaltungsprogramm.

Seestr. 100, Großräschen, Apr.–Okt.
Mi–Fr 12–16 Uhr, Sa/So 10–16 Uhr,
www.iba-terrassen.de

3 Schwarze Pumpe

Braunkohle ist dreckig, keine Frage. Der Kontrast zur hypermodernen Architektur ist deshalb umso verblüffender. Der in DDR-Zeiten berüchtigte Gestank, den das VEB Gaskombinat Schwarze Pumpe produziert hatte, ist Geschichte, seit die Kokerei im Jahr 1992 stillgelegt wurde. Dafür gingen 1997/98 zwei neue Kraftwerksblöcke in Betrieb, die zu den modernsten Braunkohlekraftwerken in Europa zählen; aus 1 kg Braunkohle erzeugen sie rund 1 kWh Strom. Das Verfahren wird im Besucherzentrum des Kraftwerks multimedial erklärt – bevor man sich über das eindrucksvolle Betriebsgelände führen lässt, auf dem sich Hightech und »fossiles« Wirtschaften auf irritierende Weise verbinden. Höhepunkt ist die Fahrt auf den 161 m hohen Aussichtsturm, von dem man weit über den Tagebau Welzow-Süd und das Lausitzer Seenland blickt.

Spremberg-Schwarze Pumpe, Di–Do 9–15,
Sa 10–12 und 14 Uhr, Tel. 035 64/35 33 17,
www.vattenfall.de

Pyro Games

Wer schon als Kind gern gezündelt hat, muss sehen, wie über dem gigantischen Stahlskelett der FF60 Feuerbälle und Lichtfontänen aufsteigen. Im Juli streiten sich vier Feuerwerksteams darum, wer es am besten krachen lassen kann. In der Halbzeit gibt es spektakuläre Licht- und Lasershows. www.pyrogames.de

Hotels

Zum Vetter
Dieses nette, familiengeführte Hotel bietet gemütliche Komfortzimmer und liegt mitten im Zentrum von Finsterwalde. Im »Frauenzimmer« können Damen sich ausgehfein machen lassen, in der angeschlossenen »Vetternwirtschaft« bekommt man und frau gute regionale und saisonale Küche.
Lange Str. 15, Finsterwalde,
Tel. 035 31/22 69, DZ ab 82 €,
www.hotel-zum-vetter.de

Seehotel
Das ehemalige Wohnheim der Ilse-Bergbau AG an den IBA-Terrassen über dem neuen Ilse-See bei Großräschen bietet zeitgemäßen 4-Sterne-Komfort und zeigt in seinem kuriosen »Fälschermuseum« verblüffend originalgetreue Kopien berühmter Gemälde. Auch eine echt falsche Mona Lisa ist dabei.
Seestr. 88, Großräschen,
Tel. 03 57 53/69 06 60, DZ ab 99 €,
www.seehotel-grossraeschen.de

Strandhotel am Senftenberger See
Äußerlich eher nüchtern, dafür mit modernen, zweckmäßigen Zimmern und vor allem mit einer fantastischen Lage direkt am Wasser – eigener Badestelle. Ausgezeichnet auch als Ausgangspunkt für Radtouren im Lausitzer Seenland geeignet.
Am See 3, Senftenberg,
Tel. 035 73/80 04 00, DZ ab 84 €,
www.senftenberger-see.de

Gestern braun, heute blau: Am neuen Stadthafen in Senftenberg kann man sich nicht mehr vorstellen, wie es hier noch vor 50 Jahren ausgesehen hat.

4 Lausitzer Seenland/ Senftenberger See

Eine neue Landschaft entsteht: 21 Seen in der Niederlausitz, alle in aufgelassenen Braunkohlegruben eingerichtet, werden mit einer Wasserfläche von zusammen rund 140 qkm bis etwa 2018 die größte künstliche Seenlandschaft in Europa bilden. 13 Kanäle sollen Wassersportlern und Fahrgastschiffen große Rundfahrten erschließen. Die Umgestaltung der aufgewühlten Natur begann vor einem runden halben Jahrhundert. 1973 wurde der Senftenberger See als Naherholungsziel übergeben. Seit Mitte der 1990er-Jahre leitet die Lausitzer und Mitteldeutsche Bergbau-Verwaltungsgesellschaft (LMBV) die Sanierung und Rekultivierung der Tagebaue, sichert die Uferbereiche und überwacht die Flutung. Sie hat auch die asphaltierten Wirtschaftswege rund um die Seen freigegeben: ein Paradies für Radfahrer und Skater. Schon jetzt kann man die Region bei Floßfahrten, Paddeltouren und Segeltörns erleben. Fertig ist das neue Seenland aber noch nicht. Es ist eine Landschaft im Übergang, und wer den Wandel sehen möchte, sollte bald kommen.

www.lausitzerseenland.de
www.senftenberger-see.de

Anreise

Hamburg:	//////////	4:00 h
Berlin:	////	1:30 h
Dresden:	//	1:00 h
Köln:	//////////////////	5:50 h
München:	/////////////	4:50 h

17 Kunstmuseum Dieselkraftwerk

Cottbus

Ein ganzes Kraftwerk für Kunstwerke – zu sehen im Land Brandenburg in der Stadt Cottbus, wo das Museum für bildende Kunst seit Mai 2008 im ehemaligen Dieselkraftwerk ausstellt. Die Lage auf der Spreeinsel, gleich neben dem Amtsteich, ist toll, die Industriearchitektur eine Schau: Ihr verdankt das Kunstmuseum seine Aufnahme in die »Energie-Route Lausitzer Industriekultur«. Hinter der schön gegliederten Fassade mit der fotogenen Eisenklinker-Verkleidung ist die insgesamt mehr als 23 000 Objekte zählende Sammlung eingezogen: moderne und zeitgenössische Malerei, Skulpturen und Grafik, Plakatkunst. Viel Regionales aus den 1970er- und 1980er-Jahren ist zu sehen, Zeugnisse des »neoexpressiven Aufbruchs« in der DDR. Absolut bemerkenswert sind die Arbeiten ostdeutscher Fotografen sowie die Plakatsammlung, die zu den größten ihrer Art in Deutschland gehört. Ein übergeordneter Schwerpunkt gilt dem großen Themenkomplex Landschaft – Raum – Natur – Umwelt. Mitten in Cottbus gelegen, dient das Museum aber auch als Kreativ-Werkstatt, als Bühne für Konzerte und Tanzveranstaltungen, Jazzevents und Theateraufführungen.

Uferstraße/Am Amtsteich 15, Cottbus,
Di–So 10–18 Uhr,
www.museum-dkw.de

Darauf eine Fontäne: Der Umbau des Kraftwerks am Amtsteich in einen Kunsttempel ist geglückt.

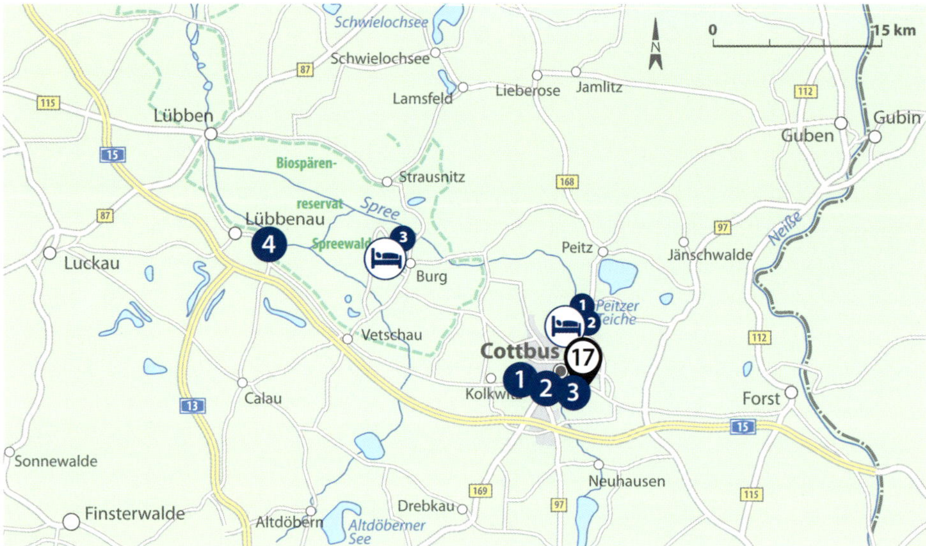

- (17) Kunstmuseum Dieselkraftwerk
- 1 Menschenrechtszentrum
- 2 Staatstheater
- 3 IKMZ Bibliothek
- 4 Spreewaldentdecker
- Hotel 1 SORAT Hotel Cottbus
- Hotel 2 Radisson Blu Cottbus
- Hotel 3 Zur Bleiche

1 Gedenkstätte Zuchthaus, Menschenrechtszentrum

Seit 2011 gehört das 22 000 qm große Areal des »Königlichen Centralgefängnisses« von 1860 dem Trägerverein Menschenrechtszentrum Cottbus e.V. – dessen Mitglieder zu DDR-Zeiten mehrheitlich als politische Gefangene hier hinter dicken Mauern saßen. Auch das NS-Regime inhaftierte politische Gegner an diesem Ort. Die Dauerausstellung heißt »Karierte Wolken – politische Haft im Zuchthaus Cottbus 1933–1989«. Sie zeigt in zahlreichen Fotos, Dokumenten, Exponaten und Zeichnungen, wie SED und NSDAP Menschen behandelten, die ihre Grundrechte eingefordert hatten. Es sind die Menschenrechte, die im Mittelpunkt der Ausstellung stehen und das Gedenken nicht nur an die Vergangenheit binden, sondern gleichermaßen an Gegenwart und Zukunft.

Bautzener Str. 140, Cottbus,
Di–Fr 10–17 Uhr, Sa/So 13–18 Uhr,
www.menschenrechtszentrum-cottbus.de

2 Staatstheater

Immer wieder wurde in den letzten Jahren und Jahrzehnten daran gearbeitet, eines der schönsten Opernhäuser Deutschlands stimmig zu restaurieren und gleichermaßen auf den aktuellen Stand der Bühnentechnik zu bringen. 1908 wurde es eröffnet, eine Gebäudeskulptur in reinstem Jugendstil. Nach der umfassenden Renovierung von 2006/07 bietet der Zuschauerraum des Großen Hauses mit 600 Plätzen einen noch intimen Rahmen für Oper, Ballett, Konzert und Schauspiel.

Schillerpl. 1, Cottbus,
www.staatstheater-cottbus.de

3 IKMZ Bibliothek

Deutscher Architekturpreis 2007: Das Informations-, Kommunikations- und Medienzentrum (IKMZ) der Cottbuser Uni ist mit seinem kurvigen Grundriss und der Glasfassade zu einem neuen Wahrzeichen der Stadt geworden. Innen stellt die mit unterschiedlichen Ebenen, Galerien und offenen Räumen ein Wunder an Luftigkeit und Transparenz dar.

Platz der Deutschen Einheit 2, Cottbus,
Mo–Fr 9–22 Uhr, Sa 9–13 Uhr, So 17–22 Uhr,
www.b-tu.de

Polka-Beats-Festival

Da scheppert das Blech, da stampft der Beat. Ende Mai wird in Cottbus und Lübbenau demonstriert, dass Polka mehr mit Punk und Mariachi zu tun haben kann als – mit Polka.
www.polkabeats.de

Den schönsten und buntesten Drehwurm im Osten der Republik kann man sich auf der Wendeltreppe in der tollen IKMZ Bibliothek abholen.

4 Kanu-Rundtour »Lübbenauer Spreewaldentdecker«

Ausflug in den Spreewald! Die Heimat der Spreewaldgurke ist eine beinahe unverschämt idyllische Natur- und Kulturlandschaft. Touristischer Mittelpunkt im Biosphärenreservat ist Lübbenau, gute 30 km westlich von Cottbus (bzw. 20 Min. mit der Bahn), wo man sich im Haus für Mensch und Natur (Schulstr. 9) über die Region informieren kann. Hier beginnt die neu ausgearbeitete Kanu-Rundtour durch das Labyrinth der Wasserläufe und Kanäle, die während Jh. von den hier lebenden Sorben angelegt wurden. Los geht's in der Lübbenauer Altstadt bzw. von einer der dortigen Bootsvermietungen. Erste Zwischenstation ist das Spreewalddorf Leipe. Von dem idyllischen Inseldorf geht es durch den Leiper Graben in Richtung auf den zauberhaften Hochwald. Der Wehrkanal leitet zum berühmten Gasthaus »Wotschofska«, von dem man zurück nach Lübbenau paddelt. Auf der Tour passiert man bis zu fünf Schleusen – und mehrere Gasthäuser. 22 km, 4 Std.

Lübbenau,
www.luebbenau-spreewald.com

Anreise

Hamburg:	3:53 h	Bahn
Berlin:	1:30 h	Auto
Dresden:	1:20 h	Auto
Köln:	5:50 h	Bahn
München:	5:50 h	Auto

Hotels

SORAT Hotel Cottbus
Hinter der hübschen Gründerzeitfassade mitten in der Cottbuser Altstadt verbergen sich modern eingerichtete Zimmer mit kräftigen Farbakzenten und kostenfreiem WLAN.
Schlosskirchstr. 2, Cottbus,
Tel. 03 55/784 40, DZ ab 60 €,
www.sorat-hotels.com

Radisson Blu Cottbus
Das große, moderne Businesshotel gleich beim Hauptbahnhof bietet klassisch-moderne Zimmer mit mehr oder weniger ausgeprägter Holznote. Dazu bekommt man freies WLAN und ein Ticket für die kostenlose Benutzung der Cottbuser Öffis.
Vetschauer Str. 12, Cottbus,
Tel. 03 55/476 10, DZ ab 73 €,
www.radissonblu.de

Zur Bleiche
Das Wohlfühl-Resort im Spreewald: ein luxuriöser Hotelkomplex in einem grünen Landschaftspark. Mittelpunkt ist die Landtherme mit Innen- und Außenbecken, Sauna und Hamam, »Jungbrunnen« und Damen-Spa. Sehr gemütliche Interieurs mit offenen Dachkonstruktionen, Naturstein und Holz in allen Varianten – irgendwo zwischen alter Scheune und schickem Loft. Alle Angebote mit HP. Tolle Regionalküche!
Bleichestr. 16, Burg i. Spreewald,
Tel. 03 56 03/620, DZ ab 290 €,
www.bleiche.de

18 Schloss und Park

Bad Muskau

Hermann Fürst von Pückler-Muskau (1785–1871) war sicher einer der verhaltensauffälligsten Adligen des 19. Jh.: Politiker, Schriftsteller und Abenteurer. Sein eigentliches Lebenswerk aber schuf er als Gartenkünstler, indem er seine Ländereien beiderseits der Neiße in einen gigantischen Landschaftspark umwandelte. Von 1815 bis 1844 leitete er das Projekt, dann war er pleite. Nachfolgende Besitzer bauten jedoch weiter, und was die Unesco 2004 schließlich zum Weltkulturerbe erklärte, ist der größte englische Landschaftspark in Zentraleuropa: ein Gesamtkunstwerk aus Wiesen und Wäldern, Wasserläufen, Seen und Gebäuden. Zwei Drittel der 830 ha großen Gesamtfläche liegen jenseits der Neiße auf der polnischen Seite und sind über mehrere Brücke zugänglich. Öffentliche Parkführungen starten zwischen Apr. und Okt. Sa/So um 14 Uhr beim Tourismuszentrum im Neuen Schloss. 1945 verwüstet und schwer beschädigt, wurde das einst prächtige Neorenaissance-Gebäude am Westrand des Areals zwischen 1995 und 2011 sehr schön restauriert. Von der Turmspitze des Muskauer Schlosses hat man einen fabelhaften Blick über die gesamte Anlage – und im Schlossmuseum kann man versuchen, den Fürst und seine Welt zu verstehen.

Neues Schloss, Bad Muskau,
Apr.–Okt. tgl. 10–18 Uhr,
www.muskauer-park.de

Neuland? Tatsächlich:
So sieht es bei Schloss Muskau
erst seit wenigen Jahren aus.

- (18) Schloss und Park Muskau
- 1 Rhododendronpark Kromlau
- 2 Waldeisenbahn
- 3 Geopark Muskauer Faltenbogen
- 4 Turm am Schweren Berg
- 1 Kulturhotel
- 2 Turmvilla
- 3 Fürst Pückler Hotel

1 Rhododendronpark Kromlau

Noch ein fantastischer Park, nur wenige Kilometer westlich von Bad Muskau gelegen – und voller Rhododendren. 1844 begann der Gutsbesitzer Friedrich Herrmann Rötschke damit, knapp die Hälfte seines riesigen Landbesitzes in der Region zu bepflanzen. Heute gilt die 200 ha umfassende Anlage als der größte Rhododendren- und Azaleenpark in Deutschland. Sie ist aber nicht nur zur Blütezeit im Mai und Juni ein Traum, sondern auch im Sommer, wenn man unter Trauerbuchen und 30 m hohen Tulpenbäumen über das frei zugängliche Gelände spaziert und weitere Entdeckungen macht: Schon im 19. Jh. wurden auf dem Gelände mit Basaltsteinen Brücken, Grotten, Steinorgeln und andere Landschaftselemente gestaltet. Wahrzeichen des Parks ist die viel fotografierte Rakotzbrücke, sehr schön ist auch das nahe dem kleinen Kromlauer Schloss errichtete Kavalierhaus. Seit 1992 kann man den Park übrigens wieder mit der netten Waldeisenbahn von Bad Muskau über Weißwasser erreichen.

Halbendorfer Str. 6, Kromlau,
www.kromlau-online.de

2 Waldeisenbahn

Elf Kilometer sind es von Bad Muskau nach Weißwasser. Am schönsten – und gemütlichsten – legt man diese Strecke mit der Waldeisenbahn zurück. Ihre Geschichte reicht bis ins Jahr 1895 zurück, als die industrielle Entwicklung die an Bodenschätzen reiche Gegend voll erfasst hatte. Um den Transport zwischen seinen wachsenden Betrieben sicherzustellen, ließ Herrmann Graf von Arnim, Besitzer der Standesherrschaft Muskau, die kleine Güterbahn bauen – Spurweite : 600 mm. Vom einstigen 80 km langen Schienennetz sind nach der vorübergehenden Stilllegung im Jahr 1978 und der Wiederaufnahme des Betriebs in den Jahren 1992 und 1995 nur die Strecken Weißwasser–Kromlau (20 Min.) bzw. Weißwasser–Bad Muskau (35 Min.) übrig geblieben. Der Fahrplan ist »touristisch«, d. h. gefahren wird zwischen Ostern und Anfang Okt. an den Wochenenden, im Juli und Aug. auch an bestimmten Tagen unter der Woche und wechselweise mit Dampf- oder Diesellokomotiven.

Bahnhof Weißwasser,
www.waldeisenbahn.de

3 Geopark Muskauer Faltenbogen

Was sich hinter dem wissenschaftlichen Begriff »Stauchendmoräne« verbirgt, ist spannender, als es klingt, und vor allem viel schöner anzusehen. Rund um Bad Muskau haben die Natur – sprich: geologische Kräfte und Eiszeitgletscher – und der Mensch eine faszinierende Landschaft geschaffen, die als Geopark Muskauer Faltenbogen unter der Schirmherrschaft der Unesco steht. Das Besondere in diesem deutsch-polnischen Gesamtwerk ist das Erbe der Industrie- und Rohstoffgeschichte, die keine Urlandschaft, aber jede Menge verwildernde Natur rund um die zahllosen Restgewässer des Bergbaubetriebs sowie historische Industriebauten zurückgelassen hat. Ein dichtes, grenzüberschreitendes Radwegenetz verbindet die Orte im Geopark Muskauer Faltenbogen, daneben gibt es mehrere geotouristische Pfade. Zertifizierte Geoparkführer (ZNL) bieten viele unterschiedliche Touren an, darunter auch eine Wanderung durch den Bergpark im Süden von Bad Muskau oder dem 5 km langen Geotouristischen Pfad

Oberlausitzer Genussfestival

Beim Genussfestival im Juni und Juli bieten teilnehmende Gastbetriebe Oberlausitzer Küche vom Feinsten, zubereitet mit Rohstoffen regionaler Erzeuger. Auch die Getränke kommen von Herstellern aus der Region.
www.oberlausitz.com

Der Rhododendronpark steht etwas zu Unrecht im Schatten des Muskauer Parks. Auch in Kromlau hat ein Gartenfreund Fantastisches geschaffen – zum Beispiel die Rakotzbrücke.

durch die ehemalige Braunkohlegrube Babina auf polnischer Seite (Start unweit des Bahnhofs Muskau-Ost).

Geoparkbüro, Muskauer Str. 14, Döbern, www.muskauer-faltenbogen.de

4 »Turm am Schweren Berg«

Diesen Schock sollte man sich leisten. Nach dem Besuch der Landschaftsgärten in Bad Muskau und Kromlau fährt man in die Stadt Weißwasser, an deren Südrand das Kommunikations- und Naturschutzzentrum »Turm am Schweren Berg« steht. Aus 30 m Höhe betrachtet man dort ein eindrucksvolles Beispiel neuzeitlicher Landschaftsgestaltung: den Braunkohle-Tagebau Nochten. Im Gebäude neben dem Turm informiert der Betreiber Vattenfall über die beiden Tagebaue Nochten und Reichwalde, das Kraftwerk Boxberg sowie die Rekultivierung von Bergbaufolgelandschaften.

Am Schweren Berg 2, Weißwasser, März–Okt. tgl. 10–18 Uhr, Nov.–Feb. Di–So 10–16 Uhr, www.weisswasser.de

Anreise

Hamburg:	4:10 h	🚗
Berlin:	1:50 h	🚗
Dresden:	1:30 h	🚗
Köln:	6:00 h	🚗
München:	5:10 h	🚗

Hotels

Kulturhotel Fürst Pückler Park
Beste Lage in Bad Muskau – direkt am Markt und gleich gegenüber dem Schloss. Geboten werden viele Wellness- und Gesundheits-Arrangements, Kuranwendungen, Kultur- und Aktivprogramme (Rad und E-Bike). Ambitionierte Frische-Küche im Restaurant »Grüner Fürst«.
Schlossstr. 8, Bad Muskau, DZ ab 94 €, Tel. 03 57 71/53 30, www.kulturhotel-fuerst-pueckler-park.de

Turmvilla
Alternatives Tagungszentrum in einer historischen Villa am Rand des schönen Bergparks im Süden von Bad Muskau. Das schöne Gebäude wurde nach mehrjähriger, denkmalgerechter Sanierung im Jahr 1999 eröffnet. Die Turmvilla hat sich auch als regionales Kulturzentrum etabliert und beherbergt außerdem das Restaurant »Oleander« (mit Biergarten).
Hermannsbad 9, Bad Muskau, Tel. 03 57 71/500 29, DZ ab 55 €, www.turmvilla.de

Fürst Pückler Hotel
Modernes Haus 5 km südlich von Bad Muskau. Hotelgäste können die Bade- und Sauna-Angebote der unmittelbar benachbarten Erlebniswelt Krauschwitz gegen geringen Aufpreis mitbenutzen.
Görlitzer Str. 26, Krauschwitz, Tel. 03 57 71/570, DZ ab 105 €, www.fuerst-pueckler-hotel.de

19 Frauenkirche

Dresden

»Auferstanden aus Ruinen«: Beim Wahrzeichen Dresdens wurde das große Versprechen der DDR-Nationalhymne erst eingelöst, als es die DDR gar nicht mehr gab. Denn tatsächlich ist die von 1726 bis 1743 erbaute Frauenkirche nicht nur ein Wunderwerk barocker Architektur, sondern auch ein Neubau aus den Jahren 1996–2005. Nach der verheerenden Bombardierung Dresdens am 13. und 14. Feb. 1945 war der Kirchenbau eingestürzt. Erst 1991 wurde der Wiederaufbau beschlossen, die Finanzierung übernahmen Fördervereine und Spender aus aller Welt. Zunächst wurde der Trümmerberg Stein für Stein abgetragen, die intakten Steine wurden inventarisiert und schließlich mithilfe eines dreidimensionalen Computerprogrammes ihrem ursprünglichen Platz im Gemäuer zugeordnet. So sind heute 3539 dunkle »Altsteine« in der Außenfassade aus hellem Sandstein zu sehen. Sie verleihen der neuen alten Frauenkirche ihre etwas »pixelige« Fassade. Die Raumwirkung im Inneren des lichten, achteckigen Zentralbaus ist schlicht überwältigend. Gleichermaßen grandios ist das Panorama von der 67 m hoch gelegenen Aussichtsplattform auf der Kuppel über den Dächern Dresdens.

Neumarkt, Dresden, Mo–Fr 10–12 und 13–18 Uhr, Sa/So je nach Veranstaltungen, Kuppelaufstieg März–Okt. Mo–Sa 10–18 Uhr, So 12.30–18 Uhr, Nov.–Feb. Mo–Sa 10–16 Uhr, So 12.30–16 Uhr, www.frauenkirche-dresden.de

Echt historisch sind nur die schwarzen »Pixel«-Steine: Sie stammen von der ursprünglichen Frauenkirche.

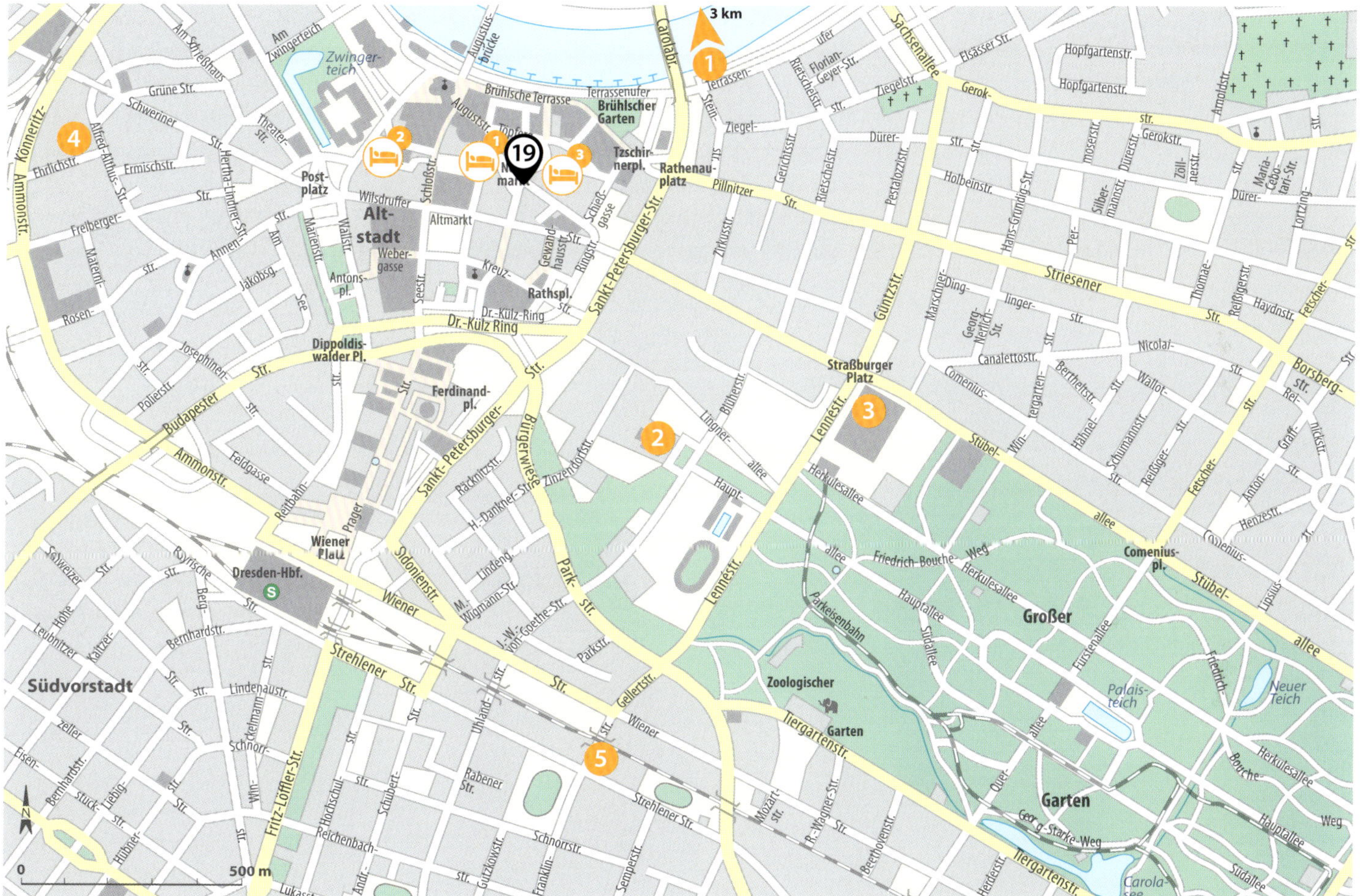

- Frauenkirche (19)
- 1 Militärhistorisches Museum
- 2 Deutsches Hygienemuseum
- 3 Gläserne Manufaktur
- 4 Kraftwerk Mitte
- 5 Erlebnispfad Dresden-Süd
- QF Hotel (1)
- Taschenbergpalais (2)
- Innside Dresden (3)

1 Militärhistorisches Museum

Ins alte Arsenalgebäude (19. Jh.) hat Star-Architekt Daniel Libeskind einen Keil aus Stahl und Glas getrieben. Er symbolisiert die Keilformation der britischen Bomberverbände bei ihren Luftangriffen auf Dresden im Feb. 1945. Seit der Wiedereröffnung im Jahr 2011 ist er der Blickfang des Militärhistorischen Museums in Dresden. Es ist ein »neues« Militärmuseum, keine Waffenkammer, die technisches Gerät ohne Beziehung zur Kulturgeschichte präsentiert. Stattdessen wird der Krieg als anthropologisches Phänomen thematisiert. Und immer ist es der Mensch, der im Mittelpunkt der elf Themenparcours und drei Chronologien steht, die im Gebäude wie auch auf dem Außengelände eingerichtet wurden.

Olbrichtpl. 2, Dresden,
Do–Di 10–18 Uhr, Mo 10–21 Uhr,
www.mhmbw.de

2 Deutsches Hygienemuseum

Von 2001 bis 2005 wurde grundlegend saniert und umgebaut. Seitdem erstrahlt der höchst eindrucksvolle Bau am Rand der Güntzwiesen, 1930 eröffnet und nach der Zerstörung 1945 zu DDR-Zeiten wiedererrichtet, in neuem Glanz. »Abenteuer Mensch« heißt die Dauerausstellung, sie ist als eine spannende Erlebnisreise zum eigenen Körper konzipiert. Gut gelungen ist auch die Ausstellung »Unsere fünf Sinne« im Kinder-Museum. Körperwissen und Körperpraktiken im Alltag sind die Themen der Sonderausstellungen, die in Zusammenarbeit mit Kuratoren, Künstlern und Gestaltern entwickelt werden und sich z. B. dem Recht auf Unvollkommenheit, Politik, Moral und Gesellschaft, dem Glück oder der Arbeit widmen. Die nächsten Ausstellungen befassen sich mit den Themen AIDS (bis 21. Feb. 2016) und Fast Fashion – über die Schattenseiten der Mode (bis 29. Mai 2016).

Lingnerplatz 1, Dresden, Di–So 10–18 Uhr, www.dhmd.de

Wie die britischen Bomber im Feb. 1945 den Himmel über Dresden zerteilten, so trieb Daniel Libeskind einen spektakulären Keil ins Arsenalgebäude des Militärhistorischen Museums.

3 Gläserne Manufaktur

Volkswagen baut einen Phaeton, und alle schauen zu. So sauber wie hier wird das Premiumgefährt später nie wieder sein. Haben Männer in weißen Overalls und mit Handschuhen (und mit ein paar Hilfestellungen durch blitzende Roboter) das Auto zusammengebaut, wartet dieses im 40 m hohen Glasturm auf seine Abholung. In der Gläsernen Manufaktur zelebriert VW die Verbindung von industrieller Automobilproduktion und Manufakturbetrieb als eine Art Hochamt in edlem Ambiente: 24 000 qm blankgeputzter Parkettboden anstelle von nacktem Beton selbst im Montagebereich! Durch die riesigen Fensterflächen ist jeder Arbeitsschritt

DAVE Festival für Clubkultur

Dresden Audio Visual Experience: Eine Woche Partys und Konzerte in verschiedenen Clubs, dazu Workshops zu elektronischer Musik und zum DJ-Handwerk.
www.dave-dresden.net

zu verfolgen. Selbstabholer empfangen ihr Auto im Salon, dann rollen sie damit über die Piazza und die Abholerbrücke hinaus auf die weniger sauberen Straßen.

Lennéstr. 1, Dresden,
Mo–Fr 8.30–19 Uhr, Sa/So 9–18 Uhr,
www.glaesernemanufaktur.de

4 Kraftwerk Mitte

1895 wurde es in Betrieb genommen, 1994 stillgelegt, und seit rund zehn Jahren ist die ehemalige mechanische Werkstatt des Kraftwerks Mitte ein Museum, genauer: das Dresdner Energiemuseum (Könneritzstr., Mi 10–17 Uhr Nov.–März auch Sa 13–17 Uhr, www.kraftwerk-museum.de). Hier wird man über alle Aspekte der städtischen Energieversorgung informiert: Gas, Strom, Wasser, Fernwärme. Auf dem Kraftwerksgelände westlich des Zwingers stehen noch weitere Gebäude, eingetragene Kulturdenkmale und Places-to-be für alle, die bei Dresden nicht nur an Semperoper und Grünes Gewölbe denken. Ein Masterplan regelt die Umwandlung des Areals in einen vielseitigen Kulturstandort. Schon jetzt bespielen die Staatsoperette Dresden und das tjg (theater junge generation) hier ihre Bühnen, 2010 öffnete der Club Kraftwerk Mitte (Wettiner Platz 7, www.-kraftwerk-club.de) seine Tore. Bis 2016 sollen die Neubauten der Operette und des tjg sowie die Sanierung der früheren Maschinenhalle samt Puppenbühne und Studiotheater abgeschlossen sein.

Infopoint, Ehrlichstr. 2, Dresden, Mi–Sa 13–18 Uhr, www.kraftwerk-mitte-dresden.de

5 Erlebnispfad Dresden-Süd

Natur und Stadt sind kein Widerspruch – das demonstriert der Stadtökologische Erlebnispfad Dresden-Süd, den die BUND Regionalgruppe Dresden konzipiert hat. An den einzelnen Stationen wird anschaulich erklärt, wie Pflanzen und Tiere sich in städtischen Umgebungen einrichten. Wozu braucht man das »Straßenbegleitgrün«? Wie wachsen Bäume an Straßen? Wie werden urbane Rasen- und Wiesenflächen gepflegt? Und was bedeutet das für das Klima in der Stadt? Hier geht es nicht nur um Aspekte des Naturschutzes, auch Denkmalpflege und Naherholung sind ein Thema. Wissensvermittlung geschieht hier nicht nur über die klassische Schautafel, sondern beispielsweise auch mithilfe von Kunstobjekten, Gemälden, Aktionen und Events. Der Erlebnispfad beginnt beim Großen Garten. Von dort geht es nach Süden durch die Franklinstraße, am Beutlerpark vorbei zur Räcknitzhöhe und schließlich zur Alten Lehmgrube am Südhang.

Großer Garten, Dresden,
dresden.bund.net/themen_und_projekte

Anreise

Hamburg:	1:10 h	Flugzeug
Berlin:	2:07 h	Bahn
Köln:	1:05 h	Flugzeug
Frankfurt:	1:00 h	Flugzeug
München:	0:55 h	Flugzeug

Hotels

QF Hotel
Gleich neben der Frauenkirche logiert man in absolut schnörkellosen und unbarocken Interieurs. Feine Ausstattung mit italienischen Designermöbeln, mit vielen geraden Linien und warmen Erdtönen.
Neumarkt 1, Dresden,
Tel. 03 51/563 30 90, DZ ab 99 €,
www.qf-hotel.de

Taschenbergpalais
Obama war auch schon in dieser edlen Herberge, die im Jahr 1995 in Bestlage zwischen dem Zwinger und dem Residenzschloss als neobarocker Palais neu aufgebaut wurde. Das Luxushotel bietet viel Kopffreiheit in Zimmern und Suiten, einen erlesenen Spabereich und eine wunderbare Atmosphäre in der »Karl May Bar«.
Taschenberg 3, Dresden,
Tel. 03 51/491 20, DZ ab 135 €,
www.kempinski-dresden.de

Innside Dresden
Nur 100 m zur Frauenkirche! Das neue, kompromisslos modern gestaltete Designhotel punktet mit seiner zentralen Lage, schönen Zimmern, origineller Weltküche im Restaurant »VEN« und der angesagten Bar im 6. Stock – mit sensationellem Blick auf die Kuppel der Frauenkirche.
Salzgasse 4, Dresden,
Tel. 03 51/79 51 50, DZ ab 99 €,
www.melia.com

20 Kulturkaufhaus DAStietz

Chemnitz

»Das Tietz« nannten die Chemnitzer das schickste Warenhaus in Sachsen, als es 1913 seine Tore öffnete, »DAStietz« nennen sie es heute. Dazwischen lagen die Jahre des Nazi-Terrors und die Schließung im Jahr 1938 (die Kaufmannsfamilie Tietz war jüdischen Glaubens), Kriegszerstörung, Wiederaufbau in der DDR und 26 realsozialistische Jahre als HO-Warenhaus »Zentrum«. Nach der politischen Wende wurde das Haus von der Kaufhof AG übernommen, und seit Abschluss der umfangreichen Sanierung im Jahr 2004 nennt es sich »Kulturkaufhaus«. Die Kultur, die hier neben Geschäften und Cafés eingezogen ist, besteht aus der Volkshochschule und der Stadtbibliothek, dem städtischen Naturkunde-Museum (Mo–Di und Do–Fr 9–17 Uhr, www.naturkunde-chemnitz.de) und der Neuen Sächsischen Galerie (Do–Mo 11–17 Uhr, Di 11–19 Uhr, www.neue-saechsische-galerie.de) mit ihrer äußerst sehenswerten Sammlung bildender und angewandter Kunst. Und dann ist da im Lichthof noch der »Steinerne Wald« – nicht Kunst, aber als bizarres Naturphänomen ein Hingucker, für den woanders extra Eintritt verlangt würde. Es handelt sich um eine Gruppe von ungefähr 290 Mio. Jahre alten versteinerten Holzstämmen, die man vor bald 300 Jahren in Hilbersdorf, heute ein Chemnitzer Stadtteil, gefunden hat.

Moritzstr. 20, Chemnitz, Mo–Fr 6–22 Uhr, Sa 7.30–20 Uhr, So 10–18 Uhr, www.dastietz.de

Der Steinerne Wald steht schon, die Besucher kommen erst: DAStietz in Chemnitz.

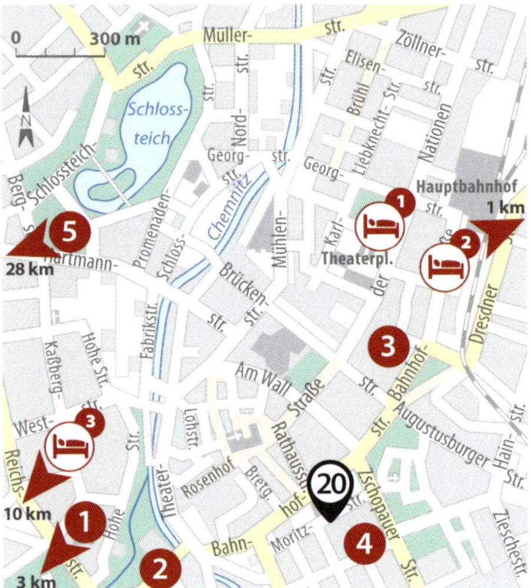

(20) Kulturkaufhaus DAStietz
1 Industriemuseum
2 Museum Gunzenhauser
3 Sammlung für Archäologie
4 Weltecho
5 Sachsenring
Hotel 1 Günnewig Chemnitzer Hof
Hotel 2 alexxanders
Hotel 3 Schlosshotel Klaffenbach

1 Industriemuseum

»Sächsisches Manchester« nannte man Chemnitz im 19. Jh., die Stadt war das Zentrum des sächsischen Maschinenbaus. Was 1945 unter Bombenschutt zu verschwinden drohte, ist Thema der ganz neuen Dauerausstellung, die man seit 2015 im neugestalteten Sächsischen Industriemuseum besichtigen kann. Schon der architektonische Rahmen in der Fabrik-»Kathedrale« der ehemaligen Gießerei Escher beeindruckt. Hier erfährt man, wie die Automobilindustrie (Horch, Audi) sowie der Werkzeug-, Büro- und Textilmaschinenbau das Land Sachsen und eine Region geprägt haben, die vor 100 Jahren die am stärksten industrialisierte Region Deutschlands war.

Zwickauer Str. 119, Chemnitz,
Mo–Do 9–17 Uhr, Sa/So 10–17 Uhr,
www.saechsisches-industriemuseum.de

2 Museum Gunzenhauser

Das ehemalige Sparkassengebäude am Chemnitzer Falkeplatz, 1928–1930 errichtet, verkörpert Bauhaus-Architektur in seiner schönsten Form. Es ist zugleich der neueste Standort der auf vier Häuser verteilten Kunstsammlungen Chemnitz. Seit 2007 zeigt es Teile der berühmten Sammlung von Dr. Alfred Gunzenhauser (*1926): 2459 Werke von insgesamt 270 Künstlern, allen voran Otto Dix, dem die gesamte dritte Etage gewidmet ist, und Alexej von Jawlensky. Auch Werke von Edvard Munch, Lovis Corinth, Karl Schmitt-Rotluff und Max Beckmann sind zu sehen. Dazu Nachkriegskunst u. a. von Willi Baumeister und Rainer Fetting.

Stollberger Str. 2, Chemnitz, Di–So 11–18 Uhr
www.kunstsammlungen-chemnitz.de

3 Staatliche Sammlung für Archäologie

Uralte Exponate in klassisch-moderner Architektur: Im Mai 2014 ist das Staatliche Museum für Archäologie Chemnitz ins ehemalige Kaufhaus Schocken gezogen, das Architektur-Großmeister Erich Mendelsohn Ende der 1920er-Jahre entworfen hat. Auf drei Etagen liegen heute die »Waren« hinter Glas: von Faustkeilen über frühe Keramik bis zu den Objekten der beginnenden Industrialisierung. Eine 40 m lange Vitrinenwand – gebogen wie die Außenfassade des Museums – präsentiert Alltagsgegenstände ab dem frühen Mittelalter. Nach der toll illustrierten Reise durch rund 300 000 Jahre Menschheitsgeschichte findet man in der vierten Etage den Raum für Sonderausstellungen.

Stefan-Heym-Pl. 1, Chemnitz,
Di–So 10–18 Uhr, Do bis 20 Uhr,
www.smac.sachsen.de

4 Weltecho

An der Straße Richtung Annaberg, ungefähr 8 km südlich des Zentrums, haben Chemnitzer Künstler das frühere Haus

Tage der Industriekultur

Vier Tage rund um das letzte Wochenende im Sept. zeigen Museen und aktive Unternehmen, wie die Industrie Chemnitz seit 200 Jahren geprägt hat und immer noch prägt. Außerdem gibt es einen traditionellen Gründerzeitmarkt und jede Menge Kultur im Programm.
www.chemnitz-tourismus.de

Mit der Sammlung von Dr. Alfred Gunzenhauser hat Chemnitz einen großen Fang gemacht – was Besucher seit 2007 bestätigen können.

»Kammer der Technik« in Beschlag genommen und zu einer der spannendsten Kulturlocations im weiten Umkreis gemacht. Das Programm bunt gemischt zu nennen, wäre untertrieben. Im Weltecho gibt es Theatervorstellungen, Performances und Konzerte, Lesungen und Kunstausstellungen, Tanzkurse und Vorträge, Kino- und Klubabende.

Annaberger Str. 24, Chemnitz,
www.weltecho.eu

5 Sachsenring

20 km westlich von Chemnitz liegt der Sachsenring, eine der traditionsreichsten Rennstrecken Deutschlands. 1927 fand hier das erste Rennen statt, 1995 wurde am Start-Ziel-Bereich ein Verkehrssicherheitszentrum eröffnet. Auf dem nun 3,7 km langen Kurs (früher war er 8,7 km lang) veranstaltet der ADAC Autorennen und Fahrartrainings.

Am Sachsenring 2, Oberlungwitz,
www.sachsenring.de

Anreise

Hamburg:	4:18 h	Bahn
Berlin:	2:30 h	Bahn
Dresden:	1:00 h	Bahn
Köln:	4:40 h	Auto
München:	3:30 h	Auto

Hotels

Günnewig Chemnitzer Hof
Fast schon ein Architekturmuseum: Hinter der eindrucksvollen Bauhaus-Fassade neben der Oper und nahe dem Bahnhof staunt man über schöne Art-déco-Interieurs. Was noch? Geräumige Zimmer, ein sehr gutes Restaurant und freie Fahrt mit den Chemnitzer Öffis.
Theaterpl. 4, Chemnitz,
Tel. 03 71/68 40, DZ ab 80 €,
www.guennewig.de

alexxanders Hotel & Boardinghouse
Neue Zimmer und Apartments in der Chemnitzer Altstadt für Kurz- und Langzeitgäste. Die eingebauten Küchen braucht man nicht, wenn man das sehr empfehlenswerte deutsch-italienisch-asiatische Restaurant im Erdgeschoss besucht.
Ludwig-Kirsch-Str. 9, Chemnitz,
Tel. 03 71/431 11 11, DZ ab 60 €,
www.alexxanders.de

Schlosshotel Klaffenbach
Schickes Wasserschloss südlich von Chemnitz am Flüsschen Würschnitz. Neben dem Hotel gibt es Ausstellungsräume, Handwerkerateliers, einen 18-Loch-Golfplatz und einen Reiterhof. Hochzeitspaare. Tolles Gewölberestaurant, gemütliche Gaststube »Torwache« mit Gastgarten im Schlosshof.
Wasserschlossweg 6, Chemnitz/Klaffenbach, Tel. 03 71/261 10, DZ ab 86 €,
www.schlosshotel-chemnitz.de

21 Spinnerei
Leipzig

Einer der Hot Spots der deutschen Kunstszene – und ein beeindruckender Ort. Auf dem 6 ha großen Gelände der ehemaligen Baumwollspinnerei in Plagwitz, im Leipziger Westen, hat sich in den Jahren nach der politischen Wende ein aufregendes Nebeneinander von Künstlern, Ausstellern und Galeristen aus dem In- und Ausland etabliert. Die alten Fabrikgebäude mit den großen Fenstern erscheinen von außen gammlig, bieten aber aber innen, dank massiver Backsteinbauweise, gute, helle und nicht zuletzt billige Ateliers, in denen rund 100 Maler, Bildhauer, Fotografen, Medien- und Konzeptkünstler arbeiten – wobei einige dieser Künstler sich längst höhere Mieten leisten könnten. Neo Rauch zum Beispiel, der Star der »Neuen Leipziger Schule« und heute einer der international gefragtesten deutschen Maler: Er bezog 1994 als einer der Ersten ein Atelier in der Spinnerei. Gleich nebenan stellt sein Galerist Gerd Harry (»Judy«) Lybke in der Galerie Eigen + Art aus. Und regelmäßig trifft sich die Künstlergemeinschaft bei den »Versorgern«, dem Spinnerei-Restaurant mit Café und Biergarten (www.die-versorger.de). Am Fr. (12–17 Uhr) und am Sa. (11–17 Uhr) werden jeweils 1-std. Führungen über das Gelände der Spinnerei angeboten, verbunden mit dem Besuch von drei Galerien und einer Werkstatt; Start jeweils zur vollen Stunde im Spinnerei archiv massiv, Haus 20 A. Anmeldungen erwünscht (keine Bedingung) unter Tel. 03 41/498 02 22, archivmassiv@spinnerei.de.

Spinnereistr. 7, Leipzig, allg. Di–Sa 11–18 Uhr, www.spinnerei.de

Viel Platz, viel Atmosphäre, und jede Menge Gelegenheit zum Staunen: in der Spinnerei.

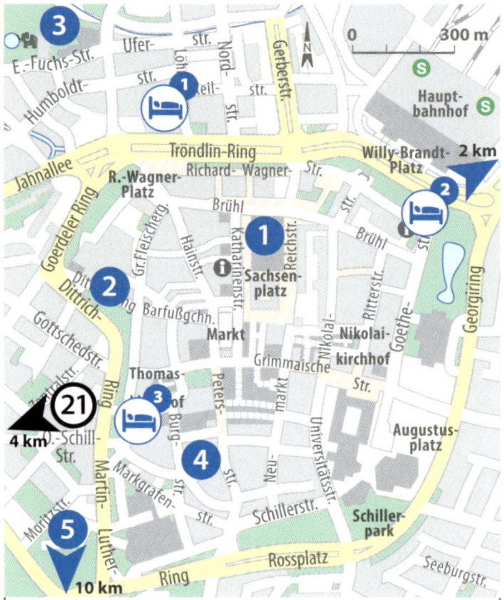

Spinnerei
1. Museum der bildenden Künste
2. Museum in der Runden Ecke
3. Zoo Leipzig
4. Passage Petersbogen
5. Cospudener See/Neuseenland
- (1) Fürstenhof
- (2) Galerie Hotel Leipziger Hof
- (3) arcona Living Bach14

1 Museum der bildenden Künste

Ein unsichtbares, aber starkes Band führt von der Spinnerei geradewegs hinein in den riesigen Glaskasten am Nordrand der Altstadt, der seit 2004 in Leipzig die erste Adresse in Sachen Kunst ist. Hier hängen nämlich nicht nur Alte Meister wie die beiden Lukas Cranach, Vater und Sohn, mit ihren Werken, sondern auch deutsche Romantiker, Expressionisten und Klassisch-Moderne wie Max Beckmann. Mehr als 500 Werke dokumentieren darüber hinaus das Kunstschaffen in der DDR. Und natürlich trifft man ebenfalls auf jene Leipziger Zeitgenossen, denen man auch in der Spinnerei begegnen kann.

Katharinenstr. 10, Leipzig,
Di und Do–So 10–18 Uhr, Mi 12–20 Uhr,
www.mdbk.de

2 Museum in der Runden Ecke

Die »Runde Ecke« bezeichnet den Eingangsbereich jenes Geschäftshauses aus den Jahren 1911/13, in dem zu DDR-Zeiten die Bezirksverwaltung für Staatssicherheit residierte. Heute darf, nein: sollte eigentlich jeder Deutsche einmal eintreten, egal ob Ossi oder Wessi. Der Eintritt in die ehemalige Stasi-Zentrale ist frei, und anders als früher kommt jeder wieder hinaus, wann immer er möchte. Man sollte an einer Führung durch die vom Bürgerkomitee Leipzig gegründete Ausstellung »Macht und Banalität« teilnehmen. Sie dokumentiert die alle Lebensbereiche durchdringende Spitzelei in der DDR und ist gespenstischer als der Film »Das Leben der Anderen«. Seit 2015 kann man dazu noch die Museums-App »Orte der Friedlichen Revolution« downloaden. Sie führt zu 20 Stelen in Leipzig, die Originalschauplätze des demokratischen Aufbruchs 1989/90 dokumentieren.

Dittrichring 24, Leipzig,
tgl. 10–18 Uhr, öfftl. Führung tgl. 15 Uhr,
www.runde-ecke-leipzig.de

3 Zoo Leipzig

Der 26 ha große Landschaftspark am Rosental, nordwestlich der Innenstadt, zählt nicht nur zu den artenreichsten, sondern auch grünsten Zoos in Europa. Seit 2000 wird er zum »Zoo der Zukunft« erweitert. Eine Löwensavanne und ein neues Raubtierhaus kamen dazu, ein »Himalayagebirge« für Schneeleoparden, die Pinguin- und Robbenanlage sowie die asiatische Inselwelt und die spektakuläre 34,5 m hohe Tropenhalle »Gondwanaland«.

Pfaffendorfer Str. 29, Leipzig, Mai–Sept. 9–19, Apr./Okt. 9–18, Nov.–März 9–17 Uhr,
www.zoo-leipzig.de

4 Passage Petersbogen

Weniger exklusiv als in der benachbarten Mädler- und der Königshauspassage, dafür weitaus moderner. 2001 wurde die neue Shoppingadresse in bester Innenstadtlage eröffnet – mit mehr als 30 Geschäften, Boutiquen und Restaurants und einem Multiplexkino. Aufsehenerregend

Leipziger Wasserfest

Dreitägiges Planschen und Paddeln Mitte Aug. auf allen Seen, Flüssen und Kanälen in Leipzig. Höhepunkte des Fests sind die große Bootsparade, das Drachenbootrennen und das (Gummi-)Entenrennen.
www.wasserfest-leipzig.de

»Fluchtversuch« heißt das Gemälde von Lokalmatador Neo Rauch im Museum der bildenden Künste. Zum Wegrennen? Ganz sicher nicht.

ist die Architektur, die in einem eleganten Schwung über drei Ebenen die Petersstraße mit dem Burgplatz verbindet.

Petersbogen. Leipzig, Mo–Fr/Sa 10–20 Uhr, www.petersbogen-leipzig.de

5 Neuseenland

Braunkohlegruben zu Badeseen: Im Mai 2015 begann die erste Sommersaison am Zwenkauer See, gute 12 km südlich von Leipzig. Bis zu 49 m tief und mit einer Uferlänge von 22 km, ist er noch deutlich größer als die nördlich benachbarte »Costa Cospuda«, der Cospudener See. Der war schon 2000 fertig und wurde sogleich zum beliebtesten Badesee der Leipziger. Auf dem 10,4 km langen asphaltierten Rundweg um den See sind Radfahrer und Inlineskater unterwegs, auf dem See vergnügen sich Segler, Wind- und Kitesurfer. 2012 wurde die wunderschöne Kanalverbindung zum nur 6 km entfernten Zentrum Leipzigs freigegeben. Seitdem erreicht man den See vom Stadthafen in der Schreberstr. 20 per »Leipzigboot« im Linienverkehr (www.ranaboot.de), oder man paddelt selbst – im Leihkanu.

www.leipzigerneuseenland.de

Anreise

Hamburg:	2:58 h	Bahn
Berlin:	1:10 h	Bahn
Dresden:	1:05 h	Bahn
Köln:	4:51 h	Bahn
München:	3:50 h	Auto

Hotels

Fürstenhof
Marmor und Myrtenholz, Kristall-Kronleuchter und ausgesuchte moderne Farbakzente: Das Grandhotel im Palais (1770) am Rand der Altstadt bietet puren Luxus. Prächtige Atmosphäre im Restaurant »Villers«, moderne Gemütlichkeit in der Vinothek »1770«.
Tröndlinring 8, Leipzig,
Tel. 03 41/14 00, DZ ab 160 €,
www.hotelfuerstenhofleipzig.com

Galerie Hotel Leipziger Hof
Ein Hotel als begehbare Gemäldegalerie: Hier begegnet man alten und neuen Meistern der Leipziger Schule wie Wolfgang Mattheuer, Werner Tübke oder Arno Rink auf Schritt und Tritt – in Räumen und Fluren sowie in der Kunstgalerie, manchmal auch im netten Biergarten im Innenhof oder im sympathischen Restaurant.
Hedwigstr. 1–3, Leipzig,
Tel. 03 41/697 40, DZ ab 87 €,
www.leipziger-hof.de

arcona Living Bach14
Kleines und sehr feines Hotel direkt gegenüber der Thomaskirche, bei Bach-Museum und Bach-Archiv. Geboten werden ein ansprechender Mix aus Historie und modernem Design sowie gute mediterrane Küche und Tapas in der »Weinwirtschaft«.
Thomaskirchhof 13/14, Leipzig,
Tel. 03 41/49 61 40, DZ ab 114 €,
www.bach14.arcona.de

22 Weinstraße

Saale-Unstrut

Das nächste Welterbe? Unter denkbar umständlichen Namen bewerben sich »Der Naumburger Dom und die hochmittelalterliche Herrschaftslandschaft an Saale und Unstrut« um das begehrte Unesco-Prädikat. Entlang der gleichnamigen Flüsse erwartet Besucher nicht nur das nördlichste Qualitätsweinanbaugebiet Deutschlands, sondern eine höchst idyllische Landschaft mit Weinbergen, Steilterrassen und jahrhundertealten Trockenmauern, mit Weinbergshäuschen, Schlössern und Burgen, mit Streuobstwiesen und Flusstälern. Seit mehr als 1000 Jahren werden hier die Rebstöcke bewirtschaftet, seit 1993 gibt es die Weinstraße Saale-Unstrut. Sie führt über rund 60 km von Memleben mit seiner eindrucksvollen Klosterruine über die Glockengießerstadt Laucha und Bad Kösen bis zum Soleheilbad Bad Sulza. Dreh- und Angelpunkt der Route ist Freyburg, bedeutendstes Baudenkmal der Region ist der Naumburger Dom, berühmt für die »schönste Frau des Mittelalters«, Markgräfin Uta bzw. ihre Steinskulptur aus dem 13. Jh. (März–Okt. Mo–Sa 9–18, So 12–18 Uhr, Nov.–Feb. Mo–Sa 10–16, So 12–16 Uhr, www.naumburger-dom.de).

Memleben–Bad Sulza,
www.saale-unstrut-tourismus.de,
www.weinbauverband-saale-unstrut.de

Der Unesco gefällt das bestimmt auch: Weinlese am Herzoglichen Weinberg in Freyburg.

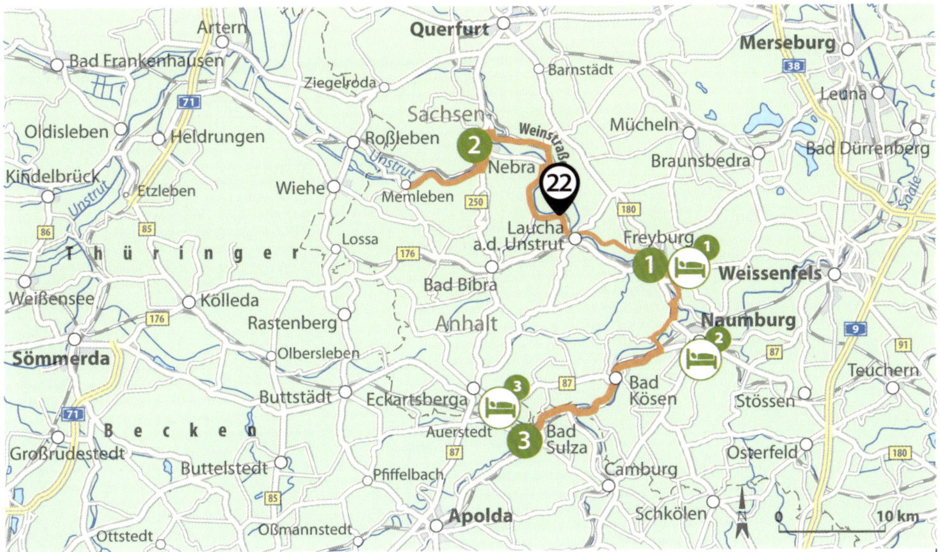

(22) Weinstraße Saale-Unstrut
(1) Rotkäppchen Sektkellerei
(2) Arche Nebra
(3) Toskana Therme
(Hotel 1) Hotel Unstruttal
(Hotel 2) Hotel Toscana
(Hotel 3) Resort Schloss Auerstedt

1 Rotkäppchen Sektkellerei

1991 stand das Freyburger Traditionsunternehmen vor dem Aus. Die Treuhand rettete den Mythos über die politische Wende, und längst ist Rotkäppchen wieder ganz oben. Im Domkellergewölbe drängen sich die Besucher im denkmalgeschützten Lichthof, einer der ältesten denkmalgeschützten Industriehallen der Republik, und vor dem größten geschnitzten Cuvéefass in Deutschland (120.000 l) aus dem Jahr 1896. 25 Eichen gaben ihr Holz dafür. Kellereibesichtigungen werden von 1 Std. bis zu 3 Std. Dauer angeboten – je nachdem, wie viel man dabei sehen und nicht zuletzt auch probieren möchte. Der Lichthof dient als Ort für die unterschiedlichsten Veranstaltungen, die Gastronomie ist umfangreich. Rund 160 Sonnenstunden im Jahr und nur 500 mm jährlicher Niederschlag sorgen für ein mildes Mikroklima in der Region. Die Weine werden überwiegend trocken ausgebaut: Müller-Thurgau, Weiß- und Grauburgunder sowie Bacchus, Riesling, Silvaner, Gutedel und Kerner. Ein Viertel der Produktion ist »rot« (Dornfelder, Portugieser, Spätburgunder, Blauer Zweigelt).

Sektkellereistr. 5, Freyburg, tgl. 11 und 14 Uhr, Sa/So 11, 12.30, 14 und 15.30 Uhr, Shop tgl. 10–18 Uhr, So ab 11 Uhr, www.rotkaeppchen.de

2 Arche Nebra

Manche haben es schon immer gewusst: Die Welt ist eine Scheibe. 1999 fand man in Nebra ein fantastisches Schmuckstück, das auch den ganzen Himmel auf einer Scheibe zeigt: Sonne, Mond und Sterne auf einer mit Goldapplikationen verzierten Bronzeplatte – 32 cm im Durchmesser, 2,3 kg schwer – und vermutlich an die 4000 Jahre alt. In Nebra kann man sie seit 2007 in der hypermodernen »Arche Nebra« bewundern – zwar nur als Reproduktion (das Original wird in Halle ausgestellt), dafür im Rahmen einer aufwändigen multimedialen Inszenierung, die Archäologie und Astronomie miteinander verbindet. Im Mittelpunkt steht das Planetarium, in dem das Geheimnis der Himmelsscheibe mit modernster Digitaltechnik entschlüsselt wird. Den eigentlichen Fundort der Himmelsscheibe, 3 km entfernt, markiert das »Himmelsauge«, eine gekrümmte Platte aus Edelstahl. Neben ihr steht ein 30 m hoher und leicht geneigter Aussichtsturm, der täglich geöffnet ist und den Zeiger einer riesigen Sonnenuhr darstellt. Durch den Spalt im Turm visiert

Freyburger Winzerfest

Beim größten regionalen Weinfest in Mitteldeutschland, an jedem zweiten Septemberwochenende, gibt's von Fr. bis Mo. Musik und Spektakel auf dem Markplatz und rundherum. Höhepunkt ist der So. www.freyburg-tourismus.de

Hotels

Hotel Unstruttal
Das schöne alte Haus steht über einem romanischen Gewölbekeller mitten im Zentrum des Rotkäppchen-Städtchens Freyburg. Ausgezeichnetes Essen mit standortgerechter, bester Weinbegleitung im Hotelrestaurant, nettes Gartenlokal, schöner Weinkeller.
Markt 11, Freyburg,
Tel. 03 44 64/70 70, DZ ab 82 €,
www.hotel-unstruttal-aktuell.de

Hotel Toscana
Die Geschichte des Hauses mitten in der schönen Altstadt von Naumburg geht bis ins 16. Jh. zurück. Dass die Zimmerausstattung deutlich neueren Datums ist – einfach, aber wohnlich –, wird keinen Anlass zu Klagen geben. Im angeschlossenen »Steakhaus Naumburg« bekommt man Gegrilltes.
Topfmarkt 16, Naumburg,
Tel. 034 45/289 20, DZ ab 49 €,
www.hotel-toscana-naumburg.eu

Resort Schloss Auerstedt
Auf dem ebenso malerischen wie weitläufigen Schlossareal bei Bad Sulza nächtigt man in modern eingerichteten Apartments und Maisonettes. Und im feinen Restaurant »Reinhardt's« genießt man zur innovativen Frischeküche natürlich die besten Tropfen von Saale und Unstrut.
Schlosshof 1, Auerstedt/Bad Sulza,
Tel. 03 64 61/920 00, DZ ab 84 €,
www.toskanaworld.net

»Toskana des Nordens« wird das Land um Saale und Unstrut auch genannt. Und so kann man in Bad Sulza gleich in der entsprechenden Therme abtauchen.

man geradewegs den knapp 100 km entfernten Brocken im Harz an.

An der Steinklöbe 16, Nebra,
Apr.–Okt. tgl. 10–18 Uhr, Nov.–März Di–Fr 10–16 Uhr, Sa/So 10–17 Uhr,
www.himmelsscheibe-erleben.de

3 Toskana Therme

»Baden war gestern«, heißt es in der Toskana Therme in Bad Sulza. Tatsächlich hat man hier verschiedene Möglichkeiten, um sich mit 35 Grad warmem Sole-Thermalwasser nass zu machen – nur keine Wasserrutschen. Die 3000 qm große Wohlfühllandschaft bietet elf Thermalbecken, fünf Kaskaden-Solepools und zwei Außenpools, einen davon mit Strömungskanal. Im Liquid Sound Tempel sorgen Klänge, Farben und Licht für noch mehr Entspannung. Großes Liquid Sound Festival im Nov. in den Toskana Thermen Bad Sulza, Bad Schandau und Bad Orb!

Wunderwaldstr. 2a, Bad Sulza,
Mo–Do, So 10–22 Uhr, Fr/Sa 10–24 Uhr,
Wellnesspark tgl. 10–21 Uhr,
www.toskanaworld.net

Anreise

Hamburg:	4:00 h
Berlin:	2:30 h
Dresden:	1:40 h
Köln:	4:10 h
München:	3:40 h

23 Point Alpha

Geisa/Rhön

»Fulda Gap« heißt ein amerikanisches Strategiespiel aus dem Jahr 1977. Es simulierte das heißeste Szenario des Kalten Krieges: dass die Truppen des Warschauer Pakts am »Fulda Gap«, einem einsamen Landstrich in der Rhön, ihren Angriff auf das Herz der Bundesrepublik starteten. Der Beobachtungsstützpunkt an dieser Stelle hieß Point Alpha, er war einer der wichtigsten Vorposten der Nato – und er ist heute eine eindrucksvolle, insgesamt 10 ha große Gedenkstätte. Nur einen Steinwurf vom US-Camp entfernt markieren ein DDR-Grenzturm und die Rekonstruktion der Sperranlagen die Grenze, die 40 Jahre lang Deutschland, Europa und die Welt teilte. Eine spannende, multimediale Dokumentation stellt dem großen Weltgeschehen den kleinen Alltag der Wachsoldaten gegenüber, die sich die Zeit mit dem Hufeisenwurfspiel vertrieben – stets den roten Grenzstein im Blick, den kein amerikanischer Panzer je hätte passieren dürfen, ohne die andere Seite zum fatalen Gegenschlag zu provozieren. Vom US-Camp führt der ehemalige Kolonnenweg mit rekonstruierten Sperranlagen zum »Haus auf der Grenze« mit seiner kürzlich modernisierten Dauerausstellung, die das Grenzregime der DDR dokumentiert.

Platz der Deutschen Einheit 1, Geisa, Apr.– Okt. tgl. 9–18 Uhr, Nov. u. März tgl. 10–17 Uhr, Dez.–Feb. Di–So 10–16.30 Uhr, www.pointalpha.com

Unheimlicher als auf jeder Spielebox: Strategisches Planungsmodell in der Gedenkstätte.

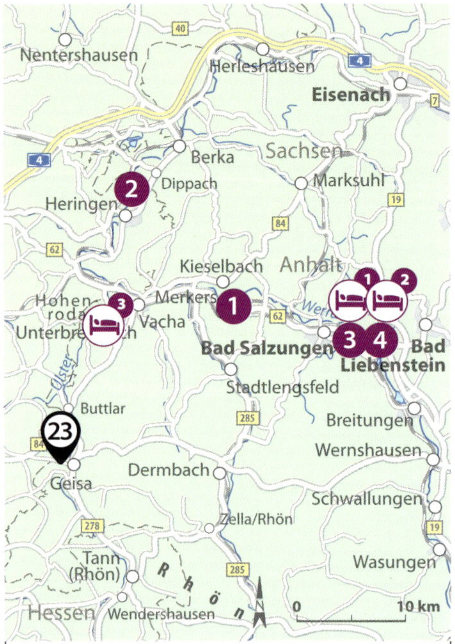

(23) Point Alpha
(1) Erlebnisbergwerk Merkers
(2) Monte Kali
(3) Gradierwerk Bad Salzungen
(4) Pressenwerk
Haus Hufeland
Solewerk Hotel
Hessen Hotelpark

1 Erlebnisbergwerk Merkers

Mitten im Gewerbepark der kleinen Ortschaft Merkers an der Werra markiert ein hoher Förderturm den Eingang in die Unterwelt des gigantischen Kalisalzbergwerks. Im Förderkorb saust man vom 2003 eröffneten Besucherzentrum bis in 500 m Tiefe hinab – wo man sich in den folgenden 2–3 Std. öfter die Augen reiben wird. Das Netz der Strecken, der nur leicht abfallenden oder ansteigenden Gänge zwischen den senkrechten Schächten, umfasst insgesamt rund 4600 km. Mit großen Allradfahrzeugen geht es schier endlos durch die Gänge. Man bestaunt im Großbunker den größten untertägigen Schaufelradbagger der Welt und in der Kristallgrotte, nun bereits 807 m tief, Salzkristalle mit einer Kantenlänge von bis zu 1 m. Und man erfährt, dass US-General Eisenhower im Apr. 1945 in die Grube einfuhr und sah, was die Nazis dort eingelagert hatten: Gold und Devisen sowie kostbare Kunst – die Büste der Nofretete etwa. Nicht für Kinder unter 10 Jahren!

Zufahrtstraße, Krayenberggemeinde/Merkers, Apr.–Okt. Di–Sa 9.30 und 13.30, So nur 10.30, Nov.–März Di–Sa 9.30 und 13.30 Uhr, www.erlebnisbergwerk.de

2 Monte Kali

Diese Fata Morgana verschwindet nicht, wenn man sich ihr nähert. Sie wird sogar immer größer. Um rund 200 m überragt der Monte Kali bzw. Kalimandscharo das Werratal bei Heringen. Weiß wie ein Gletscher, besteht er tatsächlich aus knapp 190 Mio. t Salz, Überresten der Kalisalzproduktion in der Region. Tag für Tag kommen weitere 22 000 t Salz dazu. Das ist aus ökologischer Sicht bedenklich, weil Regen das Salz in Böden, Oberflächengewässer und ins Grundwasser spült. Aus touristischer Sicht ist die Besteigung eine der ungewöhnlichsten Bergwanderungen in Deutschland (Sonnenbrille nicht vergessen!). Führungen zum aussichtsreichen Gipfelplateau finden von März bis Okt. statt. Alles Wissenswerte über die weißen Berge an der Werra (es gibt mehrere) erfährt man im Werra-Kalibergbau-Museum in Heringen, wo originale Maschinen, Modelle, Fotos, Filme und Computeranimationen die über 100-jährige Geschichte des Kalibergbaus im Werratal dokumentieren.

Museum, Dickesstraße 1, Heringen/Werra, März–Okt. Di–So 14–18, Nov.–Feb. Di–Fr 14–17 Uhr; Aufstieg zum Monte Kali März–Okt. für Gruppen ab 10 Personen (Mi, Fr, Sa/So) und nach Vereinbarung, für Einzelbesucher Mi, So 15 Uhr, 1. Mai–31. Aug. auch Sa 15 Uhr, www.kalimuseum.heringen.de

3 Gradierwerk Bad Salzungen

Ein weiteres Salz-Kunstwerk gibt es im Sole-Kurort Bad Salzungen zu bestaunen – und zu beschnuppern. Das Gradier-

Sommergewinn Eisenach

Der Sommer wird jedes Jahr drei Wochen vor dem Osterfest in Eisenach, 25 km nördlich von Bad Salzungen, »gewonnen«; Verlierer ist der Winter, der symbolisch als Strohpuppe aufs Rad geflochten und vom Metilstein brennend über die noch unbestellten Felder ins Tal gerollt wird.
www.sommergewinnszunft.de

Der weiße Berg an der Werra ist Ökologen ein Dorn im Auge. Als Symbol einer mehr als 100-jährigen Bergbautradition übt der Monte Kali zugleich eine starke Faszination aus.

werk aus den ersten Jahren des 20. Jh., ist ein einzigartiges Baudenkmal, dessen Besuch auch der Hausarzt unterstützt. Wer im weißen Kittel an den beiden 80 m langen Schwarzdornwänden entlangspaziert, sollte tief inhalieren: Die Luft ist nämlich mit Sole aus den Tiefen der Erde gesättigt, die Salz und verschiedene andere Mineralien enthält und den Atemwegen spürbar guttut. Das Gradierwerk ist ganzjährig geöffnet. Es bietet neben großartiger Architektur und gesunder Luft auch einen herrlichen Park und ein Museum (An den Gradierhäusern 4, tgl. 10–17 Uhr). Nicht retro, sondern ganz auf der Höhe der Zeit präsentieren sich daneben die Angebote der »Solewelt« mit Aktivbad und Saunaland (tgl. 10.30–22 Uhr, www.solewelt.de).

Am Solbad 4, Bad Salzungen, tgl. 8–19 Uhr,
www.gradierwerk badsalzungen.de

4 Pressenwerk

In der 1866 erbauten Maschinenfabrik begegnen sich Mainstream und Subkultur. Im Programm: Kleinkunst, Lesungen und Reisevorträge, Musicals und Rock-Partys.

Bahnhofstr. 15, Bad Salzungen,
www.pressenwerk.com

Anreise

Hamburg:	4:00 h
Berlin:	4:20 h
Dresden:	3:20 h
Köln:	3:00 h
München:	4:00 h

Hotels

Haus Hufeland
Zusammen mit seinem Schwesterhotel, dem Kurhaus am See, eine wunderbare Adresse in einer kleinen grünen Parkanlage am Ufer des Burgsees mitten in Bad Salzungen. Geboten werden große, moderne Zimmer, viele Wellnessangebote und bei schönem Wetter ein Frühstück auf der Terrasse.
Sulzberger Str. 11, Bad Salzungen,
Tel. 036 95/853 50, DZ ab 62 €,
www.hotel-haushufeland-badsalzungen.de

Solewerk Hotel
Zentral am Bahnhof gelegenes Haus mit Themenzimmern (New York, Südtirol, Mondrian ...), finnischer Sauna, einem Dampfbad und einem Spa mit verschiedenen Anwendungen. Mediterran angehauchte Küche im Restaurant »ratatouille«.
Bahnhofstr. 21, Bad Salzungen,
Tel. 036 95/861 59 59, DZ ab 79 €,
www.solewerk.de

Hessen Hotelpark
Dieses große Tagungshotel liegt etwa 14 km nördl. der Gedenkstätte Point Alpha in einem Naturschutzgebiet. Auch wer nicht tagen muss, darf indoor die drei Saunen und ein Schwimmbad genießen, outdoor viel Wald, jede Menge Ruhe und zusätzlich ganz viel frische Rhönluft.
Schwarzengrunder Str. 9, Hohenroda,
Tel. 066 76/181, DZ ab 115 €,
www.hotelpark-hohenroda.com

24 Bauhaustour

Radtour durch Dessau

Das einflussreichste Bauwerk des 20. Jh.? Viele Architekten zeigen nach Dessau. Dort bezog das Staatliche Bauhaus, 1919 in Weimar gegründet, im Jahr 1926 das neue Hochschulgebäude des Architekten Walter Gropius: ein Zweckbau aus Stahl, Beton und Glas, ohne jede Ornamentik. Aber da die Form der Funktion folgte, war er »schön« – und ist heute Unesco-Welterbe. Die völlig neuartigen großen Glasfronten im Werkstatttrakt verliehen dem Gebäude eine fantastische Transparenz und Leichtigkeit. Besucher bekommen auch das legendäre Treppenhaus zu sehen, die Sammlung »Werkstatt der Moderne«, das Direktorenzimmer samt Vorraum, Aula und Mensa, den Gymnastikraum und ein rekonstruiertes Künstleratelier. Sehr sehenswert sind ebenfalls die drei Meisterhäuser in der Ebertallee 59–71, nordwestlich des Bauhauses – auch sie entworfen von Walter Gropius, sowie Unesco-Welterbe. Hier wohnten die Lehrer am Bauhaus, unter ihnen Paul Klee, Wassily Kandinsky und Oskar Schlemmer. Architekturliebhaber können heute eine ca. 22-km-Rundtour durch das Stadtgebiet machen: vom Bauhaus zu den Meisterhäusern, weiter zum Kornhaus und in die Gropius-Siedlung Dessau-Törten. Alle Infos zur »Bauhaustour« samt GPS-Download und Adressen der Fahrradverleiher erhält man unter www.dessau.de.

Gropiusallee 38, Dessau,
Bauhaus u. Meisterhäuser tgl. 10–17 Uhr,
www.bauhaus-dessau.de

Das Runde muss vor dem Eckigen bleiben. Zwischenstopp bei den Meisterhäusern.

- (24) Bauhaustour
- 1 Technikmuseum Hugo Junkers
- 2 Ferropolis
- 3 Industrie- und Filmmuseum
- 4 Bitterfelder Bogen
- 5 Wasserzentrum, Goitzschesee
- Hotel 1: Radisson Blu Fürst Leopold
- Hotel 2: NH Dessau
- Hotel 3: Ringhotel Zum Stein

1 Technikmuseum H. Junkers

Alle lieben »Tante Ju«. Unter ihrem korrekten Namen Ju 52/3m ist das dreimotorige Passagier- und Transportflugzeug aus dem Jahr 1932 eine Ikone des Industriedesigns im 20. Jh. Entwickelt und gebaut wurde es von der Junkers Flugzeugwerke AG in Dessau. Deren Gründer Hugo Junkers (1859–1935) hatte 1895 eine »Fabrik für Warmwasser- und Heizapparate« gegründet, aber schon 1915 sein erstes Flugzeug entwickelt. Am 31. Mai 2001 öffnete auf dem ehemaligen Werksgelände das Technikmuseum Hugo Junkers seine Tore. In einer großen hellen Werkhalle – Ausstellungsfläche 4200 qm – dokumentieren viele Exponate das Lebenswerk des Ingenieurs und Unternehmers, der sich beim NS-Regime unbeliebt gemacht hatte und enteignet worden war.

Kühnauer Str. 161, Dessau,
Einlass tgl. 10–16 Uhr, Nov.–März Mo geschl.,
www.technikmuseum-dessau.de

2 Ferropolis

Sie sind groß, sie sind stark, aber sie haben nichts anderes zu tun, als dazustehen und sich bestaunen zu lassen. Auf einer Halbinsel im gefluteten Braunkohle-Tagebau Golpa-Nord stehen drei Schaufelradbagger und zwei Absetzer, jeder bis zu 130 m lang und 30 m hoch. Arbeit hatten sie von 1964 bis 1991, als Kraftwerke, Brikettfabriken und Schwelereien ihnen die Braunkohle abnahmen. Zum Glück wurden den »Mad Max«, »Big Wheel«, »Gemini«, »Medusa« und »Mosquito« nach der Stilllegung nicht verschrottet, sondern aufs Altenteil geschickt – nach Ferropolis. Die Idee zur »Stadt aus Eisen« kam aus dem Bauhaus in Dessau, sie sicherte der Region eine ihrer größten Attraktionen: Museum und Industriedenkmal, Veranstaltungsareal und Kunstinstallation.

Ferropolisstr. 01, Gräfenhainichen,
Apr.–Okt. tgl. 10–18 Uhr, Sa/So/Fei bis 19 Uhr, Nov.–März tgl. 10–17 Uhr,
www.ferropolis.de

3 Industrie- und Filmmuseum

Orwo! Auch in der Bundesrepublik waren die Filme aus der DDR Kult. Wo sie produziert wurden, im damals berühmt-berüchtigten Chemierevier Bitterfeld-Wolfen, kann man heute im Industrie- und Filmmuseum eine Technologie besichtigen, die im Zeitalter der Digitalfotografie umso mehr fasziniert. Auf der Begießmaschine VII wurde 1936 der erste universell einsetzbare Farbfilm der Welt gegossen. Und immer noch produzieren die alten Maschinen Rohfilm. Fotografen begeistern sich natürlich für die 800 Stücke umfassende Kamerasammlung.

Bunsenstr. 4, Bitterfeld-Wolfen,
Di–So 10–16 Uhr,
www.ifm-wolfen.de

4 Bitterfelder Bogen

28 m hoch, 81 m lang, 14 m breit: Seit 2006 steht das neue Wahrzeichens der Stadt Bitterfeld auf einer ehemaligen Hochkippe

Melt! Festival

Rock, Indie und Elektro vor spektakulärer Industriekulisse. 1997 wurde das Festival erstmals veranstaltet, seit 1999 geht das Melt! Mitte Juli bei Gräfenhainichen über die Bühne, wo es die »Stadt aus Eisen« Ferropolis zum Schmelzen bringt.
www.meltfestival.de

Der Ingenieur und seine berühmteste Konstruktion: In Dessau baute Hugo Junkers die unverwüstliche »Tante Ju«. Beide haben im Technikmuseum einen Ehrenplatz.

im Ortsteil Holzweißig und erschließt das Panorama einer Region im Umbruch: von einer der dreckigsten Gegenden Europas zum Technologie- und Forschungsstandort im Grünen, mit blauen Seen und bunten Freizeitinfrastrukturen. 540 m geht es in langgestrecktem Zickzack empor.

Leopoldstraße, Bitterfeld-Wolfen/Holzweißig,
www.bitterfeld-wolfen.de

5 Wasserzentrum und Goitzschesee

1998 begann die Flutung des ehemaligen Braunkohle-Tagebaus Goitzsche (sprich: Gottsche), 2002 war der See voll, seit Juni 2005 darf man darin baden und segeln. Den besten Blick über das 13,3 qkm große Gewässer hat man vom Pegelturm am Ende der 200 m langen Seebrücke. Das Wasserzentrum im 1992 stillgelegten Wasserwerk informiert über Fauna, Flora, Biologie und Hydrologie im Goitzschesee.

Berliner Str. 6, Bitterfeld-Wolfen, Ostern–Okt. Di–Fr 10–17, Sa 13–18, So 13–17, Nov.–Ostern Di–Fr 10–17, Sa 13–18 Uhr,
www.steg-bitterfeld-wolfen.de/projekte

Anreise

Hamburg:	3:37 h	Bahn
Berlin:	1:25 h	Bahn
Dresden:	1:40 h	Auto
Köln:	4:40 h	Auto
Wien:	6:57 h	Auto

Hotels

Radisson Blu Fürst Leopold
Das große Business- und Wellness-Hotel punktet mit seiner Bestlage im Zentrum, nahe dem Dessauer Hauptbahnhof. Alle Sehenswürdigkeiten befinden sich in fußläufiger Entfernung. Die großen Hotelzimmer lassen das Bauhaus-Erbe erkennen.
Friedenspl. 1, Dessau,
Tel. 03 40/251 50, DZ ab 70 €,
www.radissonblu.com/hotel-dessau

NH Dessau
Gutes, modernes Hotel für Geschäfts- und Privatreisende. Highlight ist die aussichtsreiche Dachterrasse auf der 6. Etage, in der sich auch der Fitnessraum und die Sauna befinden. Tapas und Cocktails nimmt man dagegen im Erdgeschoss ein, nämlich im Hotelrestaurant »Navarra«.
Zerbster Str. 29, Dessau,
Tel. 03 40/251 40, DZ ab 69 €,
www.nh-hotels.de

Ringhotel Zum Stein
18 km östlich von Dessau und gleich neben dem Wörlitzer Park feierte man 2014 das 100-jährige Betriebsjubiläum. Schöne, komfortable Zimmer und Suiten. Spezialitäten im Wellnessbereich sind die »Wörlitzer Wurzelstube« (finnische Sauna), und das eigens fürs Haus entwickelte Apfel-Rasul.
Erdmannsdorffstr. 228, Wörlitz,
Tel. 03 49 05/500, DZ ab 144 €,
www.hotel-zum-stein.de

Wer das Grüne an der Zitadelle im Herzen Magdeburgs sucht, findet es tatsächlich.

25 Grüne Zitadelle

Magdeburg

Ist es nun eine »Oase für Menschlichkeit und für die Natur in einem Meer von rationellen Häusern« geworden? Mit diesem Anspruch plante Friedensreich Hundertwasser (1928–2000) die »Grüne Zitadelle« im Zentrum von Magdeburg. Die Eröffnung seines letzten Bauprojekts im Jahr 2005 erlebte der Universalkünstler nicht mehr. Fest steht nur, dass es sich um ein Beispiel moderner Architektur handelt, das den größten denkbaren Kontrast zur Bauhaus-Ästhetik 50 km elbeaufwärts in Dessau verkörpert. Es ist in erster Linie ein Wohnhaus, beherbergt aber auch Geschäfte und ein Café, einen Kindergarten und ein Restaurant sowie ein Hotel und ein Theater. Und es ist nicht grün (nur auf der begrünten und bepflanzten Dachlandschaft), sondern rosa, mit unregelmäßigen bunten Längsstreifen, mit Türmen und goldenen Kugeln auf den Türmen, ohne einheitliches Fensterdesign, dafür mit allem, was eine einheitliche Fassade uneinheitlich macht. Egal, wie man dazu steht, die bunte und ganz und gar unkriegerische Zitadelle lässt einen lächeln. Um diesen architektonischen Tagtraum besser zu verstehen, sollte man sich einer Führung anschließen.

Breiter Weg 9, Magdeburg, Führungen Apr.–Okt. Mo–Fr 11, 15, 17 Uhr, Sa/So 11–17 Uhr stündl., Nov–März Mo–Fr 11 u. 15 Uhr, Sa/So 11, 13, 15 Uhr, www.gruene-zitadelle.de

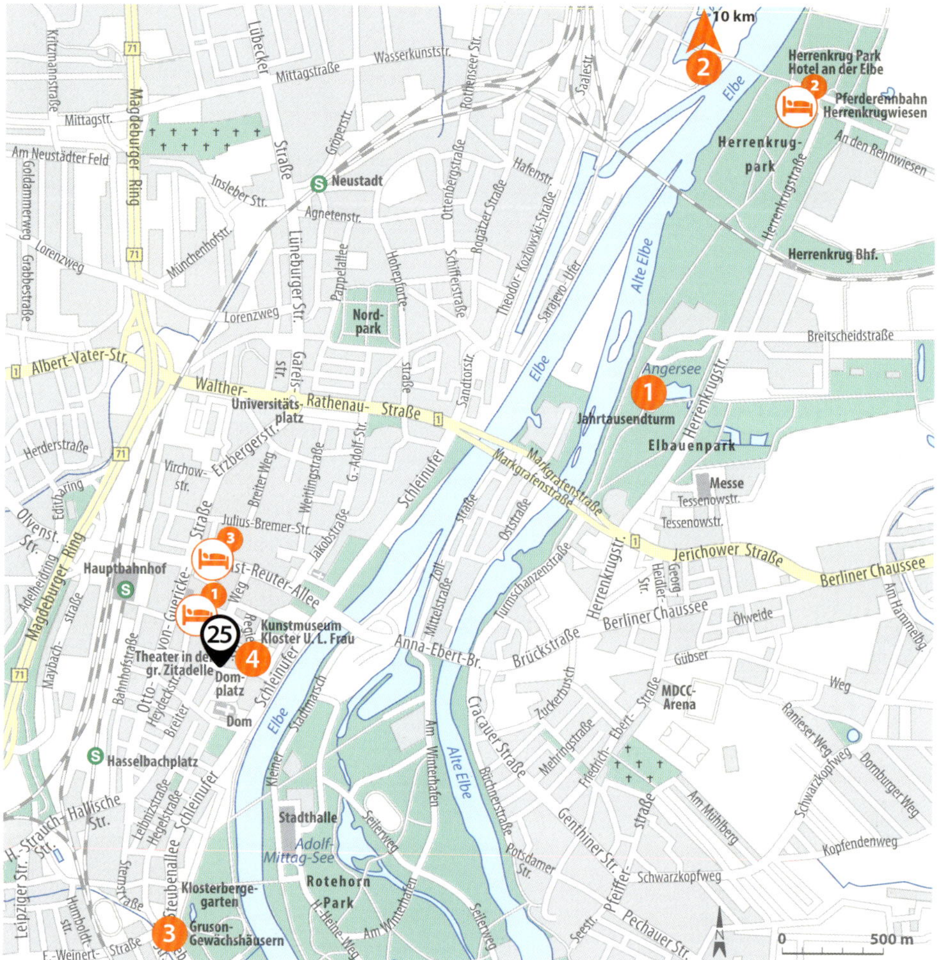

 Grüne Zitadelle
1 Jahrtausendturm
2 Wasserstraßenkreuz
3 Gruson Gewächshäuser
4 Kunstmuseum Kloster
1 Arthotel
2 Herrenkrug Parkhotel
3 Maritim

1 Jahrtausendturm

Die Bundesgartenschau 1999 ließ ihn zurück, und so steht der Jahrtausendturm noch heute im schönen Elbauenpark – das höchste (60 m) Holzgebäude in Deutschland. Der leicht schief gestellte Kegel mit seiner begehbaren Spiralrampe auf der Außenseite hat innen genug Platz, um auf sieben Etagen zu zeigen, was Menschen in den letzten 6000 Jahren so alles erfunden haben. Die Technikausstellung mit ihren Experimenten und Schautafeln (und einem astronomischen Fernrohr, um die Uhr des Magdeburger Domes abzulesen) bietet auch ein Foucaultsches Pendel; in der Turmspitze aufgehängt, beweist es, dass die Erde sich dreht.

Elbauenpark/Herrenkrugstr., Magdeburg, Apr.–Okt. Di–So 10–18 Uhr, www.elbauenpark.de

2 Wasserstraßenkreuz

Hier fahren Frachtschiffe nicht nebeneinander her, sondern übereinander weg. Nördlich von Magdeburg kreuzt der Mittellandkanal die Elbe – in einer 918 m langen Trogbrücke, die 2003 eröffnet wurde. Auch Fußgänger und Radfahrer dürfen sie frei passieren. Daneben steuern Fahrgastschiffe das technische Wunderwerk an (Petriförder 1, www.weisseflotte-magdeburg.de). Öffentliche Führungen finden von Mitte Apr. bis Mitte Okt., jeweils Sa. und So. statt; Start um 11 Uhr bei der Infotafel am Parkplatz des Schiffshebewerks Rothensee:

Zur Schleuse 5, Magdeburg, www.wasserstrassenkreuz-magdeburg.de

RoboCup German Open

Die spielen nur. Und die Roboter, die sich im Apr. in der Messe Magdeburg zum Kicken treffen, werden immer besser. Auch Such-, Rettungs- und Service-Roboter zeigen bei der dreitägigen German Open, was sie können. www.robocupgermanopen.de

Eigenartiges Zwiebelgewächs im Elbauenpark: der kuriose Jahrtausendturm.

3 Gruson Gewächshäuser

Im Klosterbergegarten an der Elbe sind die Tropen in ihrer ganzen Schönheit zu sehen. Schon 1896 hatte der Unternehmer Hermann Gruson seine Sammlung exotischer Pflanzen in zehn Gewächshäusern ausgestellt, die 1945 weitgehend zerstört und in den letzten Jahrzehnten bis 2010 im ursprünglichen Umfang wiederaufgebaut wurden. Absoluter Blickfang ist das Palmenhaus mit seinem Baumkronenpfad. Urzeitlich anmutende Baum- und Palmfarne zeigt das Farnhaus. Im Großen und im Kleinen Tropenhaus sind neben der typischen Regenwaldflora Asiens, Afrikas und Amerikas auch Nutzpflanzen wie Bananenstauden, Kaffeesträucher und ein Kakaobaum zu sehen, dazu im »Großen« zwei Glattstirnkaimane und im »Kleinen« eine beeindruckende Riesenseerose. Am Ende des Rundgangs befindet sich das Kakteenhaus mit einer Fülle von sukkulenten Pflanzen.

Schönebecker Str. 129b, Magdeburg,
Di–So 9–17 Uhr,
www.gruson-gewaechshaeuser.de

4 Kunstmuseum Kloster Unserer Lieben Frau

Die Klosteranlage aus dem 11./12. Jh. ist seit der Wiedereröffnung 2012 eines der wichtigsten Kunstmuseen in Sachsen-Anhalt. Die Kombination von modernen und historischen Werken und ihrer Präsentation in romanischer Sakralarchitektur fasziniert und begeistert. Ein weitläufiger Skulpturenpark umschließt das Gebäude.

Regierungsstr. 4–6, Magdeburg,
Di–Fr 10–17 Uhr, Sa/So 10–18 Uhr,
www.kunstmuseum-magdeburg.de

Anreise

Hamburg:	2:54 h	Bahn
Berlin:	1:39 h	Bahn
Dresden:	2:10 h	Auto
Köln:	4:29 h	Bahn
Wien:	7:10 h	Auto

Hotels

Arthotel
Seit 2013 kann man in der Grünen Zitadelle, Magdeburgs modernem Wahrzeichen, auch Quartier beziehen: Das »Arthotel« bietet gehobenen Drei-Sterne-Komfort in einer einzigartigen architektonischen Umgebung. Und gleich gegenüber steht ein noch berühmteres Baudenkmal: der Dom.
Breiter Weg 8–10, Magdeburg,
Tel. 03 91/62 07 80, DZ ab 85 €,
www.arthotel-magdeburg.de

Herrenkrug Parkhotel
Rings umgeben von Bäumen, zehn Fahrminuten vom Magdeburger Zentrum, steht mitten im Herrenkrugpark an der Elbe eine historische Immobilie im schönsten Jugendstil. Ein Traum ist insbesondere das Essen im Festsaal des Restaurants »Die Saison«. Klassisch elegante Zimmer und Suiten, feiner Spabereich.
Herrenkrug 3, Magdeburg,
Tel. 03 91/850 80, DZ ab 70 €,
www.herrenkrug.de

Maritim
Sehr großes Businesshotel nahe dem Magdeburger Hauptbahnhof mit standesgemäßer Ausstattung – samt Schwimmbad, Sauna und Fitness. Internet via Kabel oder WLAN gibt's umsonst.
Otto-von-Guericke-Str. 87, Magdeburg,
Tel. 03 91/594 90, DZ ab 90 €,
www.maritim.de

Münze einwerfen, Klappe aufmachen, Auto rausholen. Ganz so einfach funktioniert die Abholung aus den Autotürmen nicht.

26 Autostadt

Wolfsburg

In die Autostadt kommt man am besten zu Fuß vom Wolfsburger Hauptbahnhof – einfach die autofreie Stadtbrücke über den Mittellandkanal nehmen. Ist man auf der anderen Seite, gibt es knapp 80 Jahre Industriegeschichte zu sehen, angefangen bei der äußerst eindrucksvollen, denkmalgeschützten Fassade des alten Heizkraftwerks mit den vier hohen, schlanken Schornsteinen. Aber Volkswagen möchte natürlich vor allem mit Modernität beeindrucken. Im Jahr 2000 als Expo-Projekt eröffnet, ist die Autostadt in erster Linie ein Auslieferungszentrum für Neuwagen. Wer seinen neuen VW abholt, kann am Tag der Fahrzeugübergabe noch eine knapp 1-std. Werksführung buchen und den Robotern bei der Arbeit zusehen. Auch Tagesgäste dürfen, je nach Verfügbarkeit freier Plätze, mitgehen (Anfragen und Anmeldung vor Ort im Customer Care Center, Tel. 08 00/288 67 82 38, service@autostadt.de). Die Autostadt ist darüber hinaus Museum, Erlebniszentrum und in weiten Bereichen ein Stadt- und Architekturpark. Verstreut in einer großen Garten- und Teichlandschaft, wie gemacht für Tele-Tubbies, liegen hinter dem großen »KonzernForum« am Mittellandkanal das »ZeitHaus«, die acht Marken-Pavillons und schließlich die beiden 48 m hohen, nachts beleuchteten Autotürme, Wahrzeichen der Anlage. Dazu gibt es zehn Restaurants, die »vorwiegend nach ökologischen Grundsätzen« produzierte Erzeugnisse verarbeiten.

Stadtbrücke, Wolfsburg, tgl. 9–18 Uhr,
Werksführungen Mo–Fr 9–16 Uhr,
www.autostadt.de

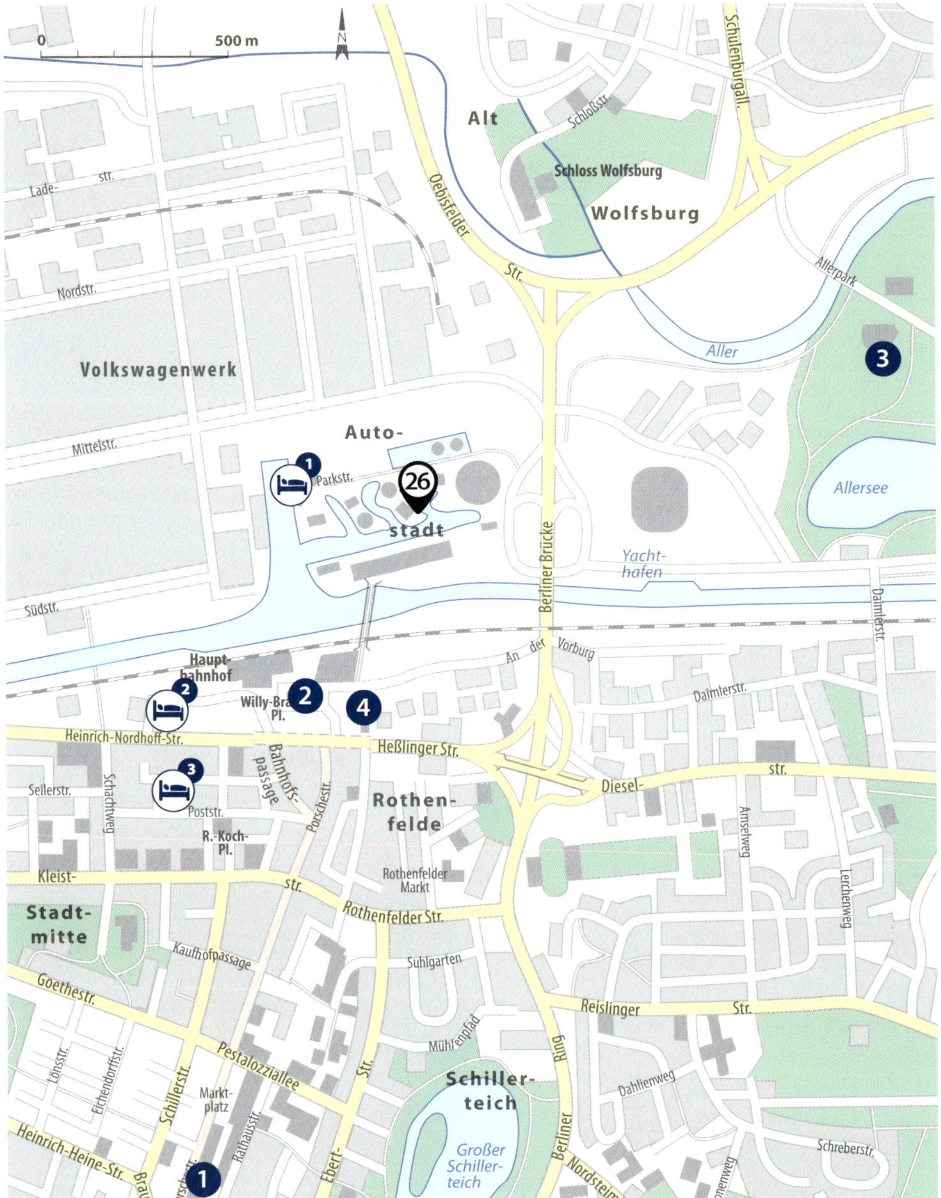

(26) Autostadt
(1) Kunstmuseum
(2) Phaeno
(3) BadeLand
(4) Designer Outlets
The Ritz-Carlton
Innside
Goya

❶ Kunstmuseum

Weit spannt sich das Glasdach über die 40 x 40 m große und 16 m hohe zentrale Halle, um die herum in den Ausstellungsräumen kompromisslose zeitgenössische Kunst ab 1968 gezeigt wird, z. B. von Anselm Kiefer und Thomas Schütte. 1994 markierte der Bau die Entwicklung Wolfsburgs von der Auto- zur Auto- und Kulturstadt. Dicht daneben liegen das Alvar-Aalto-Kulturhaus, das Theater Wolfsburg, das Planetarium und der CongressPark – was die Gegend am Südrand der Stadt zur »Kulturmeile« macht.

Hollerpl. 1, Wolfsburg, Di–So 11–18 Uhr,
www.kunstmuseum-wolfsburg.de

❷ Phaeno

Phänomenal ist schon mal die Architektur von Zaha Hadid mit den riesigen, um bis zu 40 Grad geneigten Flächen. Innendrin gibt es noch rund 350 Phänomene mehr. »Deutschlands größtes Science Center« bietet Erlebnisdidaktik pur: Anfassen und Mitmachen werden ausdrücklich verlangt.

Movimentos-Festwochen

Das erstklassig besetzte Kultur- und Tanzfestival geht an mehreren Orten in Wolfsburg und Braunschweig über die Bühne – jedes Jahr unter einem anderen Thema (2015: Frieden).
www.movimentos.de

Kinder für die Naturwissenschaft begeistern: Im Phaeno weiß man, wie das klappt.

Man setzt eine Kugel durch Entspannung in Bewegung oder liegt als Fakir bequem auf einem Nagelbett. Äußerst fotogen ist natürlich der 6 m große Feuertornado.

Willy-Brandt-Pl. 1, Wolfsburg,
Di–Fr 9–17 Uhr, Sa/So 10–18 Uhr, in den niedersächs. Schulferien tgl. 10–18 Uhr,
www.phaeno.de

3 »BadeLand« im Allerpark

Seit der Expo 2000 hat sich der Allerpark, gleich östlich der Autostadt, kräftig herausgemacht. Wichtige Stationen waren die Volkswagen Arena und das neue BadeLand (2002) sowie die Landesgartenschau 2004. 2005 öffnete die Wasserskianlage »Wake Park«, 2006 die EisArena, 2007 die Fußballhalle »SoccaFive Arena«, 2009 der Hochseilklettergarten »monkeyman« und 2011 der Planetenweg. Hochbetrieb herrscht aber vor allem im »BadeLand«, dem größten Erlebnis- und Freizeitbad Norddeutschlands – direkt am Allersee. Mit Wellenbad und wilden Rutschen und einer großen Saunalandschaft.

Allerpark 4, Wolfsburg, Mo–Sa 8–22 Uhr,
So 8–20 Uhr, im Winter ab 6 Uhr,
www.badeland-wolfsburg.de

4 Designer Outlets

Wolfsburg hat seine Designer Outlets seit 2007 mitten in der Stadt, nur 2 Min. zu Fuß vom Hauptbahnhof gleich neben dem Phaeno. Zwei ellipsenförmige Hauptgebäude sollen zwei Schiffe darstellen, die am Ufer des Mittellandkanals angelegt haben. 2013 kam ein drittes Geschäftsgebäude dazu. Heute verkaufen 70 Markenhersteller ihre Markenschnäppchen auf insgesamt 16 000 qm Fläche.

An der Vorburg 1, Wolfsburg,
Mo–Do 10–19 Uhr, Fr/Sa 10–20 Uhr,
www.designeroutlets-wolfsburg.de

Anreise

Hamburg:	2:02 h	Zug
Berlin:	1:06 h	Zug
Dresden:	3:47 h	Zug
Köln:	3:42 h	Zug
München:	5:10 h	Zug

Hotels

The Ritz-Carlton
Nach wie vor eine der besten deutschen Luxusherbergen überhaupt – mit einem der besten deutschen Restaurants (»Aqua«). Das luxuriöse Halbrund am Rand der Autostadt definiert den Stand der Dinge in zeitlos-modernem Hoteldesign. Ein ungemein fotogenes Highlight ist der schwimmende 40-m-Outdoor-Pool im Hafenbecken vor der VW-Skyline.
Parkstr. 1, Wolfsburg,
Tel. 053 61/60 70 00, DZ ab 265 €,
www.ritzcarlton.com

Innside
Der Bahnhof und das Phaeno stehen gleich gegenüber. Das neue (2014) Businesshotel begeistert mit seiner zentralen Lage – die man am schönsten auf der Dachterrasse in der »The View« Skylounge & Bar mit Blick auf die Kulisse des VW-Werks genießt. Ausgezeichnetes Restaurant »VEN«.
Heinrich-Nordhoff-Str. 2, Wolfsburg,
Tel. 053 61/609 00, DZ ab 140 €,
www.melia.com

Goya
Modernes Stadthotel mit eher kleinen Zimmern in guter Lage unweit des Hauptbahnhofs – alle Sehenswürdigkeiten in Wolfsburg sind bequem zu Fuß zu erreichen.
Poststr. 34, Wolfsburg,
Tel. 053 61/266 00, DZ ab 99 €,
www.hotel-goya.de

27 Physikalisch-Technische Bundesanstalt

Braunschweig

Ein Besuch auf dem Amt? Klingt nicht spannend, ist es in diesem Fall aber. In der Physikalisch-Technischen Bundesanstalt in Braunschweig sind Wissenschaftler damit beschäftigt, unserem Leben die richtigen Maße zu geben. Metrologie nennt sich dieses Gebiet – nicht zu verwechseln mit der Wetterkunde Meteorologie! Hier dreht sich alles um das richtige Messen von Zeiten und Einheiten sowie um das Eichen von verschiedensten Instrumenten. Man erfährt z. B., wie die Zeitmessung mithilfe mehrerer Atomuhren synchronisiert wird, wie die Akustik in einem reflexionsarmen Raum klingt, wie Radioaktivität »aussieht« oder wie die Instrumente funktionieren, mit denen man zu Hause den Stromverbrauch misst. In Gruppen von mindestens sieben bis maximal 30 Personen zusammengefasst werden Besucher nach Anmeldung unter fachkundiger Führung auf einen Rundgang durch mehrere Laboratorien auf dem rund 1 qkm großen Gelände mitgenommen. Die dabei zurückgelegte Strecke wird nicht gemessen. Sie ist, na ja, gar nicht so klein.

Bundesallee 100, Braunschweig, Anmeldung auf Website oder unter Tel. 05 31/592 30 06, www.ptb.de

Die Caesium-Atomuhr CS2 stellt man nicht mal eben nach. Wie dieses Gerät seit 1991 unsere Zeitmessung bestimmt, erfährt man in der Physikalisch-Technischen Bundesanstalt.

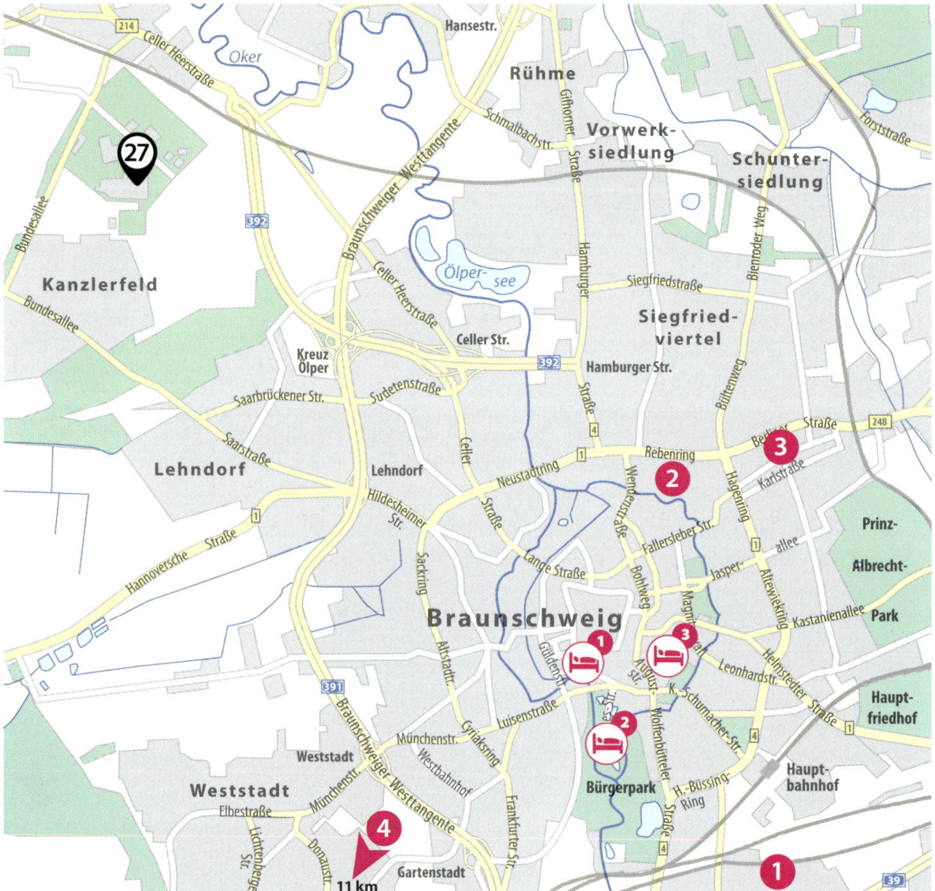

27 Physikalisch-Techn. Bundesanstalt
1 Lokpark
2 Haus der Wissenschaft
3 Brunsviga
4 Hüttenwerk Salzgitter
1 Ritter St. Georg
2 Steigenberger Parkhotel
3 pentahotel

1 Lokpark/Zeitschiene

Die »Zeitschiene« ist ein Freilichtmuseum entlang des ehemaligen »Ringgleises« – und erst in ein paar Jahren fertig. Am Zielpunkt der geplanten Strecke, beim Lokpark in der Borsigstraße, gibt es aber schon was zu sehen: Hier pflegt, wartet und restauriert der Verein Braunschweiger Verkehrsfreunde historische Züge in den beeindruckenden Hallen des früheren Dampflok-Ausbesserungswerks von 1927.

Borsigstr. 2A, Braunschweig,
aktuelle Öffnungszeiten auf Website,
www.lokpark.de

2 Haus der Wissenschaft

Im großartigen Gebäude der alten Pädagogische Hochschule wurde 2007 »ein Experimentierfeld für den Dialog der Wissenschaft mit anderen gesellschaftlichen Bereichen« eingerichtet. Viele Veranstaltungen und Projekte (Website checken!) für interessierte Menschen jeden Alters.

Pockelsstr. 11, Braunschweig,
Mo–Sa 11–22.30 Uhr,
www.hausderwissenschaft.org

3 Brunsviga

In den 1990er-Jahren entwickelte sich das alte Fabrikareal nordöstlich der Innenstadt zum lebendigen Kultur- und Veranstaltungszentrum. Im Programm: Kindertheater und Konzerte, Kleinkunst und Kabarett; es gibt Kurse, Workshops und eine sympathische Gastronomie.

Karlstr. 35, Braunschweig,
www.brunsviga-kulturzentrum.de

Magnifest

Das große Braunschweiger Altstadtfest findet immer am ersten Septemberwochenende statt – mit Mittelalter-Kunsthandwerkermarkt und Kinder-Kreativ-Meile. Es dudeln die Säcke, es duften die Würste, es blinken die Rüstungen, es schäumt das Bier …
www.magnifest.com

Neuland auf der touristischen Karte Deutschlands: Statt gotischer Säulen und klimatisierter Kunst bietet das Hüttenwerk Salzgitter schlanke Schlote und heiße Öfen.

4 Hüttenwerk Salzgitter

Wer meint, dass Stahl in Deutschland nur noch von bärtigen Kostümierten auf Mittelalter-Märkten geschmiedet wird, muss sich das anschauen: 15 km südlich von Braunschweig produziert die Salzgitter AG Flach- und Profilstahl sowie, als größter Betrieb weltweit, Röhren. Und sie lässt sich sogar dabei zusehen. Rund 20 Mal im Jahr werden Besucher über das Gelände geführt. Sie können den ganzen Prozess der Stahlherstellung verfolgen, vom Hochofen bis zum Walzwerk. Es ist heiß und laut und äußerst eindrucksvoll. Wer die rund 3.30 Std. dauernde Tour mitmachen möchte, muss mindestens 16 Jahre alt und außerdem gut zu Fuß sein – lange Wege und Treppen sind zu bewältigen. Besichtigungen nur nach vorheriger Anmeldung und erfolgter Anmeldebestätigung durch die Tourist-Information in Salzgitter unter Tel. 053 41/900 99 40, (tourismus@wis-salzgitter.de). Die Touren beginnen um 8 Uhr. Achtung: Es dürfen keine Fotos gemacht werden! Für die genauen Termine kann man die Firmenwebsite checken.

Eisenhüttenstr. 99, Salzgitter,
www.salzgitter.de

Anreise

Hamburg:	2:05 h	Zug
Berlin:	1:22 h	Zug
Dresden:	3:30 h	Zug
Köln:	3:40 h	Zug
München:	4:52 h	Zug

Hotels

Ritter St. Georg
Sieht von außen wie ein Museum aus und erweist sich hinter der fotogenen Fachwerkfassade als gemütliches Wohnquartier mit Oldschool-Charme und kostenlosem WLAN im Herzen der Braunschweiger Altstadt.
Alte Knochenhauerstr. 12, Braunschweig,
Tel. 05 31/39 04 50, DZ ab 89 €,
www.centro-hotels.de

Steigenberger Parkhotel
Tagungs- und Urlaubsgäste genießen die gleichermaßen idyllische wie zentrale Lage im Bürgerpark zwischen den beiden Armen der Oker. Modern eingerichtete Zimmer, schöner, kleiner Wellnessbereich, Jogging im Park. Die regionalen Spezialitäten aus der offenen Showküche in der Brasserie schmecken auf der tollen Sonnenterrasse am Wasser natürlich am besten.
Nîmesstr. 2, Braunschweig,
Tel. 05 31/48 22 20, DZ ab 89 €,
de.steigenberger.com

pentahotel
Sehr angenehmes Stadthotel am Rand der Altstadt mit Lounge-Atmosphäre in den öffentlichen Räumen und schönen Designer-Zimmern. Dafür verantwortlich ist Stararchitekt Matteo Thun. Statt Minibars im Zimmer gibt es Maxibars auf der Etage.
Auguststr. 6–8, Braunschweig,
Tel. 05 31/481 47 08, DZ ab 79 €,
www.pentahotels.com

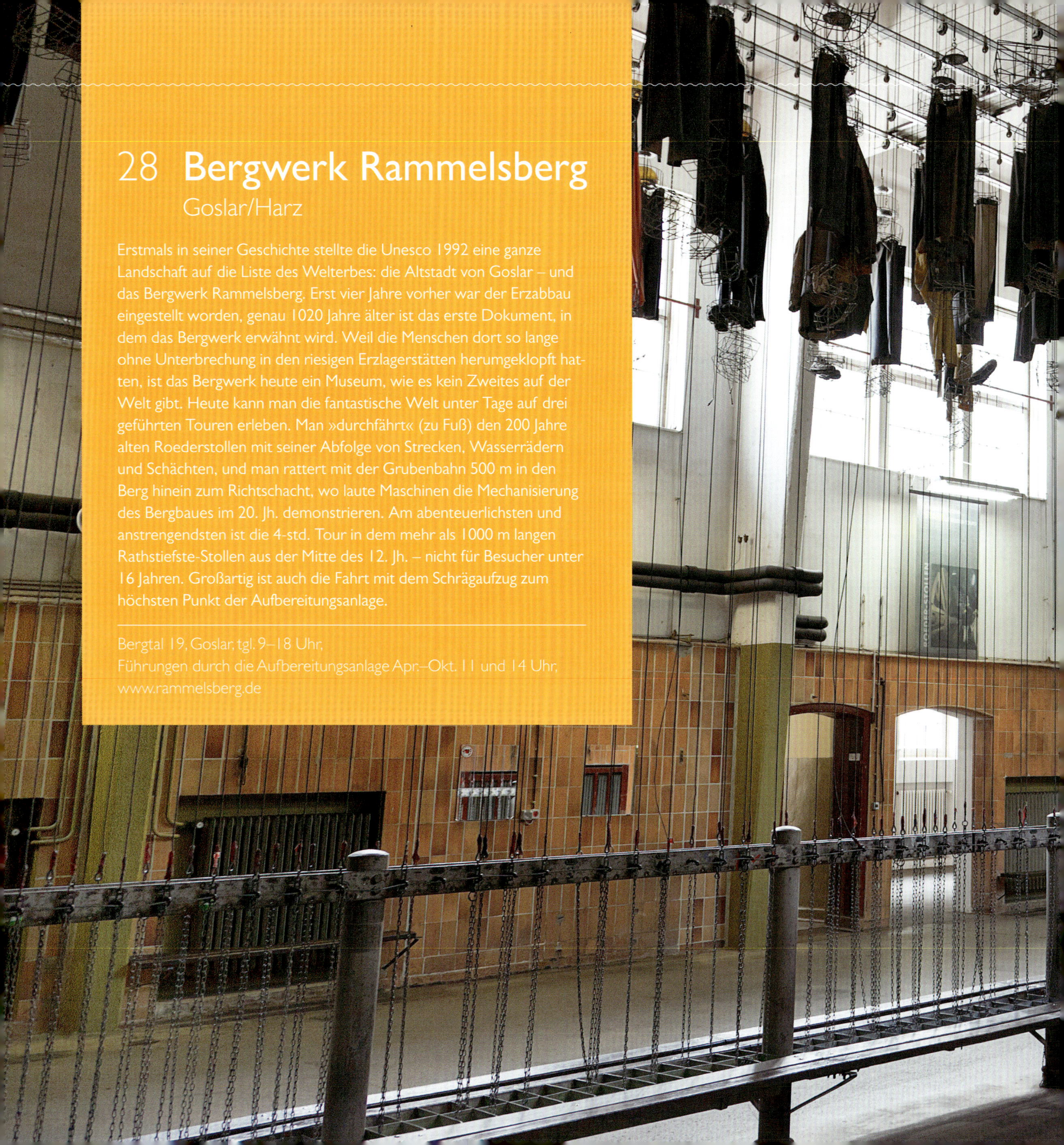

28 Bergwerk Rammelsberg

Goslar/Harz

Erstmals in seiner Geschichte stellte die Unesco 1992 eine ganze Landschaft auf die Liste des Welterbes: die Altstadt von Goslar – und das Bergwerk Rammelsberg. Erst vier Jahre vorher war der Erzabbau eingestellt worden, genau 1020 Jahre älter ist das erste Dokument, in dem das Bergwerk erwähnt wird. Weil die Menschen dort so lange ohne Unterbrechung in den riesigen Erzlagerstätten herumgeklopft hatten, ist das Bergwerk heute ein Museum, wie es kein Zweites auf der Welt gibt. Heute kann man die fantastische Welt unter Tage auf drei geführten Touren erleben. Man »durchfährt« (zu Fuß) den 200 Jahre alten Roederstollen mit seiner Abfolge von Strecken, Wasserrädern und Schächten, und man rattert mit der Grubenbahn 500 m in den Berg hinein zum Richtschacht, wo laute Maschinen die Mechanisierung des Bergbaues im 20. Jh. demonstrieren. Am abenteuerlichsten und anstrengendsten ist die 4-std. Tour in dem mehr als 1000 m langen Rathstiefste-Stollen aus der Mitte des 12. Jh. – nicht für Besucher unter 16 Jahren. Großartig ist auch die Fahrt mit dem Schrägaufzug zum höchsten Punkt der Aufbereitungsanlage.

Bergtal 19, Goslar, tgl. 9–18 Uhr,
Führungen durch die Aufbereitungsanlage Apr.–Okt. 11 und 14 Uhr,
www.rammelsberg.de

Noch bis 1988 zogen die Kumpel in der Kaue des Bergwerks Rammelsberg an den Ketten.

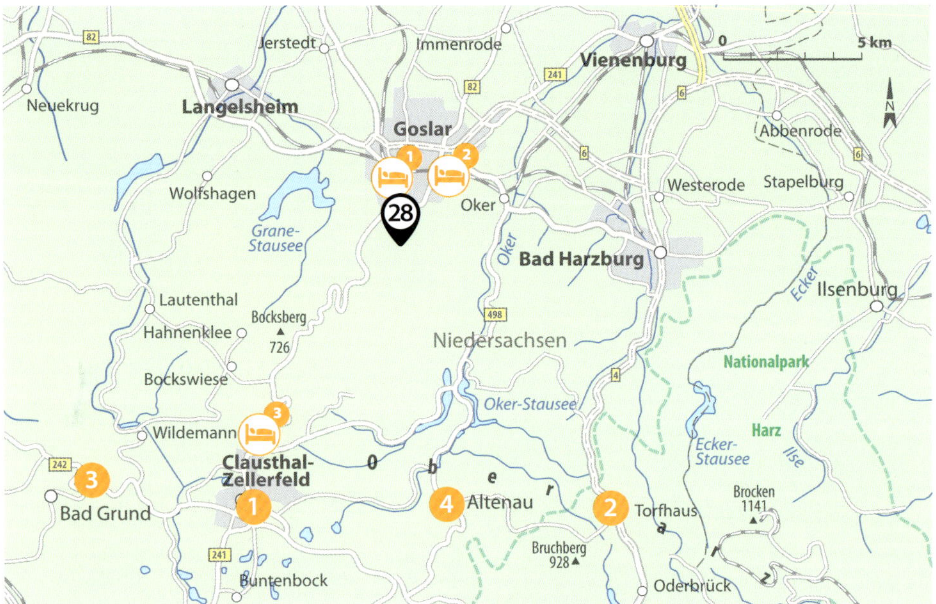

- (28) Bergwerk Rammelsberg
- (1) Oberharzer Wasserwirtschaft
- (2) Nationalpark-Besucherzentrum
- (3) Iberger Tropfsteinhöhle
- (4) Kräuterpark Altenau
- (1) Alte Münze
- (2) Niedersächsischer Hof
- (3) Harzhotel Zum Prinzen

1 Oberharzer Wasserwirtschaft

Noch ein Welterbe, gleich nebenan: Seit 2010 steht auf der Liste der Unesco auch jenes über viele Jh. ausgeklügelte System von 107 Teichen, 310 km Gräben und 31 km Wasserläufen, das als Oberharzer Wasserwirtschaft oder »Oberharzer Wasserregal« bekannt ist. Rund 200 qkm misst das Gebiet rund um Clausthal-Zellerfeld und Torfhaus, in dem Zisterziensermönche vor 800 Jahren mit der Anlage begannen. Das Netz aus Speicherteichen und Fließgewässern diente dazu, die Pumpen und Wasserräder der verschiedenen Minen zu betreiben. Etwa 65 Teiche, rund 70 km Gräben und rund 20 km Wasserstollen werden vollfunktionstüchtig erhalten und können besichtigt werden. Anlaufpunkt für Besucher ist das Oberharzer Bergwerksmuseum in Clausthal-Zellerfeld, wo viele Touren mit einem Besuch der Ausstellung, des Schaubergwerks und des Freigeländes beginnen. Hier starten auch mehrere Führungen und Exkursionen zur »Wasserwirtschaft«.

Bornhardtstr. 16, Clausthal-Zellerfeld,
tgl. 10–17 Uhr,
www.oberharzerbergwerksmuseum.de

2 Nationalpark Harz – Besucherzentrum Torfhaus

2006 legten die Nationalparks Harz in Niedersachsen und Hochharz in Sachsen-Anhalt ihre Gebiete zusammen und schufen den heutigen 247 qkm großen Park. Mittendrin, in Torfhaus, bietet das Nationalpark-Besucherzentrum draußen eine tolle Aussicht auf den Brocken und drinnen eine interaktive Ausstellung mit Landschaftsmodell, Kino und Informationen über das Grüne Band, die ehemalige innerdeutsche Grenze. Viele Wanderwege und Führungen starten hier.

Torfhaus 8, Torfhaus, Apr.–Okt. tgl. 10–17 Uhr,
Nov.–März Di–So 10–16 Uhr,
www.torfhaus.info

3 Iberger Tropfsteinhöhle

Die Tropfsteinhöhle ist nicht spektakulärer als andere, doch die hochmoderne Inszenierung im »Museum im Berg« lohnt den Abstecher an den Ortsrand von Bad Grund. Hier wird die Geschichte der ältesten genetisch nachgewiesenen Familie

Walpurgisnacht

Im Harz ist die Nacht vom 30. Apr. zum 1. Mai das ganz große Ding. Der Hexentanz findet heute natürlich nicht nur auf dem Blocksberg bzw. Brocken statt, sondern rundherum in allen Orten. Jedenfalls ein großer Spaß.
www.walpurgis.de

Mythischer Berg der Deutschen: Statt tanzender Hexen sieht man beim grandiosen Panoramablick von Torfhaus zum Brocken einen Wald und sehr viele Bäume.

der Welt dokumentiert. Aus DNA-Analysen von Knochenfunden in der 1972 entdeckten Lichtensteinhöhle bei Osterode konnte der Stammbaum der Familie Lichtenstein über die letzten 3000 Jahre rekonstruiert werden.

An der Tropfsteinhöhle 1, Bad Grund,
tgl. 10–17 Uhr, Dez.–Juni und Sept. Mo geschl.,
www.hoehlen-erlebnis-zentrum.de

4 Kräuterpark Altenau

Auf schönen Pfaden spaziert man durch das wohlriechende Blätter- und Blütenparadies östlich von Clausthal-Zellerfeld. Kräuter aus aller Welt wachsen hier, bestens dokumentiert, mit Informationen über die Anwendung in Küche und Hausapotheke versehen und käuflich zu erwerben. In der Gewürzpagode ist eine duftende Weltreise über den Globus inszeniert.

Schultal 11, Altenau,
Tel. 0 53 28/91 16 84, tgl. 10–17 Uhr,
www.kraeuterpark-altenau.de

Anreise

Hamburg:	2:15 h
Berlin:	2:40 h
Dresden:	2:40 h
Köln:	3:30 h
München:	5:00 h

Hotels

Alte Münze
Schwer romantisch ist sowohl das Fachwerkhaus aus dem Jahr 1680 wie auch seine Lage im Herzen der Goslarer Altstadt. Hinter der fotogenen Fassade erwarten den Gast schön modernisierte Interieurs im postmodernen Lounge-Stil mit mittelalterlichen Akzenten.
Münzstr. 10–11, Goslar,
Tel. 053 21/225 46, DZ ab 89 €,
www.hotel-muenze.de

Niedersächsischer Hof
Wunderbare Hotelarchitektur aus dem Jahr 1930. Das traditionsreiche Haus in bester Lage neben dem Bahnhof, am Rand der Altstadt, wurde 1998 komplett renoviert. Der »Niedersächsische Hof« ist aber nicht nur eine angenehme Adresse zum Nächtigen, sondern auch so etwas wie eine Galerie für moderne Kunst, der man überall im Haus begegnet.
Klubgartenstr. 1–2, Goslar,
Tel. 053 21/31 60, DZ ab 83 €,
www.niedersaechsischerhof-goslar.de

Harzhotel Zum Prinzen
Das kleine, kuschelige Landhaus-Hotel aus der Mitte des 18. Jh. steht im Norden von Clausthal-Zellerfeld, unweit des Kurparks, und ist ein guter Ausgangspunkt für Exkursionen in den Harz. Herzliche Atmosphäre.
Goslarsche Str. 20, Clausthal-Zellerfeld,
Tel. 053 23/966 10, DZ ab 75 €,
www.zum-prinzen.de

29 Zoo

Hannover

Schon bei seiner Eröffnung am 4. Mai 1865 war der Hannoveraner Zoo seiner Zeit voraus: Anstelle eines Tierparks präsentierte er einen Landschaftsgarten mit Tieren. Dieser Tradition ist man bis heute treu geblieben. In den 1990er-Jahren entstanden neue »Themenwelten«, die Besucher auf eine kleine Weltreise schickten: zum Gorillaberg und in den Dschungelpalast, zum afrikanischen Sambesi, ins australische Outback und an die nordamerikanische Yukon Bay. »Mittendrin statt nur davor« heißt das Motto seit der Modernisierung im Zuge der Expo 2000: Käfighaltung ist endgültig out, die Tiere leben in offenen Arealen, es gibt Shows und Schaufütterungen und alles, was ein Tierpark im 21. Jh. seinen Besuchern bieten muss. 2013 wurde »Kibongo« mit seinem Evolutionspfad eröffnet, auf dem Menschen ihren nächsten Verwandten, den Schimpansen, begegnen. Damit die Reise um die Welt an einem Tag für Kinder nicht zu anstrengend wird, dürfen sie sich im »Mullewapp« für die nächsten Etappen erholen. Ein Höhepunkt für die ganze Familie ist die Bootsfahrt über den Sambesi – oder wie er halt in Hannover aussieht. Täglich ab 9.30 Uhr legen die Boote während der Sommersaison ab; die Fahrt führt vorbei an Zebras, Antilopen und Giraffen, Flusspferden und Nashörnern, Wildeseln und Flamingos.

Adenauerallee 3, Hannover, tgl. 9–18 Uhr, www.zoo-hannover.de

Kein schlechtes Leben, möchte man meinen. Asiatische Elefanten im Hannoveraner Zoo.

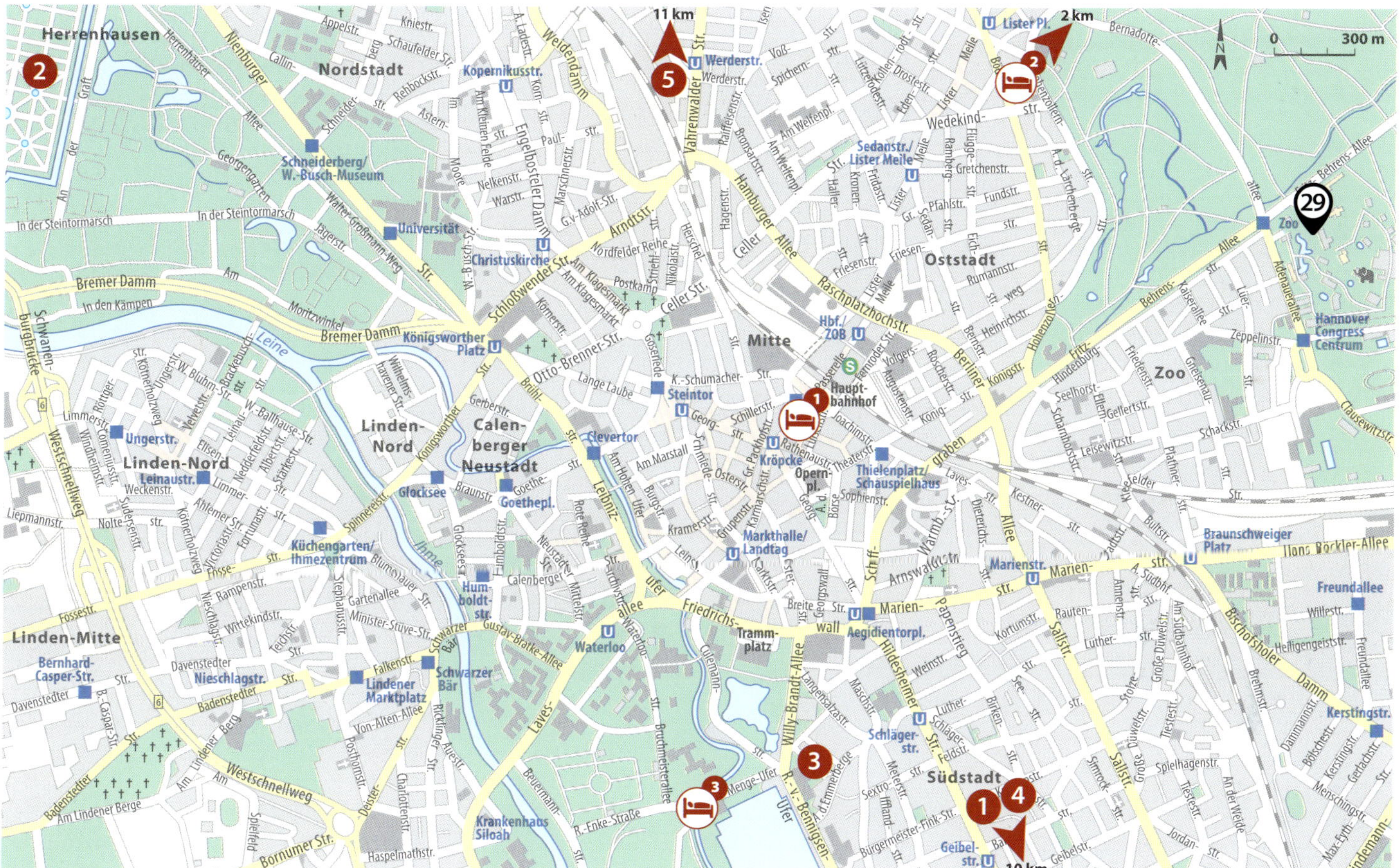

Zoo (29)

1 Park der Sinne

2 Herrenhäuser Gärten

3 Sprengel Museum

4 Expo-Gärten

5 Hannover Airport

Kastens Luisenhof (1)

Sheraton Pelikan (2)

Courtyard Hannover Maschsee (3)

1 Park der Sinne

Hören, sehen, tasten, riechen: Das kann man prinzipiell überall, aber nicht mithilfe fest installierter Anlagen wie Hörmuscheln und Klangstäben, eines Barfußpfads, eines Pendels oder eines Summsteins. Der ungefähr 7 ha große Park entstand als Teil des Expo-2000-Projekts »Regionaler Landschaftsraum« am Kronsberg auf einer ehemaligen Mülldeponie in der Stadt Laatzen, gleich südlich von Hannover. Abwechslungsreiche Wege ziehen sich durch das vielfältig gegliederte Gelände, vorbei an Trockenmauern, unterschiedlichen Bepflanzungen und Biotopen. Die 38 Gärten und Erlebnisstationen sind tagsüber frei zugänglich (Info-Büro im Gartenhaus Apr.–Okt. Mo–Fr 9–18 Uhr, Sa/So 11–18 Uhr).

Karlsruher Str. 101, Laatzen,
tgl. 8 Uhr–Sonnenuntergang,
www.verein-park-der-sinne.de

Rund um den Maschsee wird im Sommer gefeiert – mit Musik, Kleinkunst und Multikulti-Gastronomie.

2 Herrenhäuser Gärten – Feuerwerkswettbewerb

Die barocken Parkanlagen, entstanden zwischen den Jahren 1696 und 1714, sind Hannovers berühmteste Sehenswürdigkeit: Wie am Computer entworfen, bilden die akkurat beschnittenen Hecken geometrische Muster – in der Summe mehr als 35 km lang. Die Gärten können ganzjährig ab 9 Uhr besichtigt werden. Langweilig? Dann sollte man an einem der fünf Abende pro Jahr kommen (in der Regel ein Termin im Mai, Juni und Ende Aug., sowie zwei im Sept.), an denen die besten Pyrotechniker der Welt es hier richtig krachen lassen. Beim Feuerwerkswettbewerb zeigt jedes Team eine knapp halbstündige Show, schön passend zur Musik. Und bevor es dunkel wird, gibt es ein buntes Warm-up mit noch mehr Musik, Kleinkunst und Theater.

Herrenhäuser Str. 4, Hannover, tgl. ab 9 Uhr,
hannover.feuerwerk.net
www.hannover.de/herrenhausen

3 Sprengel Museum

1979 wurde es eröffnet, 1992 erstmals erweitert, und am 18. Sept. 2015 feierte man am Nordufer des Maschsees die Eröffnung des zweiten Erweiterungsbaus, eines anthrazitfarbenen Quaders, in dem leicht versetzte Raumgrundrisse und unterschiedliche Deckenhöhen die Räume »zum Tanzen« bringen sollen. Der eigentliche »Star« ist aber die umfangreiche Sammlung von moderner Kunst des

Maschseefest

Er ist 2,4 km lang und bis zu 530 m breit, er liegt mitten in der Stadt – und seine Ufer werden im Juli bzw. Aug. drei Wochen lang zur Partyzone. Am meisten los ist am Nordufer mit der großen Veranstaltungsbühne und jeder Menge japanisch-karibisch-italienisch-bayerischer Gastronomie.
www.hannover.de/maschseefest

20. und 21. Jh. – eine der bedeutendsten in Deutschland. Neben expressionistischer Malerei, historischer und zeitgenössischer Fotografie sowie herausragender Grafik sind vor allem zwei Künstler herausgehoben: der 1887 in Hannover geborene Dada-Großmeister Kurt Schwitters, der seine Kunst »Merz« nannte (nach der zweiten Silbe von Commerzbank), und Niki de Saint Phalle, die im Jahr 2000 dem Museum 400 Werke schenkte.

Kurt-Schwitters-Pl., Hannover,
Di 10–20 Uhr, Mi–So 10–18 Uhr,
www.sprengel-museum.de

4 Drei Expo-Gärten

Sie bilden so etwas wie das zeitgenössische Pendant zu den Herrenhäuser Gärten. Angelegt für die Expo 2000 in Hannover, sind sie längst ein beliebtes Naherholungsgebiet im Expo-Park am Kronsberg, gleich östlich vom Park der Sinne. Die 750 m langen und nur 50 m breiten »Gärten im Wandel« wandeln sich in ihrem Verlauf von Norden (Expo-Plaza) nach Süden deutlich: Anfangs dunkel, dicht und geometrisch gestaltet, laufen sie in hellen, organischen Formen aus. Auch im direkt anschließenden, 20 ha großen Expo-Park Süd mit seinem künstlichen See und den vier aussichtsreichen Himmelstürmen herrscht der Eindruck landschaftlicher Weite vor. Am größten (24 ha) ist der Parc Agricole im Osten des Geländes am Radwanderweg »Grüner Ring«: ein schöner Landwirtschafts-Park, in dem sich seltene Tier- und Pflanzenarten eingerichtet haben.

Die gute Broschüre »Die EXPO-Gärten – Drei neue Gärten am Kronsberg« kann man auf der Stadt-Website downloaden:

Sydney Garden 11, Hannover, immer zugänglich, »Gärten im Wandel« tgl. 8–19 Uhr,
www.hannover.de

5 Hannover Airport

Highlights der »Erlebniswelt« sind die beiden originalgetreuen Flugsimulatoren. Wer einsteigen möchte und mindestens 12 Jahre alt ist, darf im vollausgestatteten Cockpit eines Airbus A320 oder einer Boeing B737 einen von 24 000 verschiedenen Flughäfen unter fachkundiger Instruktion ansteuern (Anmeldung nötig, an Wochenenden und Ferientagen vier Wochen im voraus, Tel. 05 11/977 12 38). Zurück in der realen Welt, sieht man dann von der Aussichtsterrasse zwischen Terminal A und B den richtigen Flugzeugen beim Starten und Landen zu.

Flughafenstraße 4, Langenhagen,
Mo–Fr 9–18 Uhr, Sa/So 10–19 Uhr,
www.hannover-airport.de/erlebnis

Anreise

Hamburg:	1:14 h
Berlin:	1:41 h
Dresden:	4:04 h
Köln:	3:00 h
München:	4:26 h

Hotels

Kastens Luisenhof
Es ist mittlerweile schon 150 Jahre alt und immer noch gut anzusehen: Das klassische Hannoveraner Grandhotel steht zwischen Hauptbahnhof und Oper und bietet elegante bis luxuriöse Interieurs. Schickes Gourmetrestaurant »Mary's«, sehr schöne Atmosphäre in »Leos Hotelbar«.
Luisenstr. 1–3, Hannover,
Tel. 05 11/304 40, DZ ab 139 €,
www.kastens-luisenhof.de

Sheraton Pelikan
Musterbeispiel für die gelungene Umwandlung einer alten Industrieanlage in ein modernes Designhotel. Die ehemalige Pelikan-Schreibgerätefabrik begeistert mit grandioser Innenarchitektur, ausgezeichneter Küche im Restaurant »5th Avenue«, tollen Cocktails in »Harry's New York Bar« und dem riesigen Fitness-Center.
Pelikanpl.32, Hannover,
Tel. 05 11/9 09 30, DZ ab 154 €,
www.sheraton.de/hannover

Courtyard Hannover Maschsee
Größter Trumpf des modernen Businesshotels ist die sehr schöne Lage am Nordufer des Maschsees, zwischen Sprengel Museum und HDI-Arena. Große, schick eingerichtete Zimmer, parken direkt beim Haus.
Arthur-Menge-Ufer 3, Hannover,
Tel. 05 11/36 60 00, DZ ab 138 €,
www.marriott.com

Playmobil war früher.
Wenn mann älter wird,
wachsen die Ansprüche.

30 Männerspielplatz

Großalmerode/Kassel

Zuletzt hat Charlize Theron in »Mad Max – Fury Road« gezeigt, dass Frauen genauso viel Spaß an dicken Reifen, durstigen Motoren und dekorativem Dreck haben können wie Männer. Auf dem 7 ha großen Gelände bei Großalmerode, 27 km östlich von Kassel, spielen dennoch mehr Männer, die hier ihren Traumberuf aus Kindertagen ausüben: Baggerfahrer. Daneben steht ihnen weiteres Baustelleninventar wie Radlader oder Bulldozer zur Verfügung, und sie dürfen auch Unimogs, Quads und Offroader fahren. Insgesamt bietet das Gelände 19 Stationen, die man mit der Baustellen-Flatrate von 199 € bis zu 7 Std. lang nutzen kann. Und wem der Kettenbagger nicht genügt, der kann auch noch Panzer fahren. Dafür muss er sich aber zum Offroadpark Böser Wolf zwischen Kassel und Fulda begeben, direkt an der Ausfahrt Homberg/Efze der A7. Dort stehen Mini-Tanks, aber auch ein Sauer Spz A1 mit Lenkradsteuerung und der Nachbau des knapp 7 m langen deutschen Jagdpanzers StuG III aus dem Zweiten Weltkrieg zur Verfügung.

Am Ballenpeter, Großalmerode, 10–17 Uhr,
www.maennerspielplatz.de

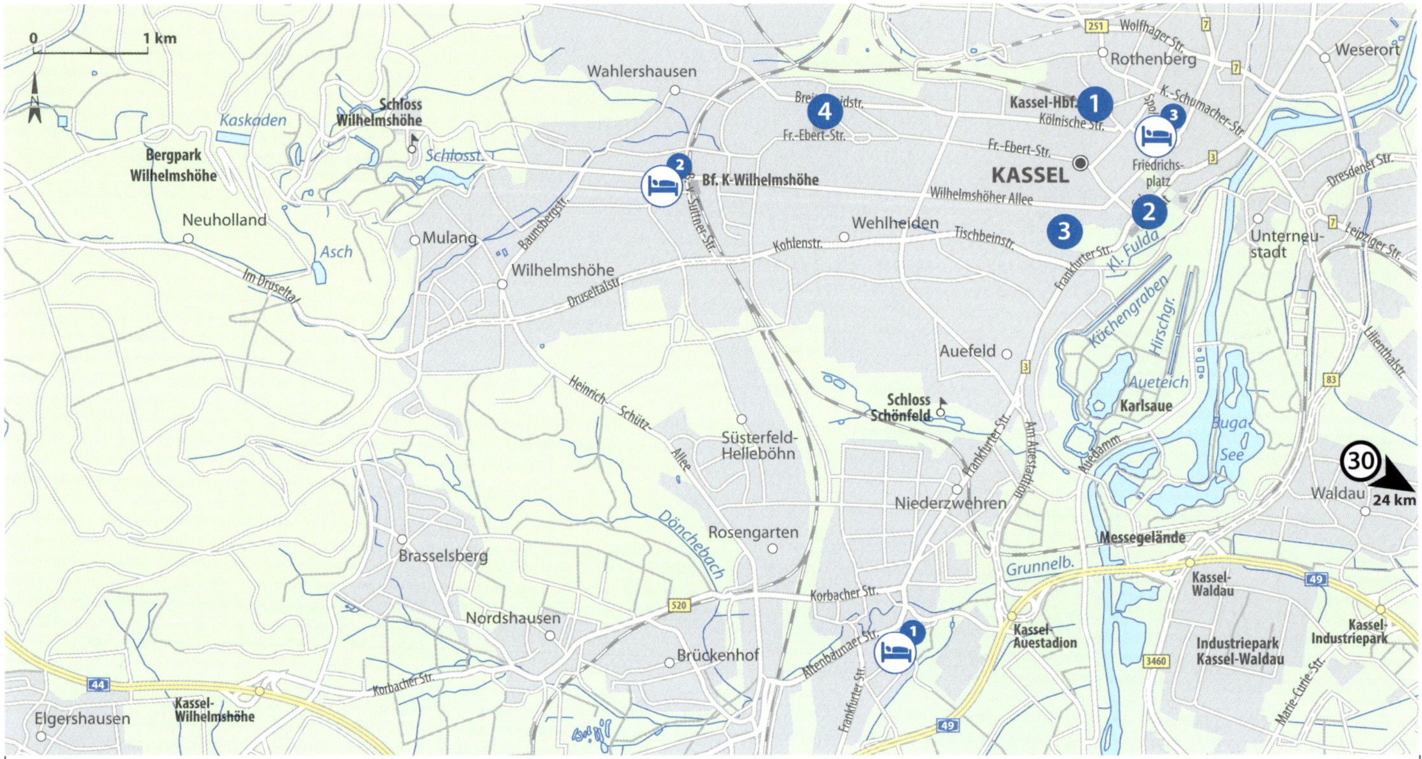

30 Männerspielplatz
1 documenta Spaziergang
2 Neue Galerie
3 Grimmwelt
4 Connichi
Hotel 1 Hotel Gude
Hotel 2 pentahotel
Hotel 3 Best Western Plus

Zissel

»Fullewasser, Fullewasser – hoi hoi hoi« – mit diesem Ruf beginnt das fröhliche Planschen. Kassel »zisselt« vier Tage lang an der Fulda, mit einem bunten Programm für die ganze Familie: zwei große Festzüge zu Wasser mit phantasievollen Illuminationen, Sport, Musik und viel zu essen …
www.zissel.de

1 documenta Spaziergang

»Die BesucherInnen sind eingeladen, sich mit Kunst zu beschäftigen, die sich selten einfach, häufiger gar nicht verstehen lässt.« Die Ankündigung für die documenta 12 im Jahr 2007 galt so auch für die documenta 13 fünf Jahre später, und sie wird auch 2017 für die documenta 14 gelten. Alle fünf Jahre ist das 100-tägige Kunst-Happening in Kassel gut für Aufreger und Irritationen. Aber man muss zum Glück nicht so lange warten. Außenarbeiten von documenta-Künstlern sind längst im Kasseler Stadtbild fest verankert, z. B. der »Himmelstürmer« vor dem Hauptbahnhof, der »Rahmenbau« am Staatstheater, die berühmte 12 m hohe »Spitzhacke« in der Fulda-Aue oder die 7000 Eichen, die Joseph Beuys im ganzen Stadtgebiet verteilte. Von Mai bis Sept. findet jeden 3. So. im Monat eine öffentliche Führung statt; Start um 10 Uhr am Kulturbahnhof. Man kann sich aber auch von einem

»Die Fremden« zogen zur 9. documenta 1992 auf das Säulenportal beim Friedrichsplatz.

documenta-Audioguide führen lassen, den die Uni Kassel (www.uni-kassel.de/fb6/ath/documentaeffects) entwickelt hat – kostet 8 € und ist als CD mit Beiheft im Buchhandel erhältlich.

www.kassel-marketing.de, www.documenta.de

2 Neue Galerie

Im Nov. 2011 öffnete sie nach ihrer völligen Umgestaltung wieder. 1871–1877 errichtet und mit Alten Meistern gefüllt, zeigt sie heute Kunst vom 19 Jh. bis in die Gegenwart, vor allem Malerei, aber auch herausragende Skulpturen (Rodin).

Schöne Aussicht 1, Kassel,
Di–So, 10–17 Uhr, Do 10–20 Uhr,
www.museum-kassel.de

3 Grimmwelt

Am 4. Sept. 2015 öffnete die Grimmwelt, ein kantiger Bau mit breiter Außentreppe und aussichtsreicher Dachterrasse, auf dem Kasseler Weinberg ihre Tore. Die Brüder Jacob und Wilhelm Grimm hatten in Kassel am größten Wörterbuch der deutschen Sprache gearbeitet. Die multimediale Ausstellung zeigt natürlich auch Handexemplare ihrer Kinder- und Hausmärchen, die seit 2005 auf der Liste des Unesco-Weltdokumentenerbes stehen.

Weinbergstr. 21, Kassel,
Di–So 10–18 Uhr, Fr bis 20 Uhr,
www.grimmwelt.de

4 Connichi

Von Fans für Fans: Der größte Anime- und Manga-Event im deutschsprachigen Raum! Drei bunte Tage im Sept. mit Musik, Tanz und Theater und allem, was die Community liebt.

Holger-Börner-Pl. 1, Kassel, Sept.,
www.connichi.de

Anreise

Hamburg:	3:00 h
Berlin:	3:40 h
Dresden:	3:15 h
Köln:	2:30 h
München:	4:20 h

Hotels

Hotel Gude
Künstler und Kreative haben den traditionsreichen Familienbetrieb schon lange zu ihrem Quartier in Kassel (wenn auch ein gutes Stück außerhalb des Zentrums) erkoren. Alle anderen kommen ebenso in den Genuss der schönen modernen Zimmer, der feinen Küche im Restaurant »Pfeffermühle« und der Cocktails in der Hotelbar.
Frankfurter Str. 299, Fulda,
Tel. 05 61/480 50, DZ ab 144 €,
www.hotel-gude.de

pentahotel
Das Designhotel beim ICE-Bahnhof punktet wie alle Häuer der Kette mit einem coolen Look, für den Star-Architekt Matteo Thun verantwortlich zeichnet, und günstigen Preisen. Beides gefällt vor allem einem jungen Publikum.
Bertha-von-Suttner-Str. 15, Kassel,
Tel. 05 61/933 98 87, DZ ab 69 €,
www.pentahotels.com

Best Western Plus
Beste Lage in Kassel – zwischen Königsplatz und Lutherplatz. Große Zimmer mit kostenlosem WLAN und ein großes Frühstücksbuffet mit kostenpflichtiger Frischkost. Hotelgäste kommen direkt hinüber ins Fitnesscenter »EuroFit«, dessen Angebote sie für 5 € pro Tag nutzen können.
Spohrstr. 4, Kassel,
Tel. 05 61/728 50, DZ ab 99 €,
www.bestwestern.de

Arbeitest du noch oder lebst du schon? Feierabend im ehemaligen Stadthafen.

31 Kreativkai

Münster

Zuerst die Arbeit, dann das Vergnügen: Nach diesem Motto haben sich viele städtische Quartiere in den letzten Jahren und Jahrzehnten verändert. Auch in Münster, wo 1962 im Stadthafen 1,3 Mio. t Güter umgeschlagen wurden. 30 Jahre später waren es nur noch 300 000 t, und heute – wird gefeiert. Gearbeitet wird hier zwar auch noch, aber man macht sich dabei nicht mehr schmutzig. Seit der Stadthafen zum Kreativkai geworden ist, hat sich dort, südöstlich von Innenstadt und Hauptbahnhof, ein kleinteiliger und sehr attraktiver Mix aus Agenturen und Architekten, Verlagen, Kunst- und Kulturschaffenden sowie Gastronomen entwickelt. Echte Institutionen sind der »Hot Jazz Club« (Hafenweg 26B, www.hotjazzclub.de) und das Wolfgang-Borchert-Theater (Am Mittelhafen 10, www.wolfgang-borchert-theater.de). Das Areal bietet sich aber auch »nur« für einen abendlichen Bummel an, bei dem man die tolle Atmosphäre mit ihrer Mischung aus umgebauten Speicherhäusern und moderner Architektur auf sich wirken lässt. Wer am Tag kommt, besucht die Kunsthalle Münster (Hafenweg 28, während Ausstellungen Di–Fr 14–19 Uhr, Sa/So 12–18 Uhr, www.muenster.de/stadt/kunsthalle) im fünften Stock eines umgebauten Getreidespeichers und genießt ansonsten in einem der zahlreichen Cafés oder Restaurants den Blick aufs Wasser.

Hafenweg, Am Mittelhafen, Münster, www.muenster.de

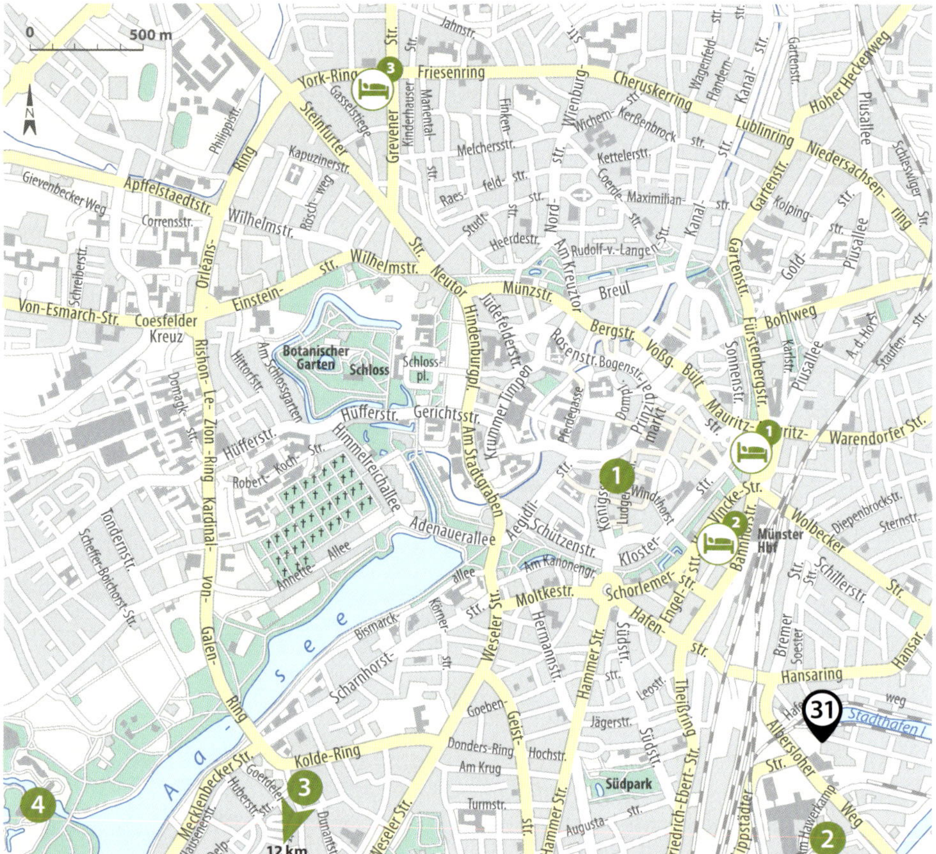

Kreativkai
1 Kunstmuseum Pablo Picasso
2 Hawerkamp 31
3 Kunsthaus Kannen
4 Allwetterzoo/Aasee
Mauritzhof
Kaiserhof
Factory Hotel

1 Kunstmuseum Pablo Picasso

Das – man staune – einzige deutsche Picasso-Museum wurde im Jahr 1997 eröffnet und besitzt 800 Grafiken des Jahrhundertkünstlers, darunter fast alle Lithografien. Absolut bemerkenswert ist daneben eine Sammlung von 80 Malerbüchern mit rund 1000 Grafiken aus den Händen von Picasso, Braque, Chagall, Miró und Matisse. Dieses Sammlerkunststück gelang dem Ehepaar Jutta und Gert Huizinga, die eine Stiftung gründeten, um das Museum hinter der klassizistischen Fassade des Druffelschen Hofs einzurichten.

Picassopl. 1, Münster, Di–So 10–18 Uhr, www.kunstmuseum-picasso-muenster.de

2 Hawerkamp 31

Hochkultur findet woanders statt. Wer vom Stadthafen aus den Weg nach Süden einschlägt, macht das in der Regel nicht zufällig, sondern weil er genau weiß, was ihn dort erwartet: eine selbstverwaltete Künstler- und Partymeile in schönster Hinterhof-Industrie-Graffiti-Atmosphäre und garantiert ohne jeden Mainstream-Schick. Am »Kamp« ist es laut, lebendig und nicht allzu sauber. Aus den Clubs – der »Sputnikhalle«, dem »Fusion« und dem »Triptychon« – wummern Techno, Elektro, Hip-Hop, Rock und Reggae. »Kamp-Flimmern« heißen die sommerlichen Open-Air-Kino-Events, und immer am letzten Wochenende im Okt. laden die Künstler zu Atelierbesuchen.

Am Hawerkamp 31, Münster, www.am-hawerkamp.de

3 Kunsthaus Kannen

Art brut bzw. Outsider Art fasziniert. In einer Gründerzeitvilla auf dem Gelände des ehemaligen Gutshofs Kannen, etwa 10 km südlich des Münsteraner Stadtzentrums, kann man sie betrachten: »antiakademische« Kunst von Patienten der hier angesiedelten Fachklinik für Psychiatrie, die seit den 1980er-Jahren auch Kunst-, Ergo- und Musiktherapie anbietet, begabte Langzeitpatienten fördert und ihre Werke sammelt. Schon 1995 richtete man 15 feste Atelierplätze ein, und im Okt. 2000 bezog die Ateliergemeinschaft das heutige Kunsthaus Kannen, das sich in erster Linie als integrative Begegnungsstätte für

Ist am liebsten draußen an der frischen Luft: Orang-Utan Niah im Allwetterzoo.

behinderte und nicht behinderte Künstler versteht. Heute umfasst die Sammlung rund 5000 Bilder und Objekte von lebenden und bereits verstorbenen Künstlern/Patienten.

Alexianerweg 9, Münster, Di–So, Fei 13–17 Uhr, Sinnespark tgl. 9–19 Uhr, www.kunsthaus-kannen.de

Send

Frühjahrssend, Sommersend, Herbstsend – das sind die drei Münsteraner Ausnahmejahreszeiten. Die größte Kirmes im Münsterland findet auf dem Schlossplatz statt, jeweils etwa eine Woche lang.
www.stadt-muenster.de/send

4 Aasee mit Allwetterzoo

Vom Rand der Altstadt erstreckt sich das schmale, 2,3 km lange Band des Aaasees, das beliebteste Naherholungsgebiet der Münsteraner. 90 ha misst der Aaseepark an seinem Westufer – mit dem Mühlenhof-Freilichtmuseum (Theo-Breider-Weg 1, März–Okt. 10–18 Uhr, Nov.–Feb. So–Fr 11–16 Uhr, www.muehlenhof-muenster.org) und dem LWL-Museum für Naturkunde samt seinem tollen Zeiss-Planetarium, das seit 2010 die höchste digitale Bildauflösung weltweit bietet (Sentruper Str. 285, Di–So, Fei 9–18 Uhr, www.lwl.org). Höchst beliebt ist der Allwetterzoo, den man vom Hauptbahnhof am Ufer entlang in gut 45 Min. zu Fuß erreichen kann. Über 3000 Tiere leben hier, durch überdachte »Allwettergänge« vor Regen oder Sonne geschützt. Ganz nah kommt man ihnen in den begehbaren Tierhäusern und Anlagen. Auch das Westfälische Pferdemuseum liegt auf dem Gelände.

Allwetterzoo, Sentruper Str. 315, Münster, tgl. ab 9 Uhr, Apr.– Sept. bis 18.00 Uhr, März/Okt. bis 17 Uhr, Nov.–Feb. bis 16 Uhr, www.allwetterzoo.de

Anreise

Hamburg:	2:15 h
Berlin:	3:35 h
Dresden:	5:00 h
Köln:	1:45 h
München:	6:20 h

Hotels

Mauritzhof
Weiße Wände, Naturholz und kräftige Farbakzente prägen die zweckmäßigen Zimmer, die man am besten mit Blick auf die grüne und ruhige Promenade bucht. Weitere Pluspunkte sind die schöne Lounge-Terrasse, die ideale Lage unmittelbar am Rand der Altstadt und der Fahrradverleih.
Eisenbahnstr. 17, Münster, Tel. 02 51/417 20, DZ ab 91 €, www.mauritzhof.de

Kaiserhof
Das schicke Tagungs- und Wellnesshotel steht direkt am Hauptbahnhof. WLAN im ganzen Haus sowie der Besuch des kleinen, aber hübschen Spas und des Fitnessstudios sind für Hausgäste kostenfrei. Für das fantastische Diner im »Gourmet 1895«, dem einzigen Sterne-Restaurant der Stadt, muss man allerdings zahlen.
Bahnhofstr. 14, Münster, Tel. 02 51/417 80, DZ ab 122 €, www.kaiserhof-muenster.de

Factory Hotel
Atmosphärische Location nördlich der Altstadt mit eigenwilligem Industrie-Schick zwischen den denkmalgeschützten Klinkermauern und Stahlträgern der ehemaligen Germania Brauerei. Die Zimmer: schlicht, kantig und modern.
An der Germania Brauerei 5, Münster, Tel. 02 51/418 80, DZ ab 84 €, www.factoryhotel-muenster.de

32 Landschaftspark Nord

Duisburg

Der »Watzmann« steht im Ruhrgebiet, er ist aus Beton und keine 20 m hoch, lässt sich aber beklettern wie der graue Riese am Königssee. Zusammen mit anderen Türmen im offenen Bunker, weit überragt von Hochöfen und der riesigen Verladebrücke des »Krokodils«, ist er nur ein winziger Bestandteil des 1985 stillgelegten Thyssen-Hochofenwerks, heute Landschaftspark Duisburg-Nord genannt. Wildes Grün wuchert zwischen den bizarren Installationen der Industrieanlage, die längst zum Kulturdenkmal geworden ist – monumentale Land Art, schwer romantisch. Nicht nur als Kletterer, sondern auch als schwindelfreier Wanderer erreicht man den »Gipfel« des 70 m hohen Hochofens Nummer 5 und genießt von oben einen spektakulären Blick über das 200 ha große Gelände der ehemaligen Eisenhütte. Wieder unten, spaziert man zwischen rostigem Rot und saftigem Grün, sieht den Kletterern in den Erzbunkern zu und bestaunt den Gasometer, der heute mit Wasser gefüllt und Europas größtes künstliches Tauchsportzentrum ist. Oder man wagt sich auf den Hochseilparcours. Es kommt noch besser: Der Landschaftspark ist rund um die Uhr geöffnet und frei zugänglich. Ist es dunkel geworden, verwandelt die Lichtinszenierung des britischen Künstlers Jonathan Park das ganze Hüttenwerk in eine faszinierend bunte Installation.

Emscherstr. 71, Duisburg, www.landschaftspark.de

Früher heiß und dreckig, heute cool und bunt: Das ehemalige Thyssen-Werk ist im 21. Jh. angekommen.

- (32) Landschaftspark Nord
- 1 Innenhafen
- 2 Binnenhafen & Museum
- 3 Tiger & Turtle
- 4 Gasometer Oberhausen
- (Hotel 1) Rheinischer Hof
- (Hotel 2) ferrotel
- (Hotel 3) Jugendherberge

1 Innenhafen

Mehr als 100 Jahre lang schlug im Duisburger Innenhafen das wirtschaftliche Herz der Stadt – hier war der zentrale Hafen- und Handelsplatz der Ruhrgebietsstadt. Mitte der 1960er-Jahre begann der Niedergang, und das Gelände lag 20 Jahre lang brach. Erst die Internationale Bauausstellung Emscher Park (1989–1999) gab dem Strukturwandel ein neues Gesicht: Alte und moderne Architektur im aufregenden Wechsel, Museen und Gastronomie, wohnen und arbeiten. Heute sind im Quartier verschiedene Museen angesiedelt wie die grandiose, zum Kunstmuseum umgestaltete Küppersmühle (Philosophenweg 55, Mi 14–18 Uhr, Do–Sa 11–18 Uhr, www.museum-kueppersmuehle.de), das Explorado Kindermuseum (Philosophenweg 23, Di–Do 9–18 Uhr, Fr–So 10–19 Uhr, www.explorado-duisburg.de) sowie das Kultur- und Stadthistorische Museum (Johannes-Corputius-Pl. 1, Di–Do, Sa 10–17 Uhr, Fr 10–14 Uhr, So 10–18 Uhr, www. stadtmuseum-duisburg.de). Sehr sehenswert sind auch der »Garten der Erinnerung« mit dem Zentrum und der Synagoge der Jüdischen Gemeinde in Duisburg und genau gegenüber, via »Buckelbrücke« zu erreichen, die Marina.

Innenhafen, Duisburg,
www.innenhafen-duisburg.de

2 Binnenhafen & Museum der Deutschen Binnenschifffahrt

Die Duisburg-Ruhrorter Häfen liegen an der Mündung der Ruhr in den Rhein und bilden den größten Binnenhafen Europas: insgesamt rund 10 qkm groß, mit 22 Hafenbecken und 40 km Uferlinie. Auf einer 2-std. Hafenrundfahrt mit der Weißen Flotte lässt sich das beeindruckende Areal besonders gut erleben. Gestartet wird am Schwanentor – von Ende März bis 1. Nov. dreimal tgl. (Tel. 02 03/713 76 79, www.wf-duisburg.de). Äußerst sehenswert ist der Besuch des Museums der Deutschen Binnenschifffahrt, das seine zahlreichen Exponate rund um die Technik-, Wirtschafts- und Sozialgeschichte der Binnenschifffahrt seit 1998 im ehemaligen Ruhrorter Hallenbad ausstellt – und auf einem Seitenarm des Rheins, wo die Museumsflotte liegt: der Radschleppdampfer »Oscar Huber« (1922), das Kranschiff »Fendel 147« (1922) und der Eimerkettendampfbagger »Minden« (1882). An Land vervollständigt der einzig erhaltene historische Dampfkran Deutschlands das Ensemble – er war bis 1974 im Einsatz.

Apostelstr. 84, Duisburg, Di–So 10–17 Uhr,
www.binnenschifffahrtsmuseum.de

3 Tiger & Turtle

Seit 201 erhebt sich im Duisburger Angerpark auf der Heinrich-Hildebrand-Höhe, 35 m über Straßenniveau, ein Ding, das aussieht wie eine Achterbahn. »Tiger & Turtle – Magic Mountain« nennt sich die Landmarke über dem Rhein, und sie lässt sich entlang ihrer Schleifen und Windungen nahezu vollständig zu Fuß begehen

Ruhrtriennale

Hier sitzt man nicht in stuckverzierten Sälen, sondern unter rostenden Hochöfen und neben dem Gasometer. Gebläse- und Gießereihalle im Landschaftspark-Nord sind Spielstätten der Ruhrtriennale mit ihrem spannenden Mix aus Klassik und Rock, Musik, Tanz, Theater und Performance.
www.ruhrtriennale.de

Aber der Looping ist tabu! Mit der Großskulptur Tiger & Turtle beweist die Stahlindustrie im Ruhrgebiet eine vorher noch nicht gekannte Flexibilität.

– bis auf den Looping! 220 m misst die Gesamtstrecke, aus Sicherheitsgründen ist die Anzahl der Besucher limitiert. Dafür ist »Tiger & Turtle« rund um die Uhr frei zugänglich und nachts sogar besonders schön – mit 880 leuchtenden LED-Lampen in den Handläufen.

Ehinger Str. 117, Duisburg,
www.tigerandturtle.duisburg.de

4 Gasometer Oberhausen

Das Ding ist wirklich nicht zu übersehen: Mit seinen XXXL-Maßen von 117 m Höhe und 68 m Durchmesser ist der 1927–29 errichtete Gasometer in Oberhausen an sich schon ein Objekt zum Staunen. 1988 wurde er stillgelegt und 1993/94 umgebaut. Heute kann man nicht nur von oben hinabschauen auf den Pott, man kann auch nach innen hineinschauen in die sakrale Leere, die nun der wohl spektakulärste Ausstellungsraum der Republik ist. Die Licht- und Soundinstallationen sind atemberaubend.

Arenastr. 11, Oberhausen, Di–So 10–18 Uhr,
www.gasometer.de

Anreise

Hamburg:	3:24 h
Berlin:	4:00 h
Dresden:	5:20 h
Köln:	0:35 h
München:	5:16 h

Hotels

Rheinischer Hof
Gute zentrale Lage in Duisburg zwischen Hauptbahnhof und Zoo. Der schöne Altbau bietet eine gepflegte, saubere Patina. Wer braucht schon immer ein Designerzimmer?
Mülheimer Str. 119, Duisburg,
Tel. 02 03/33 24 46, DZ ab 78 €,
www.rheinischhof.de

ferrotel Duisburg
Empfehlenswertes Businesshotel nicht weit vom Hauptbahnhof und nahe der Fußgängerzone. Von der Empfangshalle über die Lobbybar bis in die schönen neuen Zimmer hinein begegnet man, passend zum rostigen Geist der Stadt, unaufdringlich platzierten Industrie-Accessoires.
Düsseldorfer Str. 122–124, Duisburg,
Tel. 02 03/28 70 85, DZ ab 99 €,
www.sorat-hotels.com

Jugendherberge am Landschaftspark
Dieses Quartier bietet etwas Einzigartiges, übrigens auch für Grauhaarige: No-Bullshit-Komfort mit Dusche/WC im Zimmer in Duisburgs spektakulärster Lage direkt im Landschaftspark Nord auf dem Gelände der ehemaligen Thyssen-Hütte. Gute Einbindung in das Radwegenetz der »Route der Industriekultur« (Radverleih ca. 300 m entfernt).
Lösorter Str. 133, Duisburg,
Tel. 02 03/41 79 00, DZ ab 69 €,
www.duisburg-landschaftspark.jugendherberge.de

Maloche? Nur noch ein Mythos. Der Zollverein ist längst der touristische Mittelpunkt der »Metropole Ruhr«.

33 Zeche Zollverein

Essen

200 Jahre lang prägten Kohle und Stahl den sprichwörtlich grauen Alltag in Essen. Heute sind Luft und Flüsse wieder sauber, Fördertürme, Schlote und Hochöfen stehen als Museen oder Kunstinstallationen in der Landschaft. 1932 wurde die Zeche Zollverein im Stil der Neuen Sachlichkeit erbaut, 1986 wurde sie stillgelegt, sie ist seit 2001 Weltkulturerbe. Die einzigartige, fast sakrale Bauhaus-Architektur im Schatten des fotogenen Förderturms von Schacht XII hat Kreative angezogen, die sich hinter den roten Mauern eingerichtet haben. Sie ist mit ihrer Fülle von Ausstellungs-, Kultur- und Freizeitaktivitäten der Mittelpunkt des »neuen« Ruhrgebiets. In die ehemalige Kohlenwäsche ist das Besucherzentrum mit dem neuen Ruhr Museum und dem Portal der Industriekultur eingezogen. Hier beginnen auch die vielen Führungen mit unterschiedlichen Themenschwerpunkten. Das nutzlos gewordene, von Grün überwucherte Industriemonument ist wegen seiner Größe gar nicht vollständig zu sanieren. Man sichert Wege und Treppengänge und überlässt das Areal wieder der Natur. Besonders schön ist das beim Spaziergang um die eindrucksvolle Kokerei zu sehen, die 1957–61 auf dem Zollverein errichtet wurde und 1964 pro Tag 5000 t Koks erzeugte. Ein weiterer, fast surrealer Höhepunkt ist der Sprung ins Werksschwimmbad, das von Juli bis Mitte Aug. von 12 bis 20 Uhr bei freiem Eintritt geöffnet ist.

Gelsenkirchener Str. 181, Essen, Besucherzentrum tgl. 10–18 Uhr, www.zollverein.de

(33) Zeche Zollverein
1 Red Dot Design Museum
2 Museum Folkwang
3 Kulturlinie 107
4 Unperfekthaus
5 Villa Hügel
Hotel 1 Alte Lohnhalle
Hotel 2 Mintrops Margarethenhöhe
Hotel 3 Mövenpick Hotel

1 Red Dot Design Museum

Gutes Design zeichnet sich dadurch aus, dass die Form der Funktion folgt. Dieser Grundsatz wurde schon beim Umbau des ehemalige Kesselhauses auf dem Zollverein beherzigt – als Architektur-Superstar Norman Foster aus der Bauhaus-Ikone ein aufregendes Museum machte. In diesem werden etwa 1000 Objekte ausgestellt, deren Design den begehrten »Red Dot« des Design-Zentrums NRW gewonnen haben: Möbel, Badeinrichtungen, Sportgeräte, Autos, Werkzeuge, Kommunikationsmittel… Die Teile werden auf eingezogenen Ebenen und Galerien vor weißen Wänden präsentiert, sie hängen von der Decke oder stehen zwischen den alten Anlagen.

Gelsenkirchener Str. 181, Essen,
Di–So 11–18 Uhr,
www.red-dot.de

2 Museum Folkwang

Noch ein Star-Architekt: David Chipperfield. Er entwarf den Erweiterungsbau, der seit 2010 direkt an den Altbau von 1960 anschließt. Grandios gelungen ist die Lichtregie, die so weit wie möglich auf künstliche Beleuchtungsquellen verzichtet und die Kunstwerke im natürlichen Tageslicht präsentiert. Und es ist großartige Kunst, die in dieser weltbekannten Sammlung zu sehen ist: Malerei und Skulptur des 19., 20. und 21 Jh., darunter herausragende Arbeiten der deutschen Romantik (C. D. Friedrich), französische Avantgardisten wie Cézanne und amerikanische »Farbfeldmaler« wie Rothko und Stella. Bereits 1979 hat man der bedeutenden fotografischen Sammlung eine eigene Abteilung spendiert. Übrigens: Seit Juni 2015 ist der Eintritt an allen Tagen kostenlos!

Museumspl. 1, Essen,
Di/Mi/Sa/So 10–18 Uhr, Do/Fr 10–20 Uhr,
www.museum-folkwang.de

3 Kulturlinie 107

Mit der Trambahn quer durchs Revier: vom Hauptbahnhof in Gelsenkirchen über den Essener Hauptbahnhof bis ins Villenviertel Bredeney. 17 km misst die Strecke, 47 Min. ist man in einer Richtung unterwegs, und die Fahrt führt an nicht weniger als 60 Kulturschauplätzen vorbei: Zollverein, Essener Dom, Museum Folkwang, Aalto Musiktheater, Villa Hügel und und und. Dabei fährt die Straßenbahnlinie 107 im normalen Linienbetrieb – zur »Kulturlinie« wurde sie erst im Zug der Ernennung der Ruhrgebiets zur Kulturhauptstadt Europas 2010. In den Wagen weisen Schilder auf die Sehenswürdigkeiten hin sowie auf die Übergänge zum Essener Kulturpfad und zur Route der Industriekultur.

Gelsenkirchen–Bredeney,
www.kulturlinie107.de

4 Unperfekthaus

Dieses Haus ist nicht nur nicht perfekt, es ist überhaupt schwer einzuordnen. Reinhard Wiesemann, sein Gründer, beschreibt es als ein »4000 qm großes Künstlerdorf« für Künstler und Gründer,

Extraschicht

Die lange »Nacht der Industriekultur« überzieht den Pott eine Nacht lang mit einem bunten Teppich aus Licht und Klängen. Zugesehen, zugehört, gespielt, gerockt und abgetanzt wird in alten Zechen, Stahlhütten und Kokereien. Nächstes Mal am 25. Juni 2016.
www.extraschicht.de

»Das sieht aber gut aus!« Im Red Dot Design Museum hört man so etwas öfter.

Privat- und Geschäftsleute, Kultur- und Übernachtungsgäste. Wer sie braucht, bekommt kostenlos die Infrastruktur zum Malen, Schreiben, Gestalten, Besprechen, Feiern und Entspannen. Jeder der das Unperfekthaus besucht, muss für den Eintritt inkl. Getränkeflatrate 3,90 € (1 Std.) bis 10,90 € (ganzer Tag) zahlen. In diesem Eintrittspreis sind beliebig viele Softdrinks und Kaffeegetränke enthalten. Zusätzlich bezahlt werden müssen Speisen und alkoholische Getränke. Wer es ganz haben will, kann aber auch für die Tages-Flatrate für 32,90 € buchen, Bier und Wein inklusive. Das Essen ist gut und reichhaltig.

Friedrich-Ebert-Str. 18, Essen, Mo–Do 7–23 Uhr, Fr/Sa 7–24 Uhr, So 8–23 Uhr, www.unperfekthaus.de

5 Villa Hügel

Ein größerer Kontrast als jener zwischen Hochöfen, Kokereien und Fördertürmen und dieser Immobilie ist nicht denkbar. Von 1868–1873 ließ der legendäre Erfinder und Unternehmer Alfred Krupp die Villa Hügel im Essener Stadtteil Bredeney als Wohn- und Repräsentationshaus errichten. Bis 1945 wohnte Familie Krupp in dem hochherrschaftlichen Anwesen, das tatsächlich eher ein Schloss als eine Villa ist: 269 Räume auf 8100 qm Wohn- und Nutzfläche! Im Kleinen Haus ist die 2007 neugestaltete Ausstellung über die Geschichte der Familie Krupp und ihrer Firmenaktivitäten zu sehen, im Großen Haus werden Kunstausstellungen veranstaltet – wobei einem der architektonische Prunk auch ohne zusätzliche »Kultur« den Atem raubt. 28 ha misst der wunderschöne Hügelpark über dem Baldeneysee. Seit 1961 wurde er im Stil eines Englischen Gartens umgestaltet – ein traumhaftes Gelände für ausgedehnte Spaziergänge.

Hügel 1, Essen,
Villa Di–So 10–18 Uhr, Park tgl. 8–20 Uhr,
www.villahuegel.de

Anreise

Hamburg:	3:12 h	Bahn
Berlin:	3:48 h	Bahn
Dresden:	5:00 h	Auto
Köln:	0:48 h	Bahn
München:	5:11 h	Bahn

Hotels

Alte Lohnhalle
Die unmittelbare Umgebung ist nicht die schickste, das toll renovierte Zechen-Ambiente in der ehemaligen Lohnhalle auf Bonifacius ist umso attraktiver. Schöne große Zimmer, gutes Frühstück und der Radverleih im Haus – Zollverein und andere Highlights der Route der Industriekultur sind auf großartigen Radwegen erreichbar.
Rotthauser Str. 40, Essen,
Tel. 02 01/38 45 70, DZ ab 79 €,
www.alte-lohnhalle.de

Mintrops Margarethenhöhe
Denkmalgeschütztes Schmuckstück inmitten der Arbeitersiedlung Margarethenhöhe – ein Traum für Architekturliebhaber. Moderne Einrichtung mit hellem Holz, Naturstein und kräftigen Farben. Das Hotel-Kombiticket erlaubt die freie Benutzung aller öffentlichen Verkehrsmittel im Pott.
Steile Str. 46, Essen,
Tel. 02 01/438 60, DZ ab 71 €,
www.hotel-margarethenhoehe.de

Mövenpick Hotel
Eindrucksvoller alter Bau in idealer Lage unmittelbar am Essener Hauptbahnhof mit gutem Preis-Leistungs-Verhältnis. Stilvolles Absacken in der wunderbaren englischen Hotelbar mit ihrer bekannt umfangreichen Whisky-Auswahl.
Am Hauptbahnhof 2, Essen,
Tel. 02 01/170 80, DZ ab 68 €,
www.moevenpick-hotels.com

Beste Aussicht auf Rheinturm, Gehry-Bauten und Co. von der Fußgängerbrücke im Medienhafen.

34 Rheinturm und Medienhafen

Düsseldorf

Am Ende der Rheinpromenade steht unübersehbar – da 240 m hoch – der Rheinturm. An seiner Außenseite trägt er die größte Digitaluhr der Welt: 39 übereinander angeordnete Bullaugen-Lampen zeigen an, wie spät es ist – wenn man sie zu lesen versteht. Eine Anleitung findet man unter www.duesseldorf.de/thema/sights/rheinturm/uhr.shtml
Über der Aussichtsplattform (164 m) befinden sich zuerst die Bar & Lounge »M168« (168 m) sowie in 172,5 m Höhe das Restaurant »Top 180«, das sich stündlich einmal um die eigene Achse dreht.
Am Fuß des Rheinturms beginnt auch der Binnenhafen, der als »Medienhafen« längst Stadt- und Architekturgeschichte geschrieben hat: Die drei großen Gebäude am Neuen Zollhof von Frank Gehry sind mit ihren runden, gewellten oder wie gefalteten Fassaden mittlerweile die meistfotografierten Häuser der Stadt. Mehr als 5000 »kreative« Arbeitsplätze sind hier schon entstanden, und die Entwicklung des Quartiers ist noch längst nicht abgeschlossen. Dazu gibt's die ortstypische Gastronomie (italienisch, indisch, chinesisch), Cafés und Pubs und Büromenschen beim Afterwork-Drink.

Stromstr. 20, Düsseldorf, Aussichtsebenen So–Do 10–24 Uhr, Fr/Sa 10–1 Uhr, www.guennewig.de/rheinturm-duesseldorf

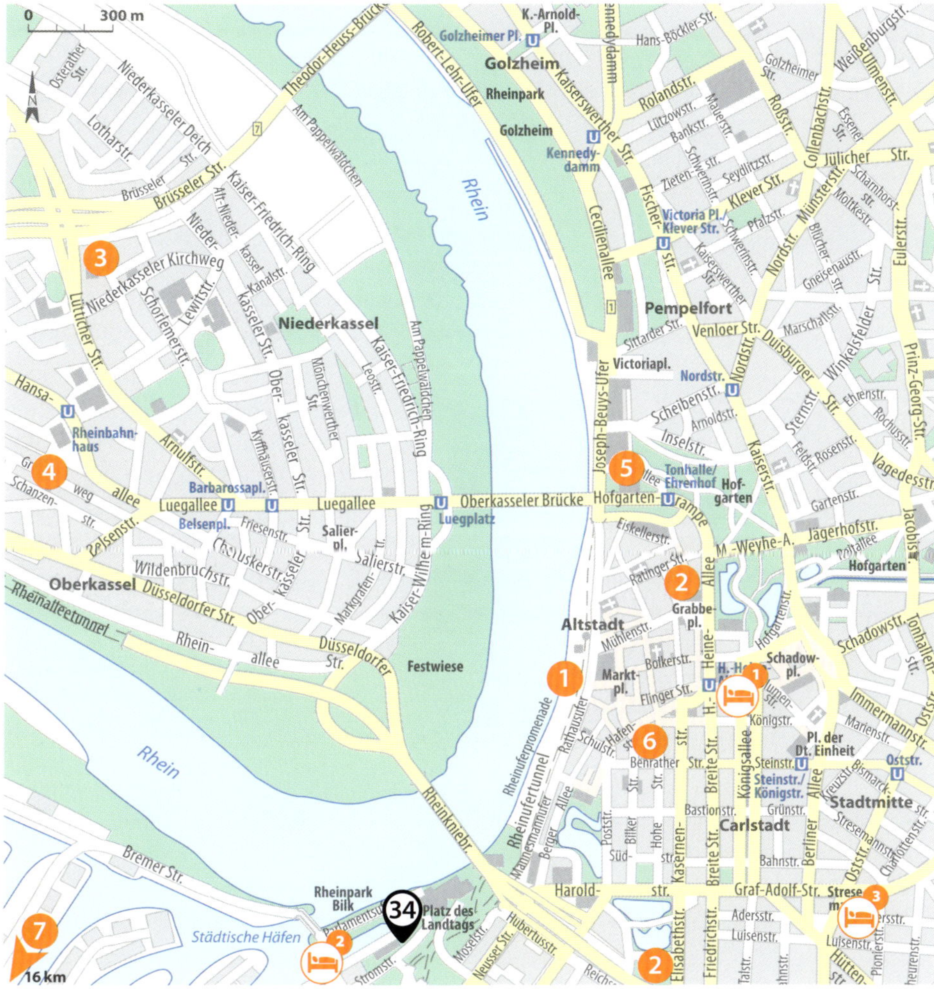

34 Rheinturm und Medienhafen
1 Rheinuferpromenade
2 K20 und K21
3 EKŌ-Haus
4 Julia Stoschek Collection
5 Tonhalle
6 Wochenmarkt Carlsplatz
7 Museum Insel Hombroich
1 Breidenbacher Hof
2 Radisson Blu Media Harbour
3 Stage 47

1 Rheinuferpromenade

Rund 1,5 km geht man von der Tonhalle im Norden zum Rheinturm im Süden. Wie lang man dafür braucht, hängt davon ab, wie viel Zeit man mit dem Beobachten von Menschen, Schiffen und Häusern verbringen möchte – und wie viele Tassen Kaffee oder Gläser Altbier man dabei konsumiert. Von 1990 bis 1997 wurde die Rheinuferpromenade angelegt, 1998 erhielt sie den Deutschen Städtebaupreis. Seitdem kann man sich streiten, ob sie der traditionsreichen Königsallee in der Altstadt, wenige 100 m östlich, den Rang als städtische Flaniermeile Nummer eins abgelaufen hat. In jedem Fall repräsentiert die Rheinuferpromenade das neue, offene, moderne Düsseldorf.

Rheinuferpromenade, Düsseldorf,
www.duesseldorf-tourismus.de

2 Kunstsammlung Nordrhein-Westfalen – K20 und K21

Diese beiden Häuser für moderne Kunst tragen maßgeblich zum Ruf Düsseldorfs als einer der wichtigsten Kunstmetropolen Deutschlands bei. Schon von Weitem fällt das Ständehaus am Kaiserteich mit seinem gewölbten Glasdach auf. Vollständig entkernt und innen ganz neu gestaltet, wurde es 2002 als K21 wiedereröffnet. Zu sehen sind hier vor allem Skulpturen (z.B. Thomas Schütte), Objektkunst und Video-Installationen. Ein zweiter Schwerpunkt liegt auf der Fotografie, wo mit Andreas Gursky, Thomas Ruff, Jeff Wall und vielen anderen die großen Namen der Szene vertreten sind. Vielleicht noch bedeutender ist die Sammlung im K20 mit seiner schwarz glänzenden Granitfassade, die 2010 einen Erweiterungsbau bekam. Die Sammlung zeigt Bilder, Zeichnungen, Skulpturen und Installationen von Henri Matisse bis Gerhard Richter und von Pablo Picasso bis Andy Warhol. Mit mehr als

Hotels

Breidenbacher Hof
Nach wie vor die erste Adresse in Düsseldorf, direkt an der Königsallee gelegen. Vom livrierten Portier über den »Livingroom« mit persönlichem Assistenten bis zu den äußerst eleganten Zimmern und Suiten ist alles vom Feinsten. Schicke Beauty- und Spa-Bereiche und am Abend eine hervorragende Bar mit Cigar Lounge.
Königsallee 11, Düsseldorf,
Tel. 02 11/16 09 00, DZ ab 230 €,
www.capellahotels.com

Radisson Blu Media Harbour
Im neuen Vorzeigeviertel der Stadt, dem Architekturpark am Medienhafen, liegt dieses coole Hotel für moderne Großstadtmenschen, die sich in den Hotelrestaurants natürlich auch vegan optimieren können. Raumhohe Fenster in den Zimmern für den Blick in die Zukunft.
Hammer Str. 23, Düsseldorf,
Tel. 02 11/311 19 10, DZ ab 119 €,
www.radissonblu.com

Stage 47
Prima Lage auf halber Strecke zwischen Hauptbahnhof und Kö. Die Zimmer bieten einen speziellen Style irgendwo zwischen Bauhaus und schwarzem Plüsch und sind mit großen (schwarzweißen) Porträtfotografien dekoriert.
Graf-Adolf-Str. 47, Düsseldorf,
Tel. 02 11/38 80 30, DZ ab 150 €,
www.stage47.com

100 Arbeiten ist Paul Klee vertreten. Toll: Zwischen beiden Häusern verkehrt ein kostenfreier Bus-Shuttle etwa alle 20 Min. während der Öffnungszeiten; Abfahrt jeweils vor dem Museumseingang.

Grabbepl. 5 (K20) bzw. Ständehausstr. 1 (K21), Düsseldorf, Di–Fr 10–18 Uhr, Sa/So 11–18 Uhr, jeder 1. Mi/Monat 10–22 Uhr, www.kunstsammlung.de

3 EKŌ-Haus

Die einzige Japantown Deutschlands ist in Düsseldorf. Mit mehr als 6500 Mitgliedern stellt die japanische Gemeinde zwar nur die siebtgrößte ausländische Bevölkerungsgruppe in der Stadt und damit eine kleine Minderheit, dafür ist sie seit über 50 Jahren aus dem Wirtschafts- und Kulturleben der Stadt nicht wegzudenken. 1993 wurde im linksrheinischen Stadtteil Niederkassel das japanische Kulturzentrum eröffnet. Im Zentrum des EKŌ-Haus steht der buddhistische Tempel. Zu sehen ist daneben ein traditionelles Haus mit Teeraum, vor allem aber der wunderschöne japanische Garten mit Flusslauf und Teichen, Uferbänken und Glockenturm. Das sehr umfangreiche Veranstaltungsprogramm bietet neben buddhistischen Feierlichkeiten ebenso Teezeremonien, Gartenfeste, Theater- und Musikveranstaltungen. Auch die traditionellen japanischen Künste wie Tuschemalerei und Kalligrafie, Ikebana und Kochen kann man erlernen.

Brüggener Weg 6, Düsseldorf, Di–So 13–17 Uhr, www.eko-haus.de

4 Julia Stoschek Collection

Seit 2007 zeigt die Kunstsammlerin Julia Stoschek, Jahrgang 1975, in einem ehemaligen Fabrikgebäude im linksrheinischen Stadtteil Oberkassel die Kunst ihrer Generation – vor allem Fotografie und Videoinstallationen. Die Sammlung umfasst aber auch Malerei, Klanginstallationen und Skulpturen. Im Mittelpunkt stehen wechselnde Ausstellungen, die im permanenten Austausch mit internationalen Künstlern und Institutionen gestaltet werden und stets neue, überraschende Blicke auf unsere Gegenwart vermitteln. Der Eintritt zu den Ausstellungen ist übrigens kostenlos.

Schanzenstr. 54, Düsseldorf, während Ausstellungen Sa/So 11-18 Uhr und nach Vereinbarung, www.julia-stoschek-collection.net

5 Tonhalle

Deutschlands schönstes Konzerthaus? Die Tonhalle an der Oberkasseler Brücke ist nicht einfach ein Konzertsaal, sondern ein Planetarium der Musik: eingerichtet

Japantag

Seit 2002 ist der Japantag Mitte Juni eines der großen Volksfeste in NRW. Sumo, Judo, Manga, Tanz und Bogenschießen! Und das größte japanische Feuerwerk außerhalb Japans.
www.japantag-duesseldorf-nrw.de

Echte Düsseldorfer bei einer buddhistischen Zeremonie. Im EKŌ-Haus hat die japanische Gemeinde in der Stadt ihren kulturellen Mittelpunkt eingerichtet.

in einem 1926 eröffneten, wunderschönen Planetariumsbau, der 2005 komplett umgestaltet und mit einem atemberaubenden LED-Beleuchtungskonzept veredelt wurde. Unter der riesigen, blau dämmernden Kuppel fühlt man sich tatsächlich dem Orbit nahe. Von spektakulärer Qualität ist ebenfalls die Akustik. Hier treten nicht nur die heimischen Düsseldorfer Symphoniker und internationale Stars der Klassik-Szene auf, sondern auch einschlägige Größen aus dem U-Bereich.

Am Ehrenhof 1, Düsseldorf,
www.tonhalle.de

6 Wochenmarkt Carlsplatz

Der älteste Markplatz Düsseldorfs ist heute noch der wichtigste – wenn er sich auch vom Bauernmarkt zur Feinschmeckermeile gemausert hat. 1998 bekam er schließlich sein neues Glasdach. Hier gibt es fast alles: Fisch und Fleisch, Obst, Gemüse, Schnittblumen, Brot und Wein… Und natürlich fehlen auch die Biertische und der Altbierausschank nicht.

Carlsplatz, Düsseldorf,
Mo–Fr 8–18 Uhr, Sa 8–16 Uhr
www.carlsplatz.net

7 Museum Insel Hombroich

Es ist ein eindrucksvolles Gelände: In der Erftaue zwischen Neuss und Grevenbroich, 20 km südwestlich von Düsseldorf, schlendert man durch einen verwildernden Landschaftspark und darf dabei überraschende und spannende Entdeckungen machen: begehbare Skulpturen, moderne Architektur und eine beeindruckende Sammlung von Kunstwerken der klassischen Moderne, die im Museum Insel Hombroich (u. a. Cézanne, Arp, Schwitters) ausgestellt wird. Am Rand der 11 ha großen ehemaligen Raketenstation, die seit 1994 zum Gesamtkunstwerk Hombroich gehört, ist darüber hinaus in einem beachtlichen, von einem Glaskäfig überspannten Betonquader des japanischen Architekten Tadao Ando die sehenswerte Sammlung der Langen Foundation (Raketenstation Hombroich 1, tgl. 10–18 Uhr, www.langenfoundation.de) mit japanischer Kunst und Werken der klassischen Moderne untergebracht.

Minkel 2, Neuss, Apr.–Sept. tgl. 10–19 Uhr,
Okt. 10–18 Uhr, Nov.–März 10–17 Uhr,
www.inselhombroich.de

Anreise

Hamburg:	3:38 h	Bahn
Berlin:	1:10 h	Flug
Dresden:	1:05 h	Flug
Köln:	0:35 h	Bahn
München:	1:15 h	Flug

Schicker wohnen kann man nur im nördlichen Kranhaus. Die beiden glatten Nachbarn sind Bürohäuser.

35 Rheinauhafen

Köln

Konkurrenz zur Rheinuferpromenade in Düsseldorf! Gute 40 km weiter südlich hat Köln den 2 km langen Uferstreifen zwischen der Severinsbrücke und der Südbrücke, den ehemaligen Rheinauhafen, völlig neu gestaltet. Im Juni 2014 offiziell eröffnet, bietet das Areal direkt am Rhein und nahe der Altstadt jene Mischung aus Wohnen, Arbeiten, Kunst, Kultur und Gastronomie, die heute urbanes Leben ausmacht. Die Architektur kann sich sehen lassen. Vom Imhoff-Schokoladenmuseum am Nordende (Am Schokoladenmuseum 1a, Di–Fr 10–18 Uhr, Sa/So/Fei 11–19 Uhr, www.schokoladenmuseum.de) bis zum kantigen Bürohaus KAP am Südkai erstreckt sich eine lange Reihe aufregender Gebäude, die alte Industriearchitektur neben postindustrielle Stahl-und-Glasgebilde stellt oder beides bunt miteinander vermischt. Absolute Hingucker sind die drei eckigen Kranhäuser (2006–2010), die historischen Lastenkränen nachempfunden sein sollen und doch etwas ganz anderes sind. Ein anderes superlativisches Bauwerk im neuen Rheinauhafen sieht dagegen erst, wer sich unter die Oberfläche begibt: die 1,6 km lange Tiefgarage, die längste Europas ... Mehrere Restaurants haben die Ufergrundstücke bezogen, darunter das »Limani«, das mediterrane Spezialitäten und Fisch bietet (Agrippinawerft 6, tgl. 10–1 Uhr, www.limanicologne.de) und der »BBQ-Ankerplatz« auf dem Hafenboot (Harry-Blum-Platz, Mo–Do ab 16 Uhr, Fr ab 14 Uhr, Sa/So ab 11 Uhr, www.hafenboot.de)

Rheinauhafen, Köln,
www.rheinauhafen-koeln.de

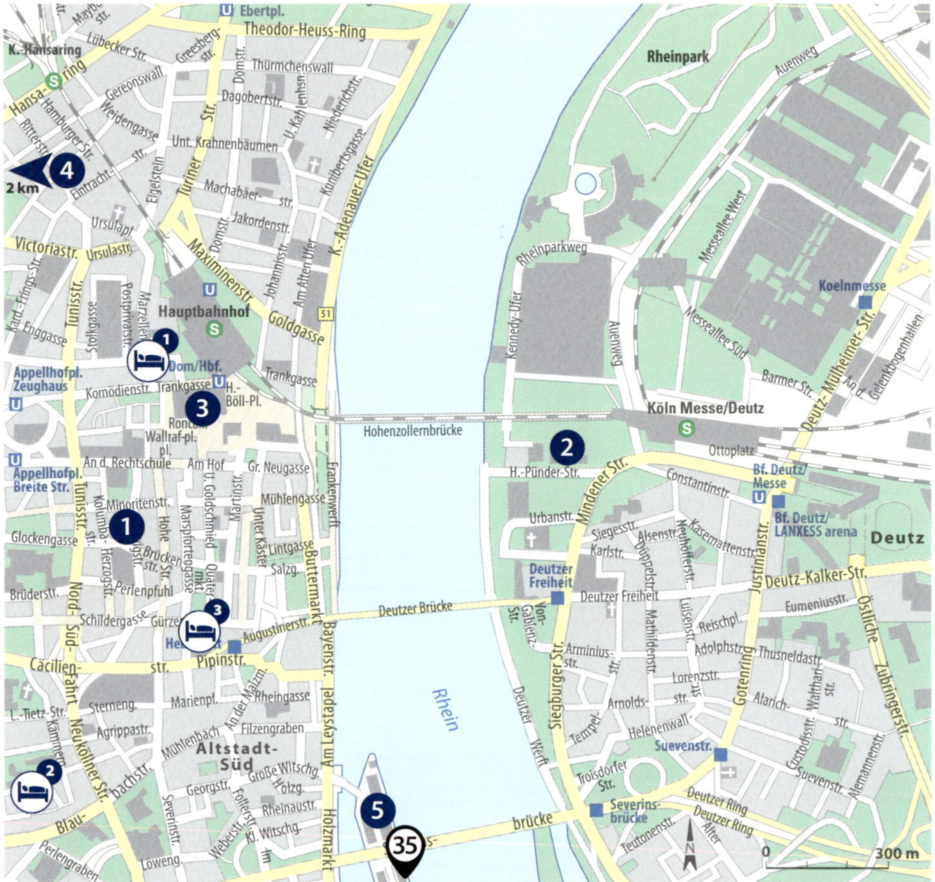

(35) Rheinauhafen
(1) Kolumba
(2) Köln Triangle
(3) Dom
(4) Zentralmoschee
(5) Sportmuseum
(Hotel 1) Excelsior Hotel Ernst
(Hotel 2) Hotel im Wasserturm
(Hotel 3) Dorint am Heumarkt

1 Kolumba – Kunstmuseum

Architektur-Guru Peter Zumthor setzte den hellen, eindrucksvoll kantigen Bau des Kunstmuseums des Erzbistums Köln von 2003–2007 an die Stelle der im Krieg zerstörten spätgotischen Kirche St. Kolumba. Großartig ist auch die Sammlung alter und zeitgenössischer Kunst im Inneren – und die Art, wie sie präsentiert wird: von mittelalterlichem Schnitzwerk bis zur modernen Installation. Nur wenige Hauptwerke haben ihren festen Ort im Museum, ansonsten wechseln Auswahl und Präsentation der Kunstwerke ständig.

Kolumbastraße 4, Köln, Mi–Mo 12–17 Uhr, www.kolumba.de

2 Köln Triangle

Das zweithöchste (103 m) Hochhaus Kölns sieht von außen eher rund als eckig aus, hat aber einen dreieckigen Grundriss mit bogenförmigen Kanten. 2005 wurde das spektakuläre Bürohochhaus in Köln-Deutz vollendet. Die komplett verglaste Aussichtsplattform bietet einen phänomenalen Blick auf den Dom und über die Stadt. Und die Gastronomie bietet die Auswahl zwischen dem Café/Bistro/Restaurant »l' Orange« und mongolischen BBQ-Spezialitäten im »Mongo's«.

Ottoplatz 1, Köln, Mai–Sept. Mo–Fr 11–23 Uhr, Besucherplattform Sa/So 10–23 Uhr, Okt.–Apr. Mo–Fr 12–20 Uhr, Sa/So 10–20 Uhr, www.koelntriangle.de

3 Dom, Richter-Fenster

370 000 € hat das Fenster gekostet, der Künstler selbst arbeitete ohne Honorar – und es war der »teuerste lebende Künstler der Welt«: Gerhard Richter. 2007 wurde sein Glasfenster im südlichen Querhaus des Kölner Doms eingesetzt. Es ist 113 qm groß und besteht aus 11 263 Farbquadraten, die Richter nach dem Zufallsprinzip anordnete. Die 72 Farben, für die er sich entschied, finden sich in den mittelalterlichen Fenstern des Doms wieder. Im Hochchor fast vollständig erhalten, gelten sie als der größte Glasmalereizyklus des 14. Jh.

Domkloster 4, Köln, Mai–Okt. 6–21, Nov.–Apr. 6–19.30, Turmbesteigung ab 9 Uhr, www.koelner-dom.de

So schön kann der reine Zufall aussehen: das Richter-Fenster im Kölner Dom.

4 Zentralmoschee

Dieses Bauwerk ist noch nicht fertig, aber schon jetzt höchst spektakulär – und sehr umstritten. 2009 wurde der Grundstein für die Zentralmoschee der Türkisch-Islamischen Union (DITIB) in Köln-Ehrenfeld gelegt. Der atemberaubende Rohbau aus Beton, Glas und Holz verfügt über eine 37 m hohe transparente Kuppel und zwei 55 m hohe Minarette – an denen sich heftige Kontroversen entzündeten. Wann das Gebäude eingeweiht werden kann, ist nicht klar.

Venloer Str. 160, Köln, Tel. 02 21/50 80 00,
www.zentralmoschee-koeln.de

5 Sport & Olympia Museum

Im Rheinauhafen geben Sportgeräte, Trophäen, Fotos und andere Dokumente Antworten auf die Frage, wie und warum sich Menschen seit der Antike so viel Mühe geben, schneller zu laufen und hoher zu springen als die jeweils anderen. Im Mittelpunkt der »Timeline«-Dokumentation stehen die modernen Olympischen Spiele. 1999 wurde das Museum eröffnet, seit 2011 präsentiert sich die Dauerausstellung gedopt – in technisch verschärftem Ambiente und unter Berücksichtigung moderner Sportarten wie Surfen, Skateboarden, Snowboarden und BMX.

Im Zollhafen 1, Köln,
Di–Fr 10–18 Uhr, Sa/So 11–19 Uhr,
www.sportmuseum.de

Gamescom

Für Gamer der wichtigste Termin im Jahr. Neben Fachbesuchern dürfen auch die privaten Endabnehmer der unzähligen Endgegner auf die Koelnmesse. Immer im Aug.
www.gamescom.de

Anreise

Hamburg:	4:00 h	Zug
Berlin:	1:05 h	Flug
Dresden:	1:10 h	Flug
Frankfurt:	1:05 h	Zug
München:	1:00 h	Flug

Hotels

Excelsior Hotel Ernst
Gleich neben dem Hauptbahnhof und gegenüber dem Dom steht die traditionsreiche Luxusherberge, die seit 1863 in Familienbesitz ist. Gediegene Eleganz in Hallen und Zimmern, Sterne-prämierte asiatische Küche im Restaurant »taku«, Pianobar und auch alles andere für den Premiumaufenthalt.
Dompl./Trankgasse 1–5, Köln,
Tel. 02 21/27 01, DZ ab 210 €,
www.excelsior-hotel-ernst.de

Hotel im Wasserturm
Noch mal Luxus – diesmal aber in origineller Industriearchitektur: Im denkmalgeschützten Wasserturm von 1872 überspannen Brücken den Raum zwischen den hohen Ziegelwänden der Halle. Zimmer und Suiten sind sachlich-modern und sehr schön.
Kaygasse 2, Köln,
Tel. 02 21/200 80, DZ ab 139 €,
www.hotel-im-wasserturm.de

Dorint am Heumarkt
Schickes Businesshotel in der Innenstadt. Die Zimmer und Suiten sind in hellen Sand- und Erdtönen gehalten, raumhohe Fenster lassen viel Licht ein. Feine Cocktails in »Harry's New York Bar«, Fitness und Wellness auf über 4000 qm im »Holmes Place Health Club« (für Hotelgäste 10 €) im selben Gebäude.
Pipinstr. 1, Köln,
Tel. 02 21/280 60, DZ ab 129 €,
hotel-koeln-city.dorint.com

36 Weg der Demokratie

Bonn

Von 1949 bis 1990 war die Bundesrepublik Deutschland die »Bonner Republik«. Danach hieß die neue alte Hauptstadt wieder Berlin, wohin neun Jahre später, 1999, auch der Bundestag umzog. Die nunmehrige »Bundesstadt« Bonn erlebte einen tiefgreifenden Strukturwandel und dokumentiert ihre jüngere Geschichte heute mit dem »Weg der Demokratie«. Der Rundweg durch das ehemalige Regierungsviertel in Bonn beginnt am Haus der Geschichte der Bundesrepublik Deutschland und führt in knapp 2 Std. an wahrhaft legendären Orten vorbei. Man sieht die beiden Plenarsäle des Deutschen Bundestages, den »Lange Eugen«, das Abgeordneten-Hochhaus des Deutschen Bundestages, die Villa Hammerschmidt, Amtssitz des Bundespräsidenten, das Palais Schaumburg, Dienstsitz des Bundeskanzlers, sowie den Kanzlerbungalow von Sep Ruf aus dem Jahr 1964, dessen Schlichtheit, Leichtigkeit und Transparenz das neue Deutschland repräsentieren sollten – und der den meisten Bewohnern nicht gefiel (Besichtigung f. Einzelbesucher: So 14 u. 15 Uhr). Zwischen Mai und Okt. finden jeweils am 1. So des Monats ab 11 Uhr öffentliche Rundgänge statt; gestartet wird beim Haus der Geschichte.

Willy-Brandt-Allee 14, Bonn,
www.wegderdemokratie.de

Der letzte Mieter im Kanzlerbungalow hieß Helmut Kohl. Er fand das Gebäude »absurd«.

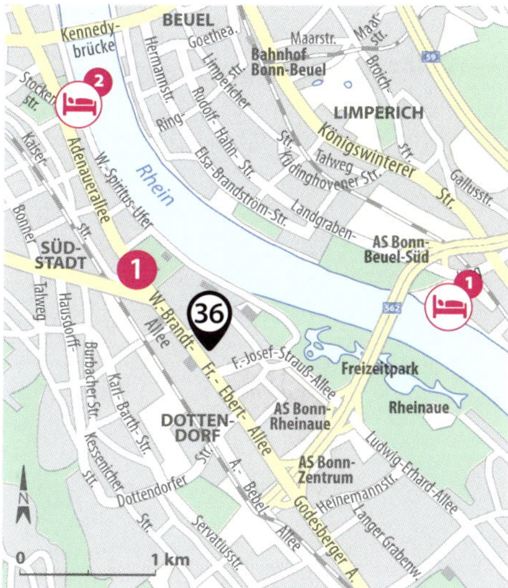

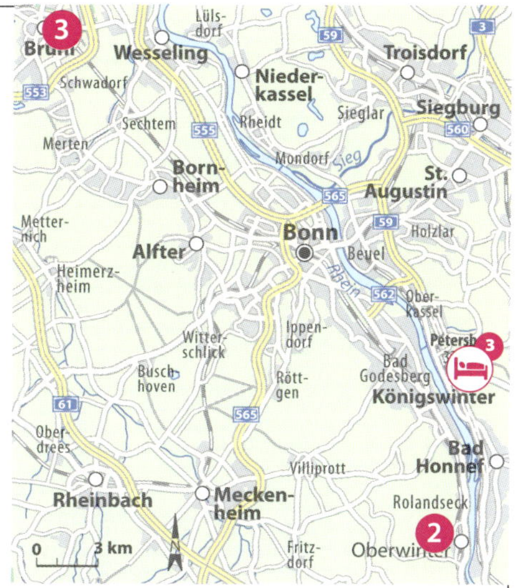

36 Weg der Demokratie
1 Museumsmeile
2 Arp Museum
3 Max Ernst Museum

1 Kamelia Grand
2 Königshof
3 Grandhotel Petersberg

Elite (u.a. Gursky, Struth, Tillmans). Auf der anderen Seite des Mueumsplatzes steht die Kunst- und Ausstellungshalle der Bundesrepublik Deutschland, auch Bundeskunsthalle genannt (Friedrich-Ebert-Allee 4, Di/Mi 10–21 Uhr, Do–So 10–19 Uhr, www.bundeskunsthalle.de). Drei spitze Glaszipfel krönen diesen – auch räumlich! – gewaltigen Publikumsrenner, in dem parallel bis zu fünf Wechselausstellungen zu bildender Kunst, Architektur, Wissenschaft und Technik zu sehen sind. Letzte Adresse, 2 km weiter und etwas abseits der Bundesstraße, ist das Deutsche Museum Bonn (Ahrstr. 45, Di–So 10–18 Uhr, www.deutsches-museum.de/bonn), eine Außenstelle des Deutschen Museums München, das sich der zeitgenössischen Forschung und Technik widmet.

www.museumsmeile.bonn

1 Museumsmeile

Die »Meile« misst etwa 3 km, sie entstand um die Mitte der 1990er-Jahre, und sie verbindet südlich des Bonner Zentrums fünf sehr unterschiedliche Museen, die dort alle innerhalb weniger Jahre entstanden sind. Los geht der Parcours im Norden an der Adenauerallee mit dem Zoologischen Forschungsmuseum Alexander Koenig (Adenauerallee 160, Di–So 10–18 Uhr, Mi bis 21 Uhr, www.zfmk.de), das mit seiner großen Menge an ausgezeichneten Tierpräparaten begeistert und sich damit den Ruf als die »schönste Leichenhalle der Republik« erworben hat. Man geht ungefähr 500 m weiter und steht vor dem Haus der Geschichte (Willy-Brandt-Allee 14, Di–Fr 9–19 Uhr, Sa/So 10–18 Uhr, www.hdg.de/bonn). Es dokumentiert die Teilung und die Wiedervereinigung Deutschlands, weshalb sein Besuch sozusagen Bürgerpflicht ist – und konsequenterweise kostenlos. Weitere 200 m, und man erreicht an der Friedrich-Ebert-Allee das architektonisch wegweisende Kunstmuseum (Friedrich-Ebert-Allee 2, Di–So 11–18 Uhr, Mi bis 21 Uhr, www.kunstmuseum-bonn.de), mit seinem »fließenden« Raumkonzept einer der wichtigsten deutschen Museumsneubauten nach 1945. Seit seiner Eröffnung 1992 zeigt es Expressionisten (v.a. August Macke) und deutsche Künstler nach 1945; bemerkenswert ist auch die Sammlung von Werken der deutschen Fotografen-

2 Arp Museum

Seit 2007 steht über dem schön renovierten Bahnhof Rolandseck das weiße Arp Museum, gewidmet dem Werk des Ma-

Rhein in Flammen

Das große Spektakel findet an jeweils fünf Terminen statt und beginnt im Mai am Siebengebirge zwischen Bonn und Linz. Kilometerlange Schiffskonvois, »brennende« Burgen und richtig teure Feuerwerke beeindrucken selbst abgebrühte Zeitgenossen.
www.rhein-in-flammen.de

Hotels

Kameha Grand
Spektakuläre Science-Fiction-Architektur mit viel Glas und geschwungenem Stahl am östlichen Rheinufer zwischen Bonn und Königswinter. Toll ist der Spa mit Außenpool auf der Dachterrasse, wirklich abgefahren aber die bayerische Hütten-Gaudi in der angeschlossenen Almhütte – bei Weißwürsten und Tegernseer Bier.
Am Bonner Bogen, Bonn,
Tel. 02 28/43 34 50 00, DZ ab 169 €,
www.kamehagrand.com

Königshof
Die Lage am Stadtgarten, direkt am Rhein und mit Blick auf das Siebengebirge ist eine Schau. Überhaupt bucht man die klassisch-schön eingerichteten Zimmer am besten mit Sicht auf den Fluss. Hervorragendes italienisches Restaurant »Oliveto«.
Adenauerallee 9, Bonn,
Tel. 02 28/260 10, DZ ab 99 €,
www.ameronhotels.com

Grandhotel Petersberg
Um in dem ehemaligen Gästehaus der Bundesregierung zu logieren, muss man heute nicht mehr dem diplomatischen Dienst angehören. Der Prachtbau auf dem Petersberg, erbaut 1824, bietet einen sagenhaften Blick über das Rheintal.
Petersberg, Königswinter,
Tel. 022 23/740, DZ ab 126 €,
de.steigenberger.com

Architektur, die an den Wolken kratzt: Unter ihrem spektakulären Dach präsentiert die Bundeskunsthalle Spitzenleistungen deutscher Künstler des 20. und 21. Jh.

lers, Bildhauers, Dichters, Dadaisten und Surrealisten Hans Arp (1886–1966), der mit seiner »konkreten Kunst ... den Menschen vom gefährlichsten Wahnsinn, der Eitelkeit, erlösen« wollte.

Hans-Arp-Allee 1, Remagen,
Di–So, Fei 11–18 Uhr,
www.arpmuseum.org

3 Max Ernst Museum

70 (!) Schaffensjahre von Max Ernst werden neben den Welterbe-Schlössern in Brühl dokumentiert. Im Mittelpunkt stehen die 36 D-paintings, die Ernst seiner Frau, der Künstlerin Dorothea Tanning, schenkte. Ferner verfügt die Sammlung über das grafische Werk von Max Ernst sowie Hunderte fotografische Dokumente.

Comesstr. 42/Max-Ernst-Allee 1, Brühl,
Di–So 11–18 Uhr,
www.maxernstmuseum.lvr.de

Anreise

Hamburg:	4:26 h
Berlin:	1:05 h
Dresden:	1:10 h
Köln:	0:19 h
München:	4:51 h

37 Klettersteig Calmont

Bremm/Mosel

Über der engen Moselschleife zwischen Bremm und Eller erhebt sich eine eindrucksvolle Flanke: 300 m hoch, an den steilsten Stellen fast 70 Grad geneigt: der Bremmer Calmont, der steilste Weinberg Europas. Der Riesling wächst hier auf kleinen Terrassen, in schmalen Parzellen und langen Bahnen. Temperaturen von 40 Grad und mehr sind im Sommer nicht ungewöhnlich. Das ist nicht die geringste Herausforderung auf dem Pfad über die Bremmer »Todangst« (der Abschnitt heißt wirklich so!). Mit Leitern und Drahtseilen entschärft, bleibt er dennoch abenteuerlich. Es geht an den schmalen Rändern von Weinbergterrassen entlang, durch grüne Tunnel von Weinlaub, vorbei an verwildernden Parzellen, wo meterlange Wurzeln die eingestürzten Mauern festhalten. Eidechsen flitzen, Apollofalter schwirren. Die Vegetation begeistert: Wacholder, Wildkirschen und Schlehen, Erdbeer-Teppiche, Vorhänge von Felsenbirnen … Weinbauern und Touristiker sicherten die Route von 1999–2001. Ausgangspunkt ist Ediger-Eller (Bahnhof) oder Bremm (P am Moselufer). Die Tour dauert an die 3 Std. Die teilweise sehr schmalen Pfade verlangen Trittsicherheit und Schwindelfreiheit. Früh starten und viel Wasser mitnehmen! Ein Faltblatt mit Routenskizze ist an den Einstiegen in Bremm und Ediger-Eller erhältlich.

Ediger-Eller bzw. Bremm,
www.bremm.info

Wer sich auf den Calmont wagt, braucht einen klaren Kopf. Den Riesling bitte erst hinterher trinken!

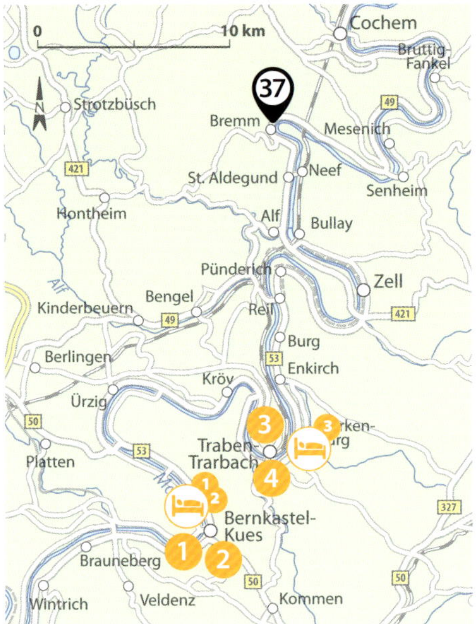

(37) Klettersteig Calmont
(1) Weinkulturelles Zentrum
(2) Bärensteig
(3) Kletterwald Mont Royal
(4) Unterwelt Traben-Trarbach
(5) Weinbotschafter (überall …)
Burgblick Hotel
Märchenhotel
Jugendstilhotel Bellevue

1 Weinkulturelles Zentrum

Der Besuch des Moselweinmuseums in Bernkastel-Kues lohnt sich, weil es in der ältesten Weinregion Deutschlands – und einer der klassischen Weinbauregionen in Europa – aus 2000 Jahren Geschichte viel zu erzählen gibt. Zum Beispiel vom Doctorberg gleich über dem Ort, einer der berühmtesten und einst die teuerste Weinlage weltweit. Multimedia-Technik mit vielen Filmen und Animationen vermittelt das theoretische Wissen, für die Praxis begibt man sich dann in die benachbarte Vinothek neben dem berühmten Cusanusstift. Dort kann man mehr als 160 verschiedene Moselweine probieren und kaufen: Qualitätsweine und Hochgewächse, Spät- und Auslesen, Beeren- und Trockenbeerenauslesen, Eisweine …

Cusanusstr. 2, Bernkastel-Kues,
Apr.–Okt. tgl. 10–18 Uhr, Weinverkostung bis 17 Uhr, Nov.–März 11–17 Uhr,
www.moselweinmuseum.de

2 Bärensteig

Rheinland-Pfalz profiliert sich etwa seit 2000 als Vorreiter des modernen Wandertourismus. An der Mosel kann man das beispielhaft erleben. In Bernkastel-Kues wurde im Frühling 2015 der Bärensteig eröffnet – als »Seitensprung« des bereits etablierten Fernwanderwegs Moselsteig. Los geht's beim Doppelkreuz in der Kallenfelsstraße östlich des Marktplatzes auf etwa 120 m Höhe. Hoch über den Dächern der Altstadt erschließt er wunderschöne Ausblicke auf Stadt, Land und Fluss. Die Pfade hinauf zu den weiten Wiesen über dem Moseltal (auf ca. 400 m) sind meist schmal und naturbelassen, ihre Begehung verlangt feste Schuhe mit Profilsohle und etwas Kondition und gilt offiziell als mittelschwierig. Die insgesamt 6,5 km lange Strecke schafft man bequem in 3 Std.

Bernkastel, Kallenfelsstraße,
www.bernkastel.de

3 Kletterwald Mont Royal

Absolutes Highlight ist der erste »Canopy-Trail« Europas: ein Parcours von Seilrutschen über eine Gesamtlänge von mehr als 1,5 km Länge. Der Kletterpark ist die trendigste Attraktion im viel besuchten Moselort Traben-Trarbach, ungefähr in der Mitte zwischen Trier und Koblenz, der nicht nur für seine Weinberge, sondern auch für fantastische Jugendstilarchitektur bekannt ist. Der »Adventure Forest« öffnete 2007 seine vielfältigen Installationen im Norden von Traben-Trarbach. Seither ist er mehrfach erweitert worden, und heute bietet er neben dem klassischen Waldseilgarten mit mehr als 200 Kletter-Elementen in 14 Parcours und Höhen von 2–12 m auch einen 14 m hohen Outdoor-Kletterturm mit verschiedenen Routen zum Klettern mit Top-Rope-Sicherung, einen Spiele-Parcours sowie ein Event-Tipi mit großer Terrasse u. a. zum Grillen.

Mosel Adventure Forest, Traben-Trarbach,
Apr.–Okt. während Ferien tgl. 11–18 Uhr,
sonst Mi–So 11–18 Uhr,
www.adventureforest.de

Weinfest Pünderich

In irgendeinem Dorf ist (fast) immer was los. Unter den vielen Weinfesten an der Mosel zählen die beiden jeweils dreitägigen Straßenweinfeste in Pünderich Ende Mai und Mitte Sept. sicher zu den allerschönsten.
www.puenderich.de

Traben-Trarbach war einmal nach Bordeaux der zweitgrößte Umschlagplatz für Wein in Europa. Die Infrastruktur des Booms kann man unter der Erde besichtigen.

4 Unterwelt Traben-Trarbach

In der zweiten Hälfte des 19. Jh. gab es in Traben-Trarbach mehr als 100 Weingüter und Weinkellereien im Ort – und unter dem Ort ein Labyrinth aus teilweise mehrstöckigen Gewölben, die man besichtigen kann.

Traben-Trarbach, Führungen Ostern–Ende Juli am 2. und am letzten Fr im Monat, Aug.–Ende Okt. jeden Fr, Nov.–Ostern letzter Fr im Monat, Info Tel. 065 41/839 80, www.unterwelt-ausflug.de

5 Tour mit Weinbotschafter

Auch kein schlechter Job! Als Diplomaten im önologischen Dienst sind Weinbotschafter Mittler zwischen Einheimischen, Winzern und Touristen. Sie bieten Touren zu Fuß und mit dem Fahrrad, in Kanus und Planwagen an – oft abseits der ausgetretenen Pfade, immer informativ. Klar, dass man die »bewanderten« Weine dabei auch gleich an Ort und Stelle probiert. Überall an der Mosel.

www.kultur-und-weinbotschafter.de

Anreise

Hamburg:	5:30 h
Berlin:	6:30 h
Dresden:	5:20 h
Köln:	2:00 h
München:	5:00 h

Hotels

Burgblick Hotel
Das Konzept – ein »urbanes« Hotel mitten in der idyllischen Weinkulturlandschaft über der Moselschleife bei Bernkastel-Kues – ist interessant und überzeugt in der Praxis vollauf. Helle Zimmer mit Parkettböden, moderne Regionalküche im Restaurant »Ochs«.
Goethestr. 29, Bernkastel-Kues, Tel. 065 31/972 27 70, DZ ab 89 €, www.burgblickhotel.de

Märchenhotel
Seit 350 Jahren befindet sich das Haus am Waldrand auf der rechten Moselseite in Familienbesitz. Einrichtung und Komfort wurden seither mehrfach angepasst und befinden sich aktuell auf 4-Sterne-Niveau. Im sehr hübschen Gourmetrestaurant »anno 1640« kocht Küchenchef Stefan Krebs mit klarem Lokalbezug auf höchstem Niveau.
Kallenfelsstr. 27, Bernkastel-Kues, Tel. 065 31/965 50, DZ ab 139 €, www.maerchenhotel.com

Romantik Jugendstilhotel Bellevue
Architektonisches Schmuckstück in der ersten Reihe direkt am Moselufer in Traben-Trarbach. Interieurs zwischen Art déco und Feng-Shui, Spabereich mit Pool, Saunalandschaft und Dachterrasse, sterneprämierte Gourmetküche im Restaurant »Clauss-Feist«.
An der Mosel 11, Traben-Trarbach, Tel. 065 41/70 30, DZ ab 140 €, www.bellevue-hotel.de

38 Völklinger Hütte

Völklingen/Saarbrücken

In Völklingen wurde nicht nur Industrie-, sondern auch Tourismusgeschichte geschrieben. 1986 ging der letzte Hochofen im 1873 gegründeten Eisenwerk aus, einem der größten Europas. 1994 wurde das mehr als 60 ha große Hüttengelände von der Unesco zum Welterbe ernannt. Heute ist das Ungetüm aus Stahl und Stein die meistbesuchte Sehenswürdigkeit an der Saar: Nach der Multimedia-Einführung in der Sinteranlage begibt man sich auf eine Zeit- und Entdeckungsreise über das riesige Areal. Man erklimmt die Gichtbühne in 27 m Höhe und die Aussichtsplattform der Hochofengruppe. Das Kohlegleis mit seiner 20 m langen Wendelrutsche und der Gebläsesteg führen in die Gebläsehalle mit ihren imposanten Maschinen hinein, die einst den Wind erzeugten, der in die Hochöfen eingeblasen wurde. Insgesamt führen 7 km Wege durch das Weltkulturerbe. Man lernt dabei auch das spannend inszenierte Science Center »Ferrodrom« kennen und das fantastische »Paradies« zwischen Kokerei und Saar: Am früher wohl dreckigsten Ort des Saarland konnten sich Flora und Fauna 25 Jahre lang ungestört entwickeln. Heute spaziert man hier im Schatten von historischen Kohletürmen und Koksbatterien durch eine 33 000 qm große Mischung aus Landschaftsgarten und Biotop.

Rathausstr. 75–79, Völklingen, Apr.–Okt. tgl. 10–19 Uhr, Nov.–März tgl. 10–18 Uhr, www.voelklinger-huette.org

Es lebt! Das fantastische Hüttenwerk in Völklingen ist gleichermaßen Industrie-, Kultur- und Naturdenkmal.

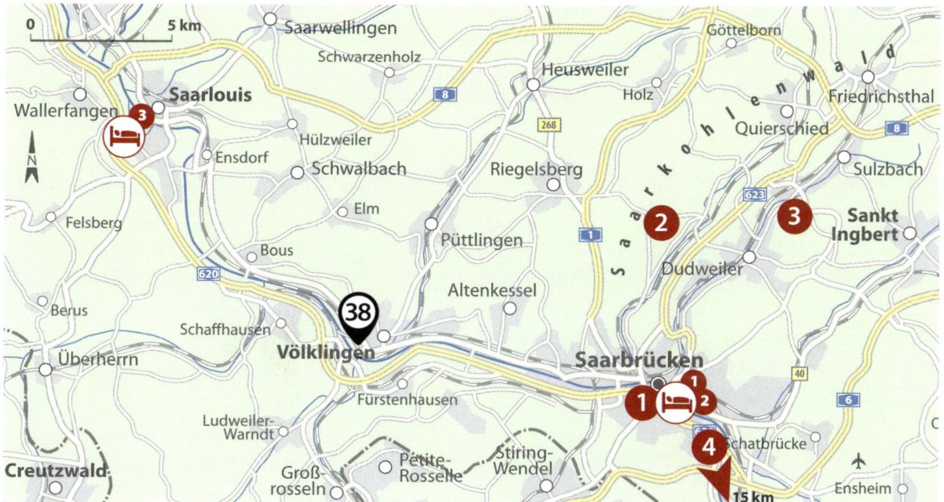

38 Völklinger Hütte
1 Ludwigskirche
2 Urwald
3 Brennender Berg
4 Saarland Therme
1 Domicil Leidinger
2 Hotel am Triller
3 Altes Pfarrhaus Beaumarais

1 Ludwigskirche

Der Ludwigsplatz ist die gute Stube Saarbrückens. Mittendrin in dem beeindruckenden Geviert steht die Ludwigskirche, neben dem Hamburger Michel und der Dresdener Frauenkirche die bedeutendste evangelische Kirche aus der Barockzeit in Deutschland – aber ebenso wie Letztere tatsächlich ein Neubau. Ein Bombenangriff hatte das Bauwerk 1944 in Schutt und Asche gelegt. Schon fünf Jahre später begann der Wiederaufbau, wobei jahrzehntelang heftig darüber gestritten wurde, ob auch der barocke Innenraum rekonstruiert oder aber modern gestaltet werden sollte. Am Ende entschied man sich für die Rekonstruktion, die erst 2009 abgeschlossen war. Auffällig ist der Grundriss des Innenraums in Gestalt eines griechischen Kreuzes mit Emporen in allen vier Kreuzarmen.

Am Ludwigspl., Saarbrücken,
Di–Sa 11–17 Uhr,
www.ludwigskirche.de

2 Urwald vor den Toren der Stadt

In 20 Jahren kann sich vielleicht noch kein richtiger Urwald entwickeln, aber der »Urwald vor den Toren der Stadt« ist auf dem besten Weg dorthin. Seit 1997 werden in dem geschlossenen, 2440 ha großen Teil des Saarkohlenwalds nördlich von Saarbrücken die Bäume nicht mehr herausgeholt, wenn sie umfallen, sondern liegen gelassen. So kann die Natur frei wachsen und wuchern, wie sie will. Die Idee dahinter wird von der Deutschen Bundesstiftung Umwelt unterstützt, die hier das größte Wildnisgebiet in einer städtisch geprägten Landschaft entstehen lassen möchte. Betreten ist ausdrücklich erlaubt: Man kann die neue Wildnis auf vielen Wegen und versteckten Urwaldpfaden erkunden. Zentraler Ausgangspunkt ist das Info- und Veranstaltungszentrum Scheune Neuhaus. Hier beginnt z. B. auch die 8,2 km lange »Urwaldtour«, ein offizieller Premiumweg.

Scheune Neuhaus, Saarbrücken,
Mo 8.30–18, Mi/Fr 9–13, Do 9–15 Uhr,
www.saar-urwald.de

3 Brennender Berg

Dieser Berg ist zwar kein Vulkan, aber er ist auch heiß – und zwar schon ziemlich lange, genauer: seit Mitte des 17. Jh.

Saarspektakel

Am ersten Augustwochenende macht Saarbrücken sich nass. Zwei Tage lang sausen Jetstreamboote, paddeln Ruderboote, schwimmen und fahren Amphibienfahrzeuge. Höhepunkte sind das Drachenbootrennen und das Gaudi-Rennen mit Schlauchbooten und Gummitieren.
www.saarspektakel.de

Hotels

Domicil Leidinger
Die zentrale Lage und die sehr individuelle, internationale Atmosphäre ziehen alle an: Geschäftsreisende, Medienmanager, Künstler. Sie genießen die Themenzimmer mit ihren geräumigen Bädern, den Zen-Garten im Innenhof, die Theaterbühne, den Jazzclub und gleich daneben das Programm im traditionsreichen »Filmhaus«.
Mainzer Str. 10, Saarbrücken,
Tel. 06 81/932 70, DZ ab 110 €,
www.domicil-leidinger.de

Hotel am Triller
Gute Adresse für Geschäfts- und Urlaubsreisende im schönen, ruhigen Villengebiet oberhalb des Schlosses – mit Blick auf die Stadt. Ausgezeichnete Küche im »Esszimmer«.
Trillerweg 57, Saarbrücken,
Tel. 06 81/58 00 00, DZ ab 98 €,
www.hotel-am-triller.de

Altes Pfarrhaus Beaumarais
26 km nordwestlich von Saarbrücken residiert man in der barocken Sommervilla der Baronin von Salis aus dem Jahr 1762, die später tatsächlich zum Pfarrhaus wurde. Die Zimmer sind ausgesprochen gemütlich, das Abendessen im Art-déco-Speisesaal oder im schönen Biergarten ein doppelter Genuss.
Hauptstr. 2-4, Saarlouis,
Tel. 068 31/63 83, DZ ab 95 €,
www.altespfarrhaus.de

Barocker Neubau in Saarbrücken: die über Jahrzehnte rekonstruierte Ludwigskirche.

Damals geriet das Landgruber Kohleflöz im Inneren des Berges in Brand. Seither glimmt es dort munter weiter, und heute sind in der ca. 500 m langen Schlucht am Brennenden Berg zwischen Dudweiler, Sulzbach und Neuweiler, nur wenige Kilometer östlich des »Urwalds vor den Toren der Stadt«, zwar keine offenen Flammen zu sehen, dafür kommt man immer wieder in den »Genuss« der schweflig riechenden Rauchfahnen. Und wer seine Hand in eine der Felsspalten steckt, kann die Hitze spüren. Der 357 m hohe, bewaldete Berg nordöstlich von Saarbrücken ist eine Mischung aus Natur- und Industriedenkmal, die man auf drei mit EU-Mitteln geförderten Themenwegen mit Informationspunkten erleben kann (Industriekultur: 2,7 km; Wasser: 2,6 km; Wald: 4,3 km); der große Rundweg misst 8,8 km.

Am Gegenortschacht, Dudweiler,
www.brennenderberg.de

4 Saarland Therme

Statt Hochöfen anzustechen, kann man auch Löcher in die Erde bohren. 1990 zapfte man auf diese Weise in Rilchingen-Hanweiler, 15 km südlich von Saarbrücken, neben einer schon bekannten Solequelle eine Thermalquelle an. 2012 öffnete die neue Saarland Therme im »maurisch-andalusischen Stil« – mit Innen- und Außenbecken und acht Saunen. Es gibt einen eigenen Damenbereich sowie eine weitere gemischte Sauna mit Dampfbad, eine Textilsauna und ein Textildampfbad. Jeden Samstagabend im Juni, Juli und Aug. steigen ab 20 Uhr die »Orientalischen Nächte« mit Musik und Performances.

Zum Bergwald 1, Rilchingen-Hanweiler,
tgl. 9–24 Uhr, Fr/Sa bis 1 Uhr,
www.saarland-therme.de

Anreise

Hamburg:	0:50 h
Berlin:	0:55 h
Dresden:	6:00 h
Köln:	3:20 h
München:	4:32 h

39 BASF-Chemieareal

Ludwigshafen

Die ehemalige Badische Anilin- & Soda-Fabrik, 1865 gegründet, heißt heute nur noch BASF. Wo sie zu Hause ist, in Ludwigshafen am Rhein, kann man das größte zusammenhängende Chemieareal der Welt bestaunen – eine eigene Stadt, 10 qkm groß, mit rund 2000 Gebäuden, in denen 38 000 Mitarbeiter schaffen. Zuerst geht es ins Besucherzentrum, wo anschaulich gezeigt wird, warum Haarspray auch bei Regen hält, wie klein »nano« ist und wie die Erfindungen der Chemie bei vielen Dingen des Alltag helfen, in Küche, Bad, Schlaf-, Wohn- und Schlafzimmer. Klar, das ist PR – was die Besichtigung aber nicht weniger spannend macht. Am eindrucksvollsten ist natürlich die Fahrt über das Werksgelände, wo die Straßen lustige Namen haben (Chlorstraße, Benzolstraße, Sodastraße, Ammoniak-straße …) und auf dem sagenhafte 2000 km Rohrleitungen verlegt sind.

Jeden zweiten Sa. im Monat startet das »Chemobil« auf dem Besucherparkplatz zur Rundfahrt (1 Std.). Los geht's zwischen 9 und 15 Uhr, gestartet wird alle 30 Min.

Carl-Bosch-Str. 38, Tor 2,
Ludwigshafen,
Mo–Fr 9–17 Uhr, So 10–15 Uhr,
jeden 2. Sa. im Monat 9–16 Uhr,
besucherzentrum.basf.de

Aus Erdgas und Wasserdampf macht BASF Wasserstoff. Klingt einfach, ist aber kompliziert.

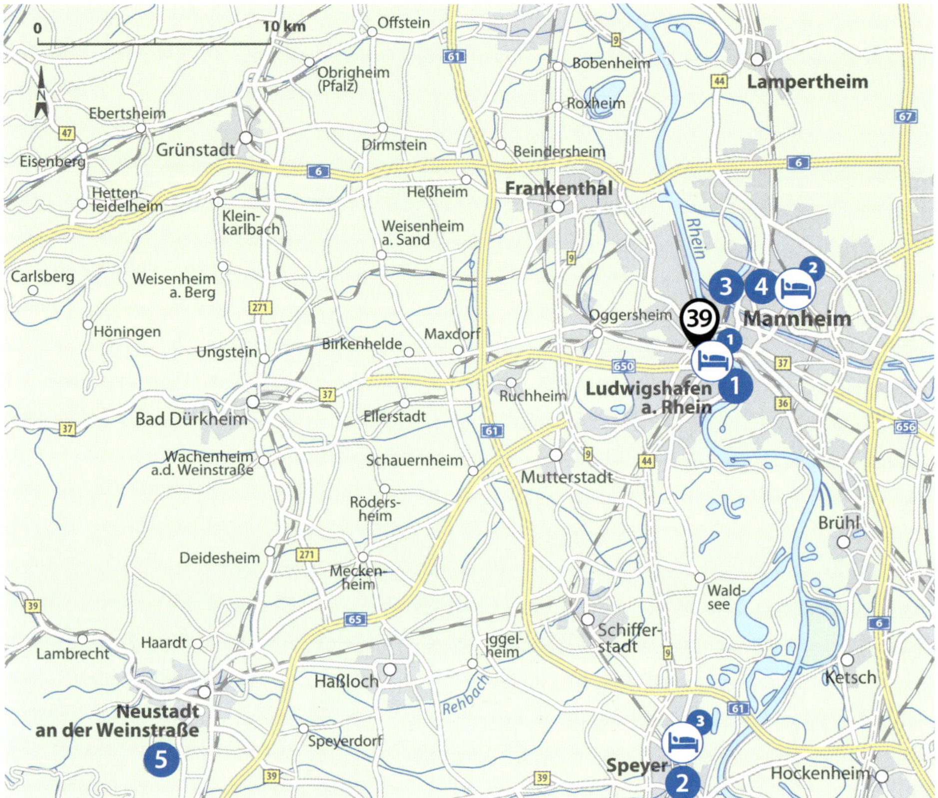

36 BASF-Chemieareal
1 Wilhelm-Hack-Museum
2 Technik Museum Speyer
3 Technoseum Mannheim
4 Reiss-Engelhorn-Museen
5 Hambacher Schloss
1 René Bohn
2 Speicher7
3 Residenz am Königsplatz

1 Wilhelm-Hack-Museum

Malerfarben haben ja auch irgendwie mit Chemie zu tun, und so besitzt Ludwigshafen neben der Chemiefabrik von BASF auch das Wilhelm-Hack-Museum. Joan Miró hat die bunte Fassade gestaltet, hinter der abstrakte Kunst des 20. und 21. Jh. zu sehen ist. Zwei gegensätzliche Sammlungsschwerpunkte bilden die konstruktiv-konkrete Kunst nach 1945 (Max Bill, Victor Vasarely) und der »Gondorfer Fund« von einem keltisch-römischen Gräberfeld an der Mosel.

Berliner Str. 23, Ludwigshafen,
Di/Mi/Fr/Sa/So 10–18 Uhr, Do 11–20 Uhr,
www.wilhelmhack.museum

2 Technik Museum Speyer

Die zwei heben nicht mehr ab: Der Jumbojet und die Antonov An-22, das größte serienmäßig hergestellte Flugzeug der Welt mit Propellerantrieb. Südlich des Zentrums in Speyer (City-Shuttle vom Hauptbahnhof) sind sie im bodennahen Luftraum fest installiert und lassen sich besichtigen – von innen und außen. Es sind die größten Exponate des Technik Museums, das 1991 auf dem Gelände der ehemaligen Pfalz-Flugwerke eröffnet wurde und das noch viel mehr spektakuläre Gefährte zeigt: vor den Hallen den Seenotrettungskreuzer »John T. Essberger« und das U-Boot U9 der Bundeswehr, in den Hallen das russische Space-Shuttle »Buran« und eine Sojus-Landekapsel.

Am Technik Museum 1, Speyer,
Mo–Fr 9–18 Uhr, Sa/So 9–19 Uhr,
www.speyer.technik-museum.de

3 Technoseum Mannheim

Eines der wichtigsten Technikmuseen in Deutschland! Es bietet eine anschauliche, unterhaltsam inszenierte Zeitreise durch die unterschiedlichen Lebens- und Arbeitswelten, die Menschen im Lauf der Industrialisierung eingerichtet haben. Man sieht Wohn-Interieurs, Werkstatteinrichtungen und Büroausstattungen. Und man erlebt an einfallsreich gestalteten Stationen, was Museumspädagogen unter experimentellem Begreifen verstehen.

Museumsstr. 1, Mannheim, tgl. 9–17 Uhr,
www.landesmuseum-mannheim.de

Sieht aus wie ein wahr gewordener Bubentraum: das Inventar im Technik Museum Speyer.

4 Reiss-Engelhorn-Museen

Zu den Reiss-Engelhorn-Museen (rem) in Mannheim gehören mittlerweile sechs benachbarte Häuser im Straßenraster zwischen Rathaus und Schillerplatz. Im 2007 neueröffneten Museum Zeughaus C 5 und im Museum Weltkulturen D 5 werden die Sonderausstellungen gezeigt, ins Zeughaus ist auch das Forum Internationale Photographie eingezogen. Erst 2010 kam das Bassermannhaus für Musik und Kunst C 4, 9 dazu – mit ZEPHYR, einer der wichtigsten Ausstellungen für zeitgenössische Fotografie in Deutschland.

Mannheim, Di–So 11–18 Uhr,
www.rem-mannheim.de

5 Hambacher Schloss

Am 27. März 1832 wehten die schwarz-rot-goldenen Fahnen auf dem Schlossberg bei Neustadt und machten das Hambacher Schloss, die Ruine einer mittelalterlichen Burg, zur »Wiege der deutschen Demokratie«. 2008 wurde es nach jahrelanger Renovierung wiedereröffnet – mit einer staatsbürgerlich bildenden Dauerausstellung. Ganz neu sind der »Ruinenweg« und der »Sommerweg«, die zu unpolitischen Spaziergängen einladen.

Hambacher Schloss, Neustadt/Weinstraße,
Apr.–Okt 10–18 Uhr, Nov.–März 11–17 Uhr,
www.hambacher-schloss.de

Deutsches Weinlesefest

1909 veranstalteten die Neustädter Winzer ihren ersten Festumzug. Was heute daraus geworden ist, kann man jedes Jahr zwei Wochen lang zwischen Ende Sept. und Mitte Okt. erleben.
www.neustadt.eu

Anreise

Hamburg:	4:29 h
Berlin:	5:07 h
Dresden:	6:22 h
Köln:	1:41 h
München:	3:19 h

Hotels

René Bohn
Hier wohnt und schläft man Tür an Tür mit Chemiemanagern und anderen Business People zwischen Hauptbahnhof und BASF-Gelände. Das Hotel des Großkonzerns bietet moderne Zimmer, eine schöne Lounge-Terrasse und ein tolles Frühstücksbuffet.
René-Bohn-Str. 4, Ludwigshafen,
Tel. 06 21/609 91 00, DZ ab 170 €,
www.standort-ludwigshafen.basf.de
(»Infos für Nachbarn« – »Gastronomie«)

Speicher7
Unmittelbar am Rhein steht der Hafenspeicher aus den 1950er-Jahren, der zu einem sehr originellen Hotel umgebaut wurde. In den Zimmern wechseln nackter Beton mit schicken Textilien und allerlei Globetrotter-Accessoires. Tolle Bar (mit Tapas), tolles »Sonnendeck« am Wasser.
Rheinvorlandstr. 7, Mannheim,
Tel. 06 21/122 66 80, DZ ab 120 €,
www.speicher7.com

Residenz am Königsplatz
Schön renovierter Barockbau in zentraler Lage in Speyer, Technik Museum und Dom sind bequem zu Fuß erreichbar. Überwiegend moderne Einrichtung. Autofahrer aufgepasst: Es gibt keine hoteleigenen Parkplätze.
Ludwigstr. 6, Speyer,
Tel. 062 32/68 49 90, DZ ab 165 €,
www.residenz-speyer.de

40 Skyline
Frankfurt

Frankfurt steht mit gut 700 000 Einwohnern nur auf Platz 5 der größten Städte Deutschlands, dafür ist seine Skyline die einzige im Land, die Weltstadt-Format hat – »Mainhattan« eben. 32 Gebäude sind höher als 100 m, und die im März 2015 eröffneten beiden Türme der Europäischen Zentralbank sind mit 185 m längst nicht die höchsten. 26 Türme listet das offizielle Verzeichnis. Auf Platz 1 steht der Commerzbank Tower (259 m), gefolgt von der nur 2 m niedrigeren Rakete des Messetowers. Der höchste Turm der Stadt ist der Europaturm (337 m), meist Fernsehturm genannt und darum kein Hochhaus ... Den schönsten Blick auf die sich weiter vergrößernde Turmparade hat man vom südlichen Mainufer zwischen Alter Brücke bzw. Maininsel, dem alten Eisernen Steg, Untermainbrücke und dem modernen Holbeinsteg. Die Mainuferpromenade ist mit ihren Grünanlagen und der fotogenen Skyline gegenüber der eindrucksvollste Ort zum Spazierengehen, Joggen oder Radfahren. Hier reihen sich außerdem die Museen dicht an dicht: Museum Giersch, Städelsches Kunstinstitut/Städtische Galerie (Städel), Museum für Kommunikation, Deutsches Architekturmuseum, Deutsches Filmmuseum, Museum der Weltkulturen/Galerie 37, Museum für Angewandte Kunst ... und noch ein paar mehr.

Mainufer, Frankfurt,
www.frankfurt-tourismus.de
(»Sehenswertes – Modernes Frankfurt«)

Hier kann man den Türmen beim Wachsen zusehen. Frankfurt ist noch lange nicht fertig.

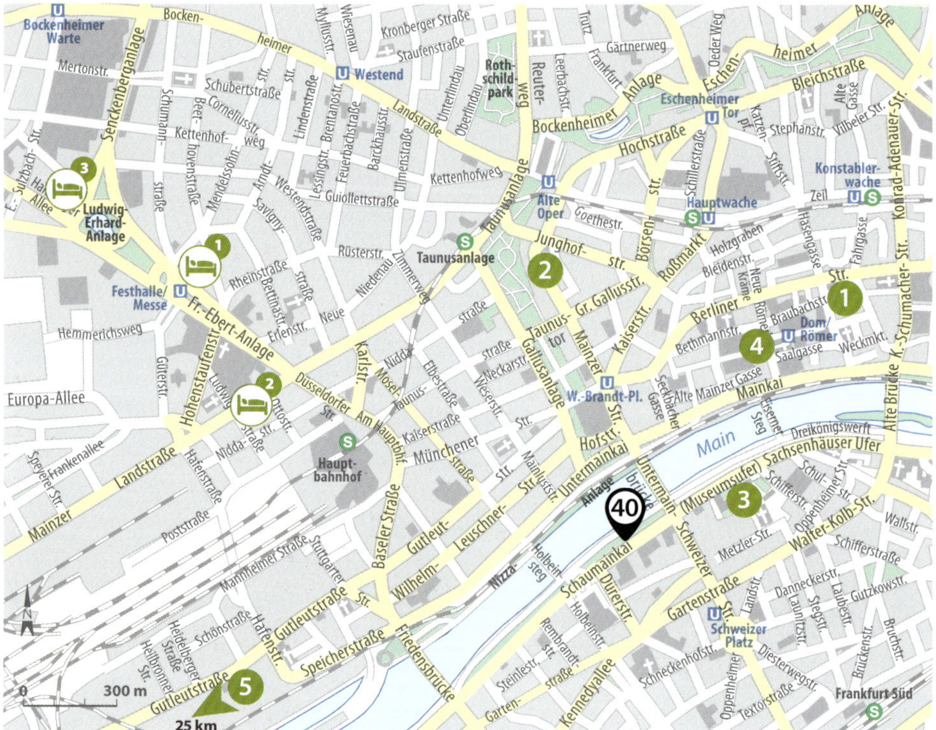

![40] Skyline am Museumsufer
1 MMK
2 Main Tower
3 Museum Angewandte Kunst
4 Schirn Kunsthalle
5 Opelvillen
Hotel 1 Hessischer Hof
Hotel 2 The Pure
Hotel 3 Frankfurt Marriott

Museumsuferfest

3 Mio. Besucher flanieren am letzten Augustwochenende über die 8 km lange Partymeile auf beiden Seiten des Mains. Es gibt Open-Air-Ausstellungen, Kleinkunst, Musik und gut zu essen. Highlights sind das Drachenbootrennen und das abschließende Feuerwerk.
www.museumsuferfest-frankfurt.de

1 Museum für moderne Kunst

Das architektonische Kunststück gilt mit seinem keilförmigen Grundriss als das »Tortenstück« der Frankfurter Museumslandschaft. 1991 passgenau auf einem dreieckigen Grundstück neben dem Dom eröffnet, überwältigt es aber vor allem im Inneren mit seiner fantastischen Raumaufteilung und Lichtführung. Kunst ist auch zu sehen: »Sahnestücke« der amerikanischen Pop Art, Francis Bacon, Joseph Beuys, Bernd und Hilla Becher, Gerhard Richter – alles ab den 1960er-Jahren. Im Herbst 2014 bekam das MMK zusätzlich rund 2000 qm Ausstellungsfläche im neuen TaunusTurm mitten im Frankfurter Bankenviertel.

Domstr. 10, Frankfurt,
Di–So 10–18 Uhr, Mi bis 20 Uhr,
www.mmk-frankfurt.de

2 Main Tower

Der Turm zum Millennium: 2000 eröffnete am Westrand der Innenstadt der Main Tower, eigentlich ein Hochhaus-Ensemble mit einem 200 m hohen runden und einem angesetzten quadratischen Turm, der 30 m niedriger ist. Von keinem anderen Frankfurter Hochhaus können Besucher das weitere Wachsen der Stadt von ganz (!) oben verfolgen. Der Main Tower schrieb aber auch Architekturgeschichte: Er war bei seiner Eröffnung das erste Hochhaus in Europa mit einer vollverglasten Fassade. Die 2550 Fenster lassen sich parallel zur Fassade nach außen öffnen, was eine Vollklimatisierung unnötig machte. Wer sich etwas Besonderes gönnen möchte, reserviert für den Abend einen Tisch im »Main Tower Restaurant & Lounge« im 53. Stock (187 m), einer der beliebtesten Frankfurter Adressen für höhere Ansprüche. Die Glasfront ist 8 m hoch!

Neue Mainzer Str. 52–58, Frankfurt, Besucherplattform Apr.–Okt. So–Do 10–21 Uhr, Fr/Sa 10–23 Uhr, Nov.–März So–Do 10–19 Uhr, Fr/Sa 10–21 Uhr,
www.maintower.de

Die Rotunde in der Schirn Kunsthalle ist für sich schon ein Kunstwerk.

3 Museum Angewandte Kunst

Welche Gestalt soll der Alltag haben? Auf diese Frage haben Menschen seit jeher die interessantesten Antworten gefunden. Einige besonders typische sind hier zu sehen: Design, Buchkunst und Grafik vom 12. bis ins 21. Jh., dazu islamische und ostasiatische Kunst – und stets die Beschäftigung mit dem ästhetischen Mehrwert guter Funktion. Das Museum in der klassizistischen Villa der Familie Metzler wurde zusammen mit einem modernen Neubau 2013 wiedereröffnet. Spannende Sonderausstellungen – sie widmeten sich 2015 dem »Design« Buddhas und dem »Hamster Hipster Handy«.

Schaumainkai 17, Frankfurt,
Di–So 10–18 Uhr, Mi bis 20 Uhr,
www.museumangewandtekunst.de

4 Schirn Kunsthalle

Mit ihrer eigenartigen Architektur – einer 140 m langen, sehr schmalen Haupthalle und der imposanten, von einer Glaskuppel gekrönten Rotunde, gehört sie zu den ersten Adressen für Im- und Expressionisten, Dadaisten, Surrealisten und alle Arten von Zeitgenossen.

Römerberg, Frankfurt,
Di–So 10–19 Uhr, Mi/Do bis 22 Uhr,
www.schirn.de

5 Opelvillen

Im westlich benachbarten Rüsselsheim, wo Opel immer noch Autos baut, ist mit dem Ensemble der beiden Opelvillen und dem nach 2002 neu gestalteten Zwischenbau ein moderner Kulturort entstanden: Hier zeigt die Stiftung Opelvillen in historisch-zeitgenössischem Ambiente moderne Malerei und Fotografie.

Ludwig-Dörfler-Allee 9, Rüsselsheim,
Mi und Fr–So 10–18 Uhr, Do 10–21 Uhr,
www.opelvillen.de

Anreise

Hamburg:	1:10 h	Flugzeug
Berlin:	1:10 h	Flugzeug
Dresden:	1:00 h	Flugzeug
Köln:	1:14 h	Bahn
München:	3:13 h	Bahn

Hotels

Hessischer Hof

Er steht genau gegenüber der Messe und ist immer noch privat geführt: Seit dem Abschluss der umfangreichen Modernisierungsarbeiten im Jahr 2014 erstrahlt die berühmte Nobelherberge in neuem (und deutlich coolerem) Glanz. Das Gourmetrestaurant »Sévres« und »Jimmy's Bar« sind Fixsterne der Frankfurter Gastronomie.

Friedrich-Ebert-Anlage 40, Frankfurt,
Tel. 069/754 00, DZ ab 180 €,
www.hessischer-hof.de

The Pure

So sieht pures Design also aus: vor allem weiß. Und zwar außen, an der Fassade des ehemaligen Fabrikgebäudes im Bahnhofsviertel, wie innen, zwischen Rezeption, Lobby, Frühstücksraum und Bar. Damit man nicht friert, gibt es in den Zimmern Parkettfußböden und Details aus dunklem Holz.

Niddastr. 86, Frankfurt,
Tel. 069/710 45 70, DZ ab 94 €,
www.the-pure.de

Frankfurt Marriott

Hier wird man als zahlender Gast zu einem Teil der Frankfurter Skyline – vor allem, wenn man ein Zimmer zwischen der 30. und der 43. Etage bucht. Der Turm steht direkt gegenüber von Messeturm und Festhalle.

Hamburger Allee 2, Frankfurt,
Tel. 069/795 50, DZ ab 129 €,
www.marriott.com

So schön können Daten aussehen: die Projektion »micro | macro« im ZKM.

41 Zentrum für Kunst und Medientechnologie ZKM

Karlsruhe

Hier geht es ums Ganze: »GLOBALE« heißt die Ausstellung am Zentrum für Kunst und Medientechnologie ZKM in Karlsruhe. Bis zum 17. Apr. 2016 werden die beiden großen Themen unserer Zeit behandelt: Globalisierung und Digitalisierung. Zwei fantastische Großinstallationen inszenieren die Verbindung von Kunst und Naturwissenschaften bzw. Technik: die künstliche Wolke »Cloudscapes« und »micro | macro«, eine sehr großformatige architektonisch-audiovisuelle Projektion.

Das ZKM als Museum zu bezeichnen, greift viel zu kurz. In seinen Ausstellungen und Programmen geht es immer um den rasanten Fortschritt der Informationstechnologien und deren Bedeutung für unser Zusammenleben. Es ist gleichermaßen Spiel-, Forschungs-, Ausstellungs-, Veranstaltungs- und Dokumentationsstätte – und obendrein die modernste Sehenswürdigkeit in der barocken Residenzstadt Karlsruhe. Hier kann man daddeln, bis die Finger glühen, und man kann ganz seriös erfahren, wie Kunst, moderne Medien und unsere Art zu kommunizieren miteinander zusammenhängen. Die beiden Zweige des ZKM, das Medienmuseum und das Museum für Neue Kunst, bieten genug Platz für ein riesiges Veranstaltungsprogramm mit Konzerten, Performances, Vorträgen und Konferenzen.

Lorenzstr. 19, Karlsruhe,
Mi–Fr 10–18 Uhr, Sa/So 11–18 Uhr,
www.zkm.de

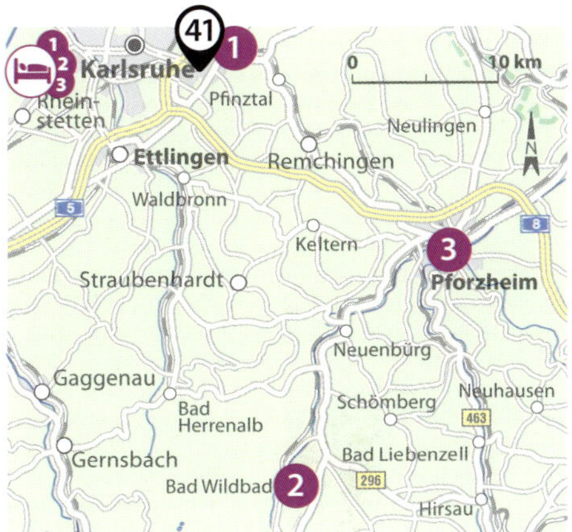

41 ZKM
1 Zoologischer Stadtgarten
2 Baumwipfelpfad Bad Wildbad
3 »Goldstadt« Pforzheim
1 Schlosshotel
2 Der Blaue Reiter
3 Novotel

1 Zoologischer Stadtgarten

Die grüne Lunge Karlsruhe atmet im Herzen der Stadt zwischen Hauptbahnhof und Kongresszentrum. Halb Zoo und halb Park, bietet der Stadtgarten nicht nur Einwohnern und Touristen, sondern auch Pflanzen und Tieren jede Menge Platz zum Leben und zur Erholung. Man spaziert zwischen dem historischen Baumbestand, vorbei an bunten Blütenarrangements und Wasserflächen, und macht nebenbei eine kleine Weltreise: Die Bewohner der verschiedenen »Tiererlebniswelten« stammen aus der afrikanischen Savanne, dem südamerikanischen Regenwald, der Bergwelt des Himalaja und dem australischen Outback. 2015 kamen ein neues Gehege für die Nasenbären und das Exotenhaus mit Aquarien dazu. Das Gelände ist über drei Eingänge zugänglich und täglich bis zum Einbruch der Dunkelheit geöffnet. Die Tierhäuser schließen im Winter um 17 Uhr, im Sommer um 18 Uhr.

Bahnhofpl. 4 (Mai–Sept. ab 8 Uhr, sonst ab 9 Uhr), Am Festpl. 9 (Feb.–Sept. ab 9 Uhr, sonst ab 10 Uhr), Ettlinger Str. 23 (Mai–Okt. ab 10 Uhr, sonst ab 11 Uhr), Karlsruhe, www.karlsruhe.de/b3/freizeit/zoo

2 Baumwipfelpfad Bad Wildbad

Für diesen Ausflug in den Schwarzwald nimmt man am besten die Öffis. Von vielen Gastgebern erhält man die Konus-Gästekarte (www.konus-schwarzwald.info), die Besitzern freie Fahrt mit Bahnen und Bussen gewährt. 1 Std. dauert die Fahrt mit der S-Bahn von Karlsruhe nach Bad Wildbad (nonstop oder umsteigen in Pforzheim). Dort geht es mit der Sommerbergbahn bequem hinauf auf den Sommerberg und von der Bergstation in 5 Min. zum Beginn des Baumwipfelpfades, der im Sept. 2014 eröffnet wurde. Gut 1,2 km weit wandert man kurzweilig durch den Wald, vorbei an Spaß-, Spiel- und Infostationen, und endlich hoch über die Wipfel hinaus: Mit seiner Höhe von 40 m ist der Schneckenturm nicht nur ein sagenhafter Aussichtspunkt, sondern auch eine architektonische Skulptur. Der Weg über die sanft ansteigende, spiralförmig in die Höhe geschraubte Rampe ist sogar barrierefrei – bis ganz hinauf, wo man das 360-Grad-Panorama genießt. Vom Turm hinunter geht es auf demselben Weg – oder, gegen Gebühr, seit Apr. 2015 auch durch die 55 m lange Tunnelrutsche.

Bad Wildbad, Mai–Sept. tgl. 9.30–19.30 Uhr, in Herbst u. Winter nur bis 18 bzw. 15.30 Uhr, www.bad-wildbad.de/baumwipfelpfad

3 »Goldstadt« Pforzheim

Gerade mal 20 Min. dauert die Fahrt mit der Bahn von Karlsruhe nach Pforzheim. 75 % des deutschen Schmucks kommen von hier. Drei interessante Adressen geben Auskunft: Im 2005 eröffneten Neubau des Industriehauses unweit des Hauptbahnhofs sind die Schmuckwelten (Westl. Karl-Friedrich-Str. 56, Pforzheim, Mo–Sa 10–19 Uhr, www.schmuckwelten.de) zu besichtigen, die in der »Einkaufswelt« heimische und internationale Geschmeide und Uhren von mehr als 200 Herstellern ausstellen. In der »Erlebniswelt« werden dagegen Information und Interaktion geboten – und Emotion, die sich unweiger-

Das Fest

Zum dreitägigen Sommer-Open-Air in der Günther-Klotz-Anlage strömen an jedem Tag um die 50 000 Zuschauer – die für das Geschehen auf den verschiedenen Bühnen keinen Cent bezahlen. Dabei treten auch Top-Acts wie Beatsteaks, Peter Fox, die Fantastischen Vier oder Clueso auf. www.dasfest-karlsruhe.de

Hotels

Schlosshotel
Das anno 1914 erbaute Grandhotel steht genau zwischen Hauptbahnhof und Zoologischem Stadtgarten, bietet zeitgemäßen Businesskomfort in sehr stilvollem Ambiente und einen kleinen Wellness- und Saunabereich. Badische Spezialitäten serviert man in der »Schwarzwaldstube«.
Bahnhofspl. 2, Karlsruhe,
Tel. 07 21/383 20, DZ ab 79 €,
www.schlosshotelkarlsruhe.de

Der Blaue Reiter
Diese sehr empfehlenswerte Adresse für Tagungs- und Freizeitgäste liegt in Durlach, wenige Kilometer östlich des Karlsruher Stadtzentrums. Viel modernes Design und kräftige Farben. In den Zimmern hängen Reproduktionen von Bildern des »Blaue Reiter« (z. B. Franz Marc).
Amalienbadstr. 16, Karlsruhe,
Tel. 07 21/94 26 60, DZ ab 125 €,
www.hotelderblauereiter.de

Novotel Karlsruhe City
Sehr zentral beim Kongresszentrum und nur 10 Min. Gehzeit vom Schloss entfernt steht das große, moderne Businesshotel mit seinen 246 gut und zweckmäßig eingerichteten Zimmern und Suiten. Wi-Fi, Sauna, Dampfad und Fitness gibt's kostenlos.
Am Festpl. 2, Karlsruhe,
Tel. 07 21/352 60, DZ ab 99 €,
www.novotel.com

Auf der spiralförmigen Rampe des spektakulären Aussichtsturms in Bad Wildbad schraubt man sich hoch über alle Baumwipfel hinaus.

lich einstellt, wenn man sich z. B. an einer Wand aus Gold entlangtastet oder prächtige Mineralien aus aller Welt bewundert. Und dann lassen sich in der »Gläsernen Manufaktur« noch die Goldschmiede bei der Arbeit zusehen. Mitmachen erlaubt! Am Stadtgarten zeigt das Schmuckmuseum (Jahnstr. 42, Di–So, 10–17 Uhr, www.schmuckmuseum-pforzheim.de) Schmuckkunst aus nicht weniger als fünf Jahrtausenden in schick-moderner Architektur – und seit der Neugestaltung anno 2006 auf doppelt so großer Fläche. Rund 300 m südlich davon erreicht man das Technische Museum der Pforzheimer Schmuck- und Uhrenindustrie (Bleichstr. 81, www.technisches-museum.de, Mi 14–17 Uhr, So 10–17 Uhr), das viele auch heute noch funktionstüchtige Maschinen ausstellt, dazu kundige Mitarbeiter, die demonstrieren, wie man sie bedient. Vor den Augen der Besucher entstehen Goldketten, Anhänger und Ringe.

Pforzheim
www.pforzheim.de

Anreise

Hamburg:	1:15 h	Flugzeug
Berlin:	1:15 h	Flugzeug
Dresden:	5:20 h	Auto
Köln:	2:03 h	Bahn
München:	3:02 h	Bahn

42 Museum Frieder Burda

Baden-Baden

Weiß schimmernd, kantig und doch nach allen Seiten offen, einladend – so steht das Museum Frieder Burda seit 2004 in der grünen Parklandschaft an der Lichtentaler Allee in Baden-Baden. Es ist eines der bedeutendsten privaten Sammlermuseen in Deutschland. Bauherr Frieder Burda (*1936), Sohn des legendären Verleger-Ehepaars Franz und Aenne Burda, stellt hier auf drei mit begehbaren Rampen verbundenen Geschossen aus, was er seit 1968 gesammelt hat: rund 1000 Werke der klassischen Moderne und der zeitgenössischen Kunst, darunter Gemälde, Skulpturen, Objekte und Arbeiten auf Papier: deutsche (Beckmann, Kirchner, Macke) und amerikanische Expressionisten (Pollock, Rothko), das Spätwerk Picassos, Baselitz und Penck, Gerhard Richter und Sigmar Polke. Eine gläserne Brücke verbindet das Museum mit der Staatlichen Kunsthalle (Di–So 10–18 Uhr, www.kunsthalle-baden-baden.de). Zur Baden-Badener Museumsmeile am Westufer der Oos gehören außerdem das Kulturhaus LA8 mit dem Museum für Kunst und Technik (Lichtentaler Alle 8, Di–So 11–18 Uhr, www.la8.de) und das Stadtmuseum Baden-Baden (Lichtentaler Allee 10, Di–So 11–18 Uhr, www.baden-baden.de) – vier erstklassige Museen auf 800 m Strecke!!

Lichtentaler Alle 8b, Baden-Baden,
Di–So 10–18 Uhr,
www.museum-frieder-burda.de

Von der Kur zur Kunst: Das Museum Frieder Burda repräsentiert das moderne Baden-Baden.

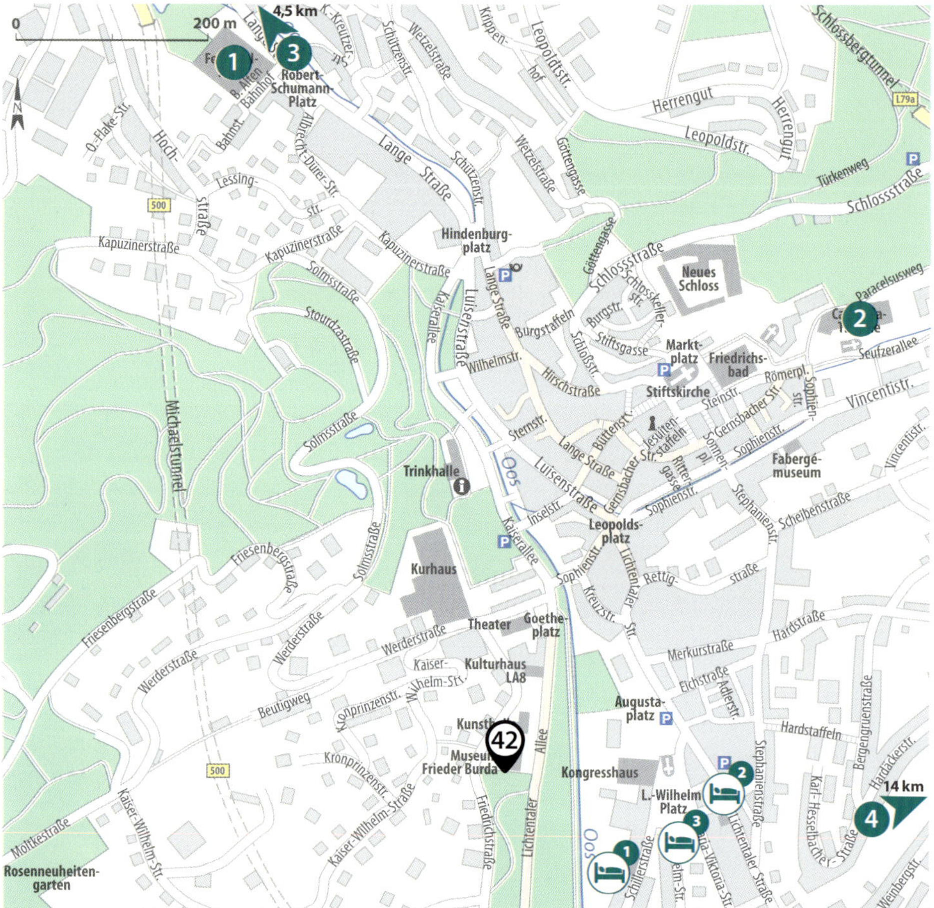

(42) Museum Frieder Burda	3 E-Bike-Tour Rebland (Ausgangspunkt)	1 Brenner's Park Hotel
1 Festspielhaus		2 Der Kleine Prinz
2 Caracalla Therme	4 Ortenauer Weinpfad (Ausgangspunkt)	3 Belle Epoque

1 Festspielhaus Baden-Baden

Das größte Opernhaus Deutschlands steht nicht an Elbe, Isar oder Spree, sondern am Flüsschen Oos, am Rand des Schwarzwalds. 1998 wurde das neue Festspielhaus in Baden-Baden an den alten Stadtbahnhof angesetzt. Mit seinen 2500 Sitzplätzen und dem vollverglasten Treppenhaus ist es dabei nicht nur am Abend ein strahlendes Vorbild für die Kunstszene im Land: Seit 2000 kommt es als einziges deutsches Bühnenhaus ohne öffentliche Subventionen aus. Das Programmheft listet die Stars des internationalen Opern- und Konzertbetriebs auf. Bekannt sind auch die Fernsehaufzeichnungen und Live-Übertragungen großer Operninszenierungen. *Die* Festspielsaison? Ist eigentlich ganzjährig.

Beim Alten Bahnhof 2, Baden-Baden,
www.festspielhaus.de

2 Caracalla Therme

Aus dem Friedrichsstollen sprudelt das Thermalwasser aus 2000 m Tiefe ins zentrale Becken unter der hohen Kuppel, es fließt durch den Strömungskanal, und es füllt all die anderen großen und kleinen Pools, innen wie außen. Mit seinen Heiß- und Kaltwassergrotten, Whirlpools, Wasserfällen und Massagedüsen richtet es sich durchaus an ein Freizeitpublikum. Ganz neu ist die große Aufguss-Sauna, die nicht umsonst »Spectaculum« heißt: Sie bietet Platz für 60 Personen – und Spektakel in Form von Themen- und Erlebnisaufgüssen.

Römerpl. 1, Baden-Baden, tgl. 8–22 Uhr,
www.carasana.de

Rosenneuheiten-Wettbewerb

Der Rosengarten auf dem Beutig entzückt seine Besucher eigentlich immer, vor allem aber zur Hochblütezeit im Juni, wenn beim Rosenneuheiten-Wettbewerb die »Goldene Rose von Baden-Baden« vergeben wird.
www.baden-baden.com

Oper und Philharmonie, Tanztheater und Jazzbühne. Das Festspielhaus ist einer der besten und vielseitigsten Kulturtempel der Republik. – aber in jedem Fall mehr »E« als »U«.

3 E-Bike-Tour durchs Rebland

Die 36 km lange »Rebland«-Runde führt am Kurhaus vorbei und hinauf zur imposanten Yburg auf dem Yberg (515 m). Man kann den Gipfel aber auch auslassen und durch die Weinberge und Obstwiesen nach Geroldsau radeln. Zurück nach Baden-Baden kommt man dann über die Schwarzwaldhochstraße. E-Bikes kann man in Baden-Baden mieten (Info: Tel. 072 21/27 52 00, www.baden-baden.de).

www.naturparkschwarzwald.de/sport-erlebnis/e-bike/

4 Ortenauer Weinpfad

Die erste Etappe des über 100 km langen Ortenauer Weinpfads beginnt in Gernsbach, das man von Baden-Baden mit Regiobus oder Bahn in ca. 30 Min. erreicht. Mit schönster Aussicht wandert man über Schloss Eberstein (Schlossschänke!) und den waldigen Gernsberg zum Fremersberg. Von der Eckbergkapelle hat man zuletzt einen tollen Blick auf Baden-Baden. 14,5 km, ca 3.30 Std.

www.weinparadies-ortenau.de/ortenauer-weinpfad/

Anreise

Hamburg:	1:15 h	Flugzeug
Berlin:	1:15 h	Flugzeug
Dresden:	5:00 h	Auto
Köln:	2:30 h	Bahn
Wien:	7:41 h	Bahn

Hotels

Brenner's Park-Hotel und Spa
Eines der berühmtesten deutschen Tophotels. Mit dieser Immobilie begann der Bädertourismus in Baden-Baden, hier kann man heute noch erleben, was luxuriöse Wohlfühl- über schnöde Wellnessprogramme heraushebt. Ambiente, Service, Restaurant, der wunderschöne Park – alles vom Feinsten: Wer sich's leisten kann, mag nicht mehr so schnell weg.
Schillerstr. 4–6, Baden-Baden, Tel. 072 21/90 00, DZ ab 320 €, www.brenners.com

Der Kleine Prinz
Sehr hübsches Stadtpalais von anno 1890 in zentraler Lage nahe dem Kongresshaus und der Museumsmeile. Das Ambiente in Zimmern und Suiten pendelt zwischen niedlich und elegant, das Essen im Gourmetrestaurant zwischen französisch und regional.
Lichtentaler Str. 36, Baden-Baden, Tel. 072 21/34 66 00, DZ ab 199 €, www.derkleineprinz.de

Belle Epoque
Es heißt nicht nur so, es sieht auch so aus. Entzückendes Luxusrefugium gegenüber dem Kongresshaus mit repräsentativen Treppenaufgängen und schönem Garten. Großartige Interieurs mit erlesenen Antiquitäten.
Maria-Viktoria-Str. 2, Baden-Baden, Tel. 072 21/30 06 60, DZ ab 235 €, www.hotel-belle-epoque.de

43 Vitra Design Museum

Weil am Rhein

Gleich vorweg: Das Museum des Schweizer Edel-Einrichters, der seine Möbel seit 1950 in Weil am Rhein produziert, zeigt nicht nur Stühle. Das Spektrum der Ausstellungen, Retrospektiven und Workshops deckt nahezu das gesamte Feld zwischen Architektur und Design ab – mit einem klaren Schwerpunkt auf Möbeln und Innenraumgestaltung. Die Basis bilden dabei die Entwürfe des amerikanischen Designer-Ehepaars Charles und Ray Eames, das Vitra herstellte und in Europa vertrieb. Doch in der Sammlung sind ebenfalls alle anderen wichtigen Industriegestalter vertreten, unter ihnen Alvar Aalto und der legendäre Braun-Designer Dieter Rams. Ein Meisterstück ist natürlich auch der Museumsbau von Frank Gehry. 2014 übernahm das Basler Architekturbüro Herzog & de Meuron den Auftrag, einen neuen Sammlungsbau zu errichten, in dem weitere Möbel und Leuchten zu sehen sein werden – voraussichtlich ab Ende 2015. Die 65 km von Freiburg nach Weil am Rhein legt man übrigens mit dem Auto zurück oder mit der Bahn – ohne umzusteigen, im Stundentakt (Fahrzeit: 50 Min.).

Charles-Eames-Str. 1, Weil am Rhein, tgl. 10–18 Uhr,
www.design-museum.de

Schöner Wohnen?
Alles nur eine Frage der
richtigen Gestaltung.

43 Vitra Design Museum
1 Fondation Beyeler
2 Schlossbergturm
3 Schauinsland
4 Künstlerwerkstatt L6
5 E-Werk
Hotel 1 Best Western Victoria
Hotel 2 Colombi
Hotel 3 The Alex

1 Fondation Beyeler

Keine 4 km vom Vitra Design Museum entfernt, gleich hinter der Schweizer Grenze, hat sich ein weiterer Star-Architekt verewigt: Renzo Piano. Von ihm stammt der 127 m lange, großflächig verglaste Bungalow, in dem die Fondation Beyeler ihre Schätze zeigt – bedeutende Werke großer Maler des späten 19. und 20. Jh.: von Cézanne und van Gogh über Giacometti, Picasso und Miró bis Warhol, Lichtenstein und Bacon. Stammeskunst aus Afrika, Ozeanien und Alaska bildet einen spannenden Kontrapunkt.

Baselstr. 101, CH-Basel,
tgl. 10–18 Uhr, Mi bis 20 Uhr,
www.fondationbeyeler.de

2 Schlossbergturm

Nur 3 Min. dauert die Fahrt mit der Bahn auf den Freiburger Schlossberg unmittelbar am Ostrand der Altstadt. Oben steht seit 2002 der eigenartige Schlossbergturm. 33 m hoch, bietet er nicht nur einen grandiosen Blick auf die 185 m tiefer gelegene Stadt mit dem genau gegenüber aufragenden Turm des Münsters. Beim Aufstieg kann man auch die avantgardistische Bauweise bestaunen: Wie überdimensionale Mikadostäbe wurden Douglasienstämme aus dem Stadtforst, Opfer von Orkan Lothar, rund um die schmale, zentrale Wendeltreppe aus Stahl verdrillt. Der Kanonenplatz auf dem Schlossberg ist übrigens einer der schönsten Plätze, um den Sonnenuntergang über der Stadt zu erleben.

Stadtgarten, Freiburg,
tgl. 9–22 Uhr, Di bis 18 Uhr,
www.schlossberg-bahn.de

3 Rollerfahrt vom Schauinsland

746 Höhenmeter fährt man mit der Seilbahn von der Talstation bei Horben zur Bergstation neben dem Gipfel des Schauinsland (1284 m) hinauf. 746 Höhenmeter saust man auf modernen Hightech-Rollern wieder hinunter. Der Freiburger Hausberg hat nicht nur einen schönen Namen. Beim »Aufstieg« in den Kabinen der denkmalgeschützten Seilbahn (Bj. 1930) genießt man das Retro-Feeling, beim Blick vom Turm auf dem Gipfel das Panorama von Schweizer Alpen und Vogesen und bei der Abfahrt einen sehr zeitgeistigen Freizeitspaß: Auf der längsten Downhill-

Schlossbergfest

Fünf Tage lang, Ende Juli/Anfang Aug., verwandelt sich der Freiburger Schlossberg zur Partyzone für die ganze Familie. Mit Rock, Blues, Jazz und Samba für die Großen, Hüpfen und Rutschen für die Kleinen.
www.schlossbergfest-freiburg.de

Bis(s) zum Sonnenuntergang und darüber hinaus: auf dem Freiburger Schlossberg.

Rollerstrecke Europas ist man etwa 1 Std. unterwegs (Mai u. Juni So/Fei, Juli, Sept., Okt. Sa/So/Fei, Aug. Mi–So; Start jeweils 14 und 17 Uhr an der Bergstation, www.rollerstrecke.de).

Bohrerstr. 11, Horben,
tgl. 9–17 Uhr, Juli–Sept. 9–18 Uhr,
www.schauinslandbahn.de

4 Künstlerwerkstatt L6

2004 zog kompromisslos zeitgenössische Kunst in die Räume im Freiburger Norden ein – vor allem Druckgrafik, wie die eindrucksvollen Druckpressen beweisen. In wechselnden Ausstellungen wird aber auch Objekt-, Foto- und Medienkunst gezeigt. Zehn Künstlerateliers, acht Probenräume für Bands, Werkstatträume und ein Wohnatelier für Gastkünstler aus aller Welt stehen im L6 zur Verfügung.

Lameystr. 6, Freiburg,
Do/Fr 16–19 Uhr, Sa/So 11–17 Uhr,
www.kuenstlerwerkstatt-l6.de

5 E-Werk

Klassik, Jazz und Rock, Tanz und Theater – rund 400 Veranstaltungen im Jahr! Damit ist das E-Werk, ein gut 100 Jahre alter Industriebau mit Rundbögen, Eisenträgern und großen Glasflächen südlich des Hauptbahnhofs und direkt an der Dreisam, eine der wichtigsten Adressen im jungen Freiburger Kulturleben. Hier arbeiten 30 bildende Künstler in ihren Ateliers, es proben und spielen die Freiburger Schauspielschule, die Tanzschule »bewegungs-art« und das Musiktheater »Die Schönen der Nacht«.

Eschholzstr. 77, Freiburg,
www.ewerk-freiburg.de

Anreise

Hamburg:	1:25 h (Flug)
Berlin:	1:40 h (Flug)
Dresden:	1:25 h (Flug)
Köln:	3:04 h (Bahn)
München:	4:11 h (Bahn)

Hotels

Best Western Victoria
Der schöne Altbau beherbergt das ökologisch korrekte Pionierprojekt des Gastgewerbes in der grünen Stadt Freiburg – mit Solarkraftwerk und Windturbinen, Holzpelletheizung und Bio-Frühstück. Konventionell im allerbesten Sinn ist im Haus dagegen die hervorragende »Hemingway«-Bar (mit Smokers Lounge).
Eisenbahnstr. 54, Freiburg,
Tel. 07 61/20 73 40, DZ ab 129 €,
www.victoria.bestwestern.de

Colombi
Sehr nobles, sehr elegantes Stadthotel mit individuell und in bester Oldschool-Manier eingerichteten Zimmern und Suiten. Moderner Spa und Fitnessraum. Weithin bekannt sind das Gourmetrestaurant »Zirbelstube«, der Weinkeller und die Piano-Bar.
Rotteckring 16, Freiburg,
Tel. 07 61/210 60, DZ ab 224 €,
www.colombi.de

The Alex
Nach umfangreicher Renovierung wurde es 2014 neueröffnet: ein sympathisches kleines Businesshotel zwischen Altstadt und Uni. Man wohnt in kleinen, sehr schön eingerichteten Zimmern in Weiß, Beige und Braun, man genießt den Absacker in der Weinbar »Winery 29«.
Rheinstr. 29, Freiburg,
Tel. 07 61/29 69 70, DZ ab 90 €,
www.the-alex-hotel.de

44 Mercedes-Benz Museum

Stuttgart

2006 eröffnete der wohl berühmtesteste Automobilkonzern der Welt auf einem künstlichen Berg zwischen Stammwerk und Motorenwerk in Bad Cannstatt sein Firmenmuseum: eine Kathedrale des Glaubens an die niemals endende Automobilität. Aus dem sakralen, fast 50 m hohen Atrium führen zwei Aufzüge, als Zeitmaschinen verkleidet, hinauf in die Vergangenheit, wo ein Pferd der Daimler-Motorkutsche und dem Benz-Patent-Motorwagen von 1886 gegenübersteht: 1 PS und seine technische Imitation – eine starke museale Inszenierung. Auf schrägen Rampen läuft man abwärts in die Zukunft. Durch sieben »Mythosräume« (von den ersten Autos der Welt bis zu den Silberpfeilen) und fünf »Collectionsräume« (Reisefahrzeuge, Lastwagen, Nutzfahrzeuge, Staatskarossen und Autos des Alltags) schraubt man sich hinab, vorbei am feuerroten 500K Roadster von 1936 und dem silbernen 300 SL Coupé von 1955. Zuletzt legt sich ein Schwarm Silberpfeile über den Köpfen der Besucher in die Kurve. Motoren dröhnen, Formel-1-Weltmeister nehmen Pokale entgegen. Das sollte mal wieder den nebenan trainierenden Kickern vom VfB Stuttgart passieren.

Mercedesstr. 100, Stuttgart,
Di–So 9–18 Uhr,
www.automuseum-stuttgart.de

Die Anbetung der Pferdestärke ist das Grundprinzip im Mercedes-Benz Museum.

- (44) Mercedes-Benz Museum
- (1) Porsche Museum
- (2) Weissenhofsiedlung
- (3) Kunstmuseum
- (4) Höhenpark Killesberg
- (5) Schutzbauten Stuttgart
- (6) Partymeilen: Theodor-Heuss-Straße und Hans-im-Glück-Brunnen
- (Hotel 1) Le Méridien
- (Hotel 2) Steigenberger Graf Zeppelin
- (Hotel 3) Kronenhotel

1 Porsche Museum

Dieses Haus hat rund 100 Mio. € gekostet – und dann nicht mal einen rechten Winkel. Schluss mit lustig, im nördlichen Stadtbezirk Zuffenhausen wollten die Macher bei Porsche das Museum ihrer Kollegen von Mercedes im südlichen Bad Cannstatt offenbar toppen und bestellten ein »unmögliches« Bauwerk, das eher einer (sehr schiefen) Brücke ähnelt als einem Haus. 2009 wurde es eröffnet. Innendrin sind mehr als 80 Fahrzeuge der Marke Porsche zu sehen: legendäre Modelle wie der 356, der 911 oder der 917, die niemals nur technische Spitzenklasse repräsentierten, sondern auch erstklassiges Design. Auf weitere Inszenierungen wird verzichtet, und so sieht man also nicht mehr und nicht weniger als einige hinreißend schöne Autos. Und eben dieses wirklich aufregende »Haus«.

Porschepl. 1, Stuttgart, Di–So 9–18 Uhr, www.porsche.com/museum

2 Weissenhofsiedlung

»Wie wohnen?« Diese Frage stellen sich Menschen bis heute. Und manchmal finden sie Antworten, die zu Manifesten werden. So zum Beispiel im Jahr 1927 auf einem Hügel am Fuß des Killesberges, wo in nur 21 Wochen Bauzeit die Weissenhofsiedlung entstand: ein Ensemble aus 21 Flachdachhäusern als Mittelpunkt der Werkbund-Ausstellung »Die Wohnung«. Ausstellungsleiter Ludwig Mies van der Rohe hatte dafür die Elite der modernen Architektur gewinnen können: Walter Gropius und Hans Scharoun, Peter Behrens und Le Corbusier, dessen Beitrag aus zwei »Wohnmaschinen« bestand – tatsächlich ein Doppelhaus, in dem sich das Wohnzimmer durch Schiebewände und Schiebebetten in mehrere Schlafzimmer umwandeln lässt. Im Okt. 2006 zog das Weissenhofmuseum in Le Corbusiers variabler Immobilie ein. In der einen Haushälfte wird eine Ausstellung zur Geschichte der gesamten Siedlung gezeigt, die andere Haushälfte wurde im Originalzustand von 1927 erhalten.

Rathenaustr. 1–3, Stuttgart, Di–Fr 11–18 Uhr, Sa/So 10–18 Uhr, www.weissenhofmuseum.de

Cannstatter Wasen

Der Schwabe kann es richtig krachen lassen. In der letzten Septemberwoche beginnt der 17-tägige Rummel in Bad Cannstatt – parallel zum Münchner Oktoberfest. www.cannstatter-volksfest.de

Traditionelle Bespaßung im Schleudergang über dem Cannstatter Wasen. Den Besuch im Bierzelt verlegt man besser auf hinterher.

3 Kunstmuseum

Oben hui, unten wow! Der gläserne Würfel des im Jahr 2005 eröffneten Kunstmuseums am Schlossplatz zieht die Blicke auf sich und macht neugierig. Doch was man von außen sieht, ist nur der kleinste Teil des Museums, das zur Hauptsache unter der Erde liegt und eine grandiose Raumwirkung entfaltet. Neben der weltgrößten Sammlung von Werken Otto Dix' sind in der Dauerausstellung großartige Werke der klassischen Moderne bis hin zur Gegenwartskunst zu sehen. Noch bis zum 15. Jan. 2017 werden in der Ausstellungsreihe »Sound in Motion« Live-Performances mit Videoinstallationen und Musikkonzerten auf dem Kleinen Schlossplatz vor dem Museum zu erleben sein.

Kleiner Schlosspl., Stuttgart, Di–So 10–18 Uhr, Fr bis 21 Uhr, www.kunstmuseum-stuttgart.de

4 Höhenpark Killesberg

Man sollte schwindelfrei sein, um den Killesbergturm zu besteigen. Die 42 m hohe Konstruktion mit ihrem dünnen Mast, der ein leichtes Netz mit zwei spiralförmig in die Höhe steigenden Treppenläufen trägt, ist nicht nur außerordentlich filigran und luftig – sie schwingt auch mit. Passiert ist aber noch nichts, der Turm steht bombenfest! Er erschließt einen sagenhaften Panoramablick über die Stadt und zur Schwäbischen Alb. Seit 2001 ist er der Besuchermagnet im Höhenpark Killesberg, der seit der IGA 1993 ins »Grüne U« eingebunden ist: Man erreicht ihn zu Fuß auf schönen Wegen vom Schlossplatz aus über Schlossgarten, Rosensteinpark, Leibfriedschen Garten und Wartberg. Zwischen Apr. und Okt. schnauft außerdem noch das »Bähnle« über den Killesberg, eine Kleinbahn mit den Dampfloks »Tazzelwurm« und »Springerle« sowie den Dieselloks »Blitzschwoab« und »Schwoabapfeil« – seit 1995 unter Denkmalschutz!

Killesberg, Stuttgart,
www.stuttgart.de/hoehenpark-killesberg

5 Schutzbauten Stuttgart

Ab in den Untergrund: Der Verein Schutzbauten Stuttgart führt interessierte Besucher an Orte, die man nicht gern betritt – die man im Notfall umso lieber aufsucht. Luftschutz hat zu verschiedenen Zeiten unterschiedliche Bedeutungen gehabt, und Schutzbauten spiegeln die Ängste und Befürchtungen der jeweiligen Epochen. Es ist ein ungewöhnliches, aber ungemein spannendes Forschungsfeld, das sich hier eröffnet und das der in Ausstellungen dokumentiert: von der Zeit des 2. Weltkrieges über die Jahre des Kalten Krieges bis zum modernen Katastrophenschutz. Je nach Interesse werden Führungen im Winkelturm oder im Tiefbunker angeboten, im Spitzbunker und im Bunkerzentrum Feuerbach.

Wiener Platz 5, Stuttgart,
www.schutzbauten-stuttgart.de

6 Partymeilen: Theodor-Heuss-Str., Hans-im-Glück-Brunnen

Auch Stuttgart kann feiern. Auf der Theodor-Heuss-Straße im Zentrum von Stuttgart hat die partywütige Community die große Auswahl: Club reiht sich an Club, Bar an Bar. Die Konkurrenz ist groß, die Szene bleibt in Bewegung – und weicht gern zum benachbarten Szene-Viertel rund um den Hans-im-Glück-Brunnen hinterm Rathaus aus.

Theodor-Heuss-Str., Stuttgart,
www.stuttgart- tourist de/a-theodor-heuss-strasse

Anreise

Hamburg:	1:10h	Flugzeug
Berlin:	1:15h	Flugzeug
Dresden:	1:00h	Flugzeug
Köln:	2:13h	Zug
München:	2:14h	Zug

Hotels

Le Méridien
Das große, schnörkellose Businesshotel punktet natürlich vor allem mit seiner tollen Lage gegenüber vom Bahnhof, direkt am Schlossgarten. Außerdem bietet es geräumige Zimmer, ein wirklich gutes Spa und feine französische Küche im Restaurant »Le Cassoulet« sowie in der Weinstube.
Willy-Brandt-Str. 30, Stuttgart,
Tel. 07 11/222 10, DZ ab 115 €,
www.lemeridienstuttgart.com

Steigenberger Graf Zeppelin
Der kantige Bau steht unmittelbar gegenüber dem Hauptbahnhof und bietet seinen Gästen – einer bunten Mischung aus Geschäftsleuten und Freizeitmenschen – schöne Zimmer zwischen zeitlos-elegant und moderat-modern. Schicker (Day) Spa mit asiatischem Anstrich.
Arnulf-Klett-Pl. 7, Stuttgart,
Tel. 07 11/204 80, DZ ab 140 €,
de.steigenberger.com/stuttgart

Kronenhotel
Schönes Stadthotel in ruhiger Lage westlich des Hauptbahnhofs, den man von dort in ca. 5 Min. zu Fuß erreicht. Stärkung am Morgen garantiert das tolle Frühstücksbuffet, Erholung am Abend der kleine Wohlfühlbereich mit Sauna, Dampfbad und Ruheraum.
Kronenstr. 48, Stuttgart,
Tel. 07 11/225 10, DZ ab 160 €,
www.kronenhotel-stuttgart.de

45 Neue Mitte

Ulm

161,53 m hoch ragt der Turm des Ulmer Münsters, der höchste Kirchturm der Welt, in den Himmel. Aber auch in Bodennähe ist Erstaunliches zu entdecken: In den 1990er-Jahren wurde das Projekt »Neue Mitte Ulm« gestartet. Schon vor seinem Abschluss im Jahr 2006 erhielt es den Deutschen Städtebaupreis, auch wenn das letzte Schmuckstück, die Kunsthalle Weishaupt (Hans-und-Sophie-Scholl-Pl. 1, Di–So 11–17 Uhr, Do 11–20 Uhr, www.kunsthalle-weishaupt.de), erst ein Jahr später eröffnet wurde. 16 m hoch ist ihre gläserne Schaufront, die über dem Hans-und-Sophie-Scholl-Platz zu schweben scheint, so wie der ganze langgezogene Bau trotz seiner Größe und Kantigkeit über dem transparenten Erdgeschoss wunderbar feingliedrig und leicht wirkt. Innen drin ist die Privatsammlung des Unternehmers, Mäzens und Bauherrn Siegfried Weishaupt zu sehen. Zwischen der Neuen Straße, die an der Kunsthalle entlangführt, und dem Münsterplatz stehen noch das weiße Stadthaus (Münsterpl. 50), bereits 1993 eröffnet, die Glaspyramide der Zentralbibliothek (Vestgasse 1), Baujahr 2004, der 2006 entworfene Keil des Kaufhauses Münstertor (Münsterpl. 35) und das städtische ServiceCenter Neue Mitte (2010, s. u.). 2012 wurde der helle Kubus der Synagoge am Weinhofberg eröffnet.

ServiceCenter, Neue Str. 79, Ulm,
Mo–Fr 9–18 Uhr, Sa 9–14 Uhr,
www.tourismus.ulm.de

Diese Architektur ist echt scharf: das Kaufhaus Münstertor in Ulms Neuer Mitte.

- (45) Neue Mitte Ulm
- (1) Bundesfestung Ulm
- (2) Ecodrom
- (3) Legoland
- (4) Urweltmuseum Hauff
- Hotel (1) Schiefes Haus
- Hotel (2) Comfor Hotel
- Hotel (3) Zum Bäumle

1 Bundesfestung Ulm

Kasematten zu Clubs: In der ehemals größten Festung des 19. Jh. geht es heute zumeist friedlich, wenn auch nicht immer leise zu – z. B. im Jazzkeller »Sauschdall« (www.sauschdall.de) und im Club »CAT« (www.cat-ulm.de), beide in Werk XX in der Prittwitzstraße. Über 9 km erstreckten sich die Wallanlagen der Bundesfestung Ulm bei ihrer Fertigstellung im Jahr 1859. Heute kann man auf dem Festungsweg entlang der Hauptumwallung spazieren und so die einzelnen, noch erhaltenen Bauwerke des Festungsrings erkunden. Auf dem Weg durch die Park- und Grünanlagen des »Glacis« informieren 32 Tafeln über die miltärischen Immobilien. Zentraler Anlaufpunkt für Festungstouristen ist die Wilhelmsburg auf der Kuppe des Michelsberges, die man jeden 3. So. im Monat im Rahmen von öffentliche Führungen (Start um 11 Uhr) besichtigen kann. Das Hauptwerk des Ulmer Festungsgürtels wurde von 1842 bis 1849 erbaut und diente ab 1956 sogar noch der neugegründeten Bundeswehr. Bis 1970 waren die Soldaten in den Kasematten der Wilhelmsburg einquartiert. Seitdem stehen die rund 570 Räume fast alle leer.

Prittwitzstr. 100, Ulm,
www.bundesfestung-ulm.de

2 Ecodrom

Öko-Frevel Autorennen? Es geht auch anders. Als »die innovativste Indoor-Kartbahn Deutschlands« feierte das »Ecodrom« im Feb. 2015 Eröffnung: mit abgasfreien Elektro-Karts, die auf der zweistöckigen, insgesamt 400 m langen Strecke mit 50 bis 60 km/h ihre Runden drehen, und mit der Ecodrom-App, über die sich registrierte Fahrer Rundenzeiten, Positionen und weitere Fahrdaten aufs Smartphone holen können. Auch Zweisitzer-Karts werden angeboten – für die Mitnahme von Kindern und Behinderten. Fünf feste Mitarbeiter und 30 Minijobber halten den Betrieb am Laufen, doch es sollen bald doppelt so viele sein. Und auch das ist innovativ: die geplante Kooperation mit der Hochschule Neu-Ulm und weiteren Forschungspartnern.

Industriestr. 4, Neu-Ulm,
Mo–Do 16–22 Uhr, Fr 14–24 Uhr,
Sa 12–24 Uhr, So 12–22 Uhr,
www.ecodrom.de

3 Legoland

Städtebau für alle: 30 km östlich der »Neuen Mitte« in Ulm ist seit 2002 in Günzburg eine Architekturausstellung der anderen Art zu bestaunen. Sie nennt sich Miniland, sie wurde errichtet aus mehr als 25 Mio. Legosteinen, und ihr Besuch ersetzt gleich mehrere Reise-Wochenenden: der Hamburger Hafen, Berlin mit dem Reichstag, die Frankfurter Skyline, Venedig, Schloss Neuschwanstein – hier erreicht man sie alle bequem zu Fuß. Spektakulär gelungen ist die Münchner Allianz-Arena im Maßstab 1:50, mit über 30 000 Figuren und vielen Lichteffekten. Auch der Flughafen München mit Start- und Landebahnen (und einem Airbus A380) ist zu sehen. Sämtliche Modelle im Legoland werden übrigens mit handelsüblichen Legosteinen gebaut – eine Anregung für die Freizeitgestaltung zu Hause. Die Achterbahn, der Wellenreiter und die Techno-Schleuder auf dem Gelände bestehen aus Gründen der Sicherheit aber nicht aus Legosteinen. Gut so. Und es gibt noch mehr Spiel und Spektakel, u. a. im Knights' Kingdom, in

Schwörmontag, Nabada

Am vorletzten Mo. im Juli erneuert der Ulmer Oberbürgermeister seinen Schwur auf die Stadt. Dann beginnt die große Party: Beim »Nabada« lässt sich die ganze Stadt auf Schlauchbooten und Flößen auf der Donau treiben. Und an Land durch die Straßen.
www.schwoermontag.com

Hotels

Schiefes Haus
Wer in diesem Haus einen rechten Winkel findet, darf ihn behalten. Das »schiefste Hotel der Welt« (Guinnessbuch der Rekorde 1997) ist ein Fachwerkhaus aus dem Jahr 1443 unweit der Donau. Die Renovierung in den Jahren 1994/95 gelang mustergültig, Holzmalereien an den Deckenbalken im 1. Stock inbegriffen.
Schwörhausgasse 6, Ulm,
Tel. 07 31/96 79 30, DZ ab 119 €,
www.hotelschiefeshausulm.de

Comfor Hotel
Schlichtes Stadthotel für Freizeit- und Geschäftsreisende mit geräumigen, 2012 komplett renovierten Zimmern in guter, zentraler Altstadtlage. Es werden auch 3- bzw. 4-Bett-Zimmer geboten (mit Verbindungstür). Fußballfans dürfen sich freuen: Sky Sports ist inbegriffen.
Frauenstr. 51, Ulm,
Tel. 07 31/964 90, DZ ab 93 €,
www.comfor.de

Hotel Weinstube Zum Bäumle
Zentraler geht's nicht: Das denkmalgeschützte Haus aus dem 15. Jh. steht nur ungefähr 100 m vom Ulmer Münster entfernt. Das Frühstück nimmt man in schönstem Mittelalter-Ambiente ein. Das Auto stellt man auf einen der kostenlosen Parkplätze im Innenhof.
Kohlgasse 6, Ulm,
Tel. 07 31/622 87, DZ ab 98 €,
www.hotel-baeumle.de

Ulm macht sich nass: Beim Nabada findet auf der Donau eine bunte Leistungsschau der Schlauchboot- und Bademoden-Industrie statt.

der Lego City, im Land der Abenteuer und im 5000 qm großen Land der Piraten.

Legoland-Allee, Günzburg,
Ende März–Anf. Nov. tgl. 10–18 Uhr,
längere Öffnungszeiten in Ferien,
www.legoland.de

4 Urweltmuseum Hauff

Wer mit dem Auto auf der A8 aus Richtung Westen (Stuttgart) anreist, sollte bei der Ausfahrt Aichelberg den Blinker setzen. In Holzmaden stapfen acht Saurier durchs Gras. Sie beißen nicht, sie spielen nicht mal, sie sind nur die lebensgroßen Rekonstruktionen sehr urtümlicher Schwaben. Das einzigartige Museum in Holzmaden ist seit der Erweiterung im Jahr 1993 das größte private Naturkundemuseum in Deutschland. Berühmt ist es nicht zuletzt für seine ausgezeichnet präparierten Fossilien, unter ihnen ein riesiger Ichthyosaurier.

Aichelberger Str. 90, Holzmaden,
Di–So 9–17 Uhr,
www.urweltmuseum.de

Anreise

Hamburg:	6:00 h	Auto
Berlin:	5:30 h	Auto
Dresden:	4:20 h	Auto
Köln:	3:12 h	Bahn
München:	1:16 h	Bahn

46 Doku-Zentrum Reichsparteitagsgelände

Nürnberg

Nachdem Adolf Hitler Nürnberg zur »Stadt der Reichsparteitage« erklärt hatte, baute sein Lieblingsarchitekt Albert Speer auf dem 11 qkm großen Areal im Südosten der Stadt eine Kongresshalle für 50 000 Menschen, die 2 km lange »Große Straße« für Aufmärsche, das Zeppelinfeld mit seiner Tribüne und andere Bauten. Vieles blieb unvollendet, darunter das »Deutsche Stadion« für 400 000 Menschen. Im Nordflügel der Kongresshalle, des größten erhaltenen Bauwerks der NS-Diktatur, ist heute das Dokumentationszentrum untergebracht, das zusammen mit der einschüchternden Architektur auch den ideengeschichtlichen und ästhetischen Mythos der Reichsparteitage beleuchtet. »Faszination und Gewalt« heißt die Dauerausstellung zu Recht; sie dokumentiert die Geschichte der Reichsparteitage und ihre Bedeutung für die Außendarstellung des gnadenlosen Machtapparates. Die Gestaltung des Dokumentationszentrums setzt einen beeindruckenden Kontrapunkt zur einschüchternden Architektur Albert Speers: Bestimmendes Bauelement ist der gläserne »Pfahl«, der auf einer Länge von 130 m die riesigen, nie vollendeten Repräsentationshallen durchkreuzt.

Bayernstr. 110, Nürnberg,
Mo–Fr 9–18 Uhr, Sa/So 10–18 Uhr,
www.museen.nuernberg.de/dokuzentrum

Wie konnte geschehen, was geschehen ist? Die Ausstellung in eindrucksvoll umgestalteter NS-Architektur gibt Antworten.

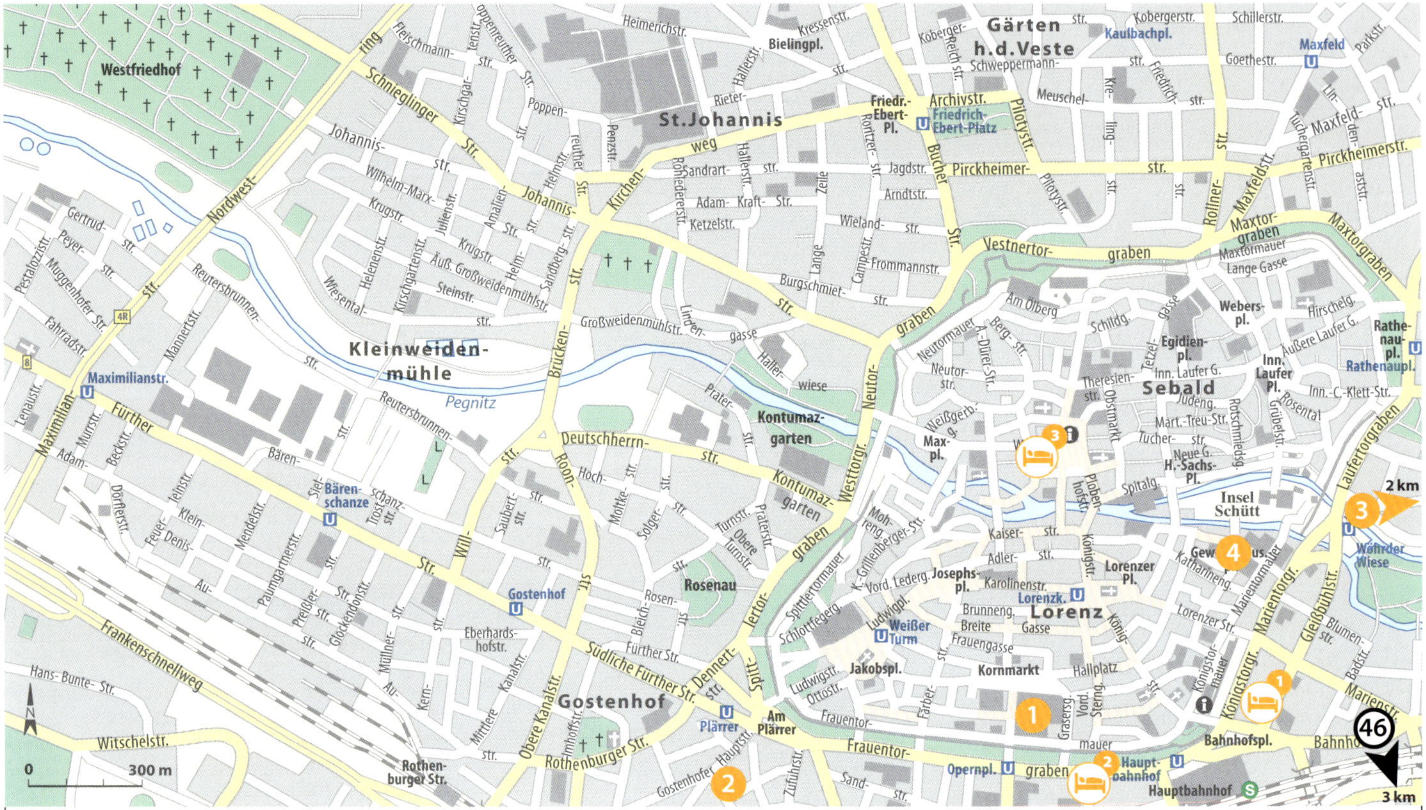

46 Reichsparteitagsgelände
1 Germanisches Nationalmuseum
2 Gostenhof
3 Tiergarten
4 Cinecittà
1 Le Méridien Grand Hotel
2 Sheraton Carlton
3 Sorat Hotel Saxx

Fränkisches Bierfest

Im schattigen Graben unter den Türmen und Zinnen der Nürnberger Burg lassen etwa 30 Brauereien aus der Umgebung im Juni fünf Tage lang die Krüge überschäumen. Dazu allerlei Gegrilltes, Gebratenes, Gebackenes. www.bierfest-franken.de

1 Germanisches Nationalmuseum

Neu? Dieser alte Kasten? Ja! Denn seit der Gründung anno 1852 hat sich viel getan. Wer heute durch die »Straße der Menschenrechte« mit ihren 27 Betonsäulen die gläserne Eingangshalle erreicht, betritt ein Architekturensemble aus allen Perioden der zweiten Hälfte des 20. Jh. Drinnen: die größte kulturhistorische Sammlung des deutschen Sprachraums – vom steinzeitlichen Faustkeil bis zum Bauhaus-Designsessel »Wassily«. Den Spagat zwischen dem 3000 Jahre alten Goldkegel von Ezelsdorf, dem Erdglobus von Martin Behaim (1492) und dem Mann mit Hut, Joseph Beuys, schafft man kaum an einem Tag.

Kartäusergasse 1, Nürnberg,
Di–So 10–18 Uhr, Mi bis 21 Uhr,
www.gnm.de

2 GoHo – Gostenhof

Angesagt, aber noch nicht überlaufen. Man erreicht das Quartier westlich des Hauptbahnhofs am besten mit der S-Bahn (Rothenburger Str. oder Nürnberg-Steinbühl). Früher als Glasscherbenviertel verschrien, hat sich im Gostenhof die neue Urbanität eingerichtet, mit Kneipen und Cafés, Vintage-Läden, Modeboutiquen und Designshops, Buchhandlungen und Galerien, Fahrradwerkstätten, Hinterhofflohmärkten, Stadteilfesten und einem eigenen Wochenmarkt (Do 10–18 Uhr).

Gostenhof, Nürnberg,
www.in-goho.de

3 Tiergarten

Landschaftlich vielleicht der schönste deutsche Zoo. In einem ehemaligen Sandsteinbruch am östlichen Stadtrand leben knapp 300 Tierarten auf 67 ha Fläche. Haben die Tiere schon in den Gehegen viel Platz, dürfen sie sogar noch nach draußen, solange sie Menschen nicht als Essen betrachten. Großer Beliebtheit erfreuen sich die Totenkopfäffchen, die unmittelbar über den Köpfen der Besucher umherflitzen. Seit 2001 gibt es den Aquapark, eine riesige Wasserlandschaft für Biber, Otter, Pinguine, Seelöwen und Eisbären. 2011 wurde die spektakuläre Delphin-Lagune eingeweiht und nebenan der Indoor-Dschungel des Manatihauses.

Am Tiergarten 30, Nürnberg, Apr.–Sept. 8–19.30, Okt. 9–18, Nov.–März 9–17 Uhr,
www.tiergarten.nuernberg.de

4 Cinecittà

23 bespielte Leinwände vor insgesamt 4872 Plätzen: Das nennt man ganz großes Kino. Schon im Okt. 1995 wurde am Ostrand der Altstadt Eröffnung gefeiert, 1997 zum ersten Mal vergrößert. Nur ein Jahr später beschloss man die dritte Erweiterung. Größter Saal ist das unterirdisch angelegte »Cinemagnum 3D« mit einer herkömmlichen und einer 840 qm großen Kuppelleinwand. Für schöne Sommertage hat man noch ein Open-Air-Kino, und von der Dachterrasse ist das ganze Jahr über ein tolles Standbild zu sehen: die Nürnberger Burg. Anspruchsvolleres bieten die »Meisengeige« (Am Laufer Schlagturm 3) und das »Metropolis« (Stresemannplatz 8) – beide gehören zur Cinecittà – sowie mehrere internationale Filmfestivals: das Filmfestival Türkei/Deutschland (März), die Vergabe des Deutschen Menschenrechts-Filmpreises (alle zwei Jahre), das Fantasy Filmfest (Aug.), das Mittelfränkische Jugendfilmfestival (März) und die Polnische Filmwoche (Apr.).

Gewerbemuseumsplatz 3, Nürnberg,
www.cinecitta.de

Anreise

Hamburg:	1:10 h
Berlin:	0:55 h
Dresden:	3:00 h
Köln:	3:24 h
München:	1:06 h

Hotels

Le Méridien Grand Hotel

Ein großes Haus in bester Lage gegenüber dem Hauptbahnhof – und mit viel Patina, die sich auch bis in die Zimmer zieht. Wem so etwas gefällt, der genießt das sehr schöne Jugendstil- und Art-déco-Ambiente in der Halle, im Restaurant und in der stimmungsvollen »Atelier Bar«, in der jeden Do. Live-Jazz geboten wird.

Bahnhofstr. 1, Nürnberg,
Tel. 09 11/232 20, DZ ab 112 €,
www.lemeridiennuernberg.com

Sheraton Carlton

Ebenfalls am Hauptbahnhof, in der Nachbarschaft von Staatstheater und DB Museum, bietet das große Businesshotel schicke Interieurs und besten Service. Man logiert in zeitlos elegant eingerichteten Zimmern und genießt den Spabereich mit Sauna, Fitness und Aussicht auf der 8. Etage.

Eilgutstr. 15, Nürnberg,
Tel. 09 11/200 30, DZ ab 129 €,
www.sheratonnuernberg.com

Sorat Hotel Saxx

Größter Trumpf ist die superzentrale Lage in der Altstadt zwischen Pegnitz und Kaiserburg. Aus nüchtern-modernen Zimmern schaut man nach Möglichkeit hinaus ins Mittelalter – auf den berühmten Schönen Brunnen.

Hauptmarkt 17, Nürnberg,
Tel. 09 11/24 27 00, DZ ab 89 €,
www.sorat-hotels.com

Faszination der vier Ringe: Vorserienmodelle im Paternoster des Audi Forums.

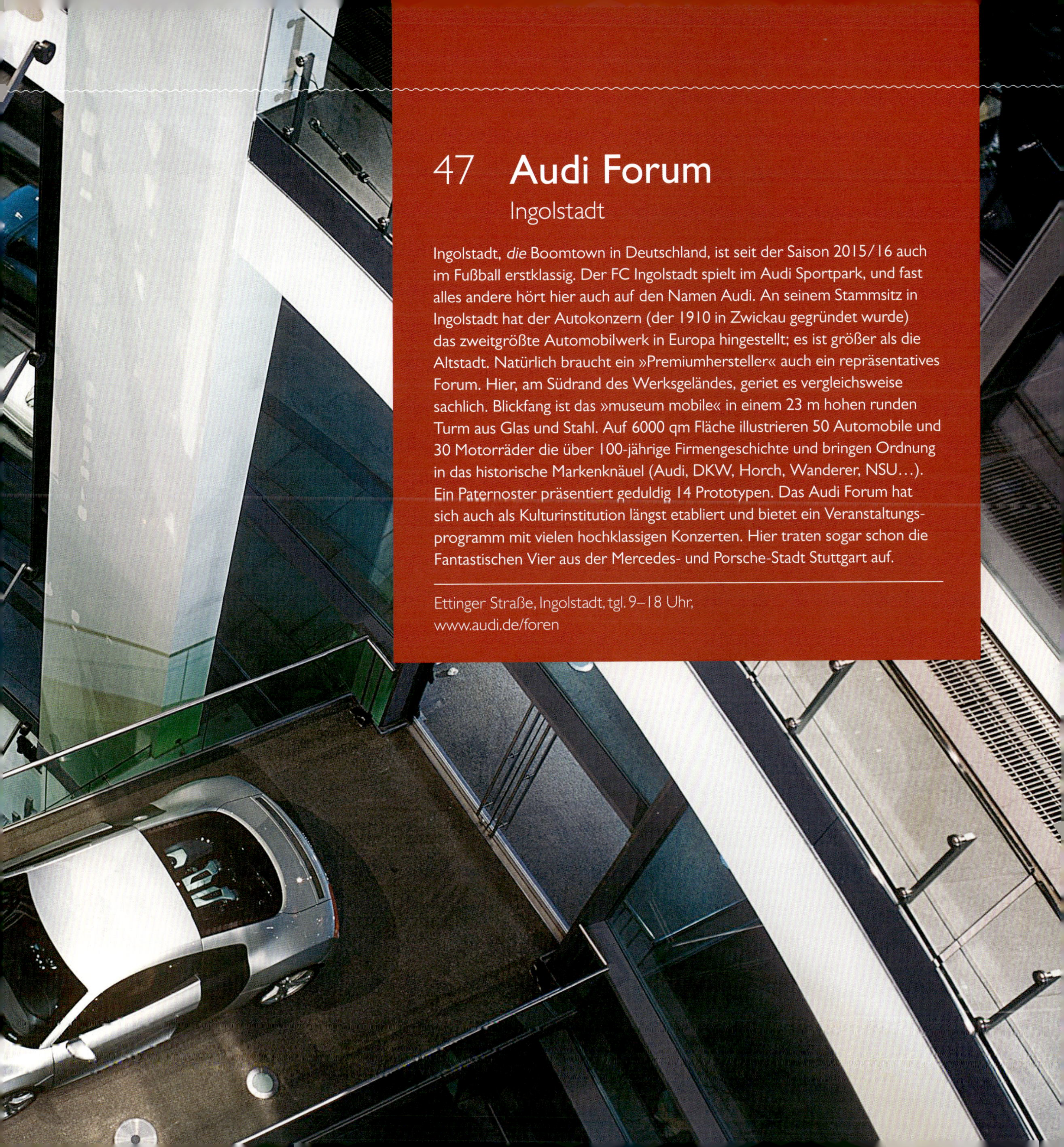

47 Audi Forum

Ingolstadt

Ingolstadt, *die* Boomtown in Deutschland, ist seit der Saison 2015/16 auch im Fußball erstklassig. Der FC Ingolstadt spielt im Audi Sportpark, und fast alles andere hört hier auch auf den Namen Audi. An seinem Stammsitz in Ingolstadt hat der Autokonzern (der 1910 in Zwickau gegründet wurde) das zweitgrößte Automobilwerk in Europa hingestellt; es ist größer als die Altstadt. Natürlich braucht ein »Premiumhersteller« auch ein repräsentatives Forum. Hier, am Südrand des Werksgeländes, geriet es vergleichsweise sachlich. Blickfang ist das »museum mobile« in einem 23 m hohen runden Turm aus Glas und Stahl. Auf 6000 qm Fläche illustrieren 50 Automobile und 30 Motorräder die über 100-jährige Firmengeschichte und bringen Ordnung in das historische Markenknäuel (Audi, DKW, Horch, Wanderer, NSU…). Ein Paternoster präsentiert geduldig 14 Prototypen. Das Audi Forum hat sich auch als Kulturinstitution längst etabliert und bietet ein Veranstaltungsprogramm mit vielen hochklassigen Konzerten. Hier traten sogar schon die Fantastischen Vier aus der Mercedes- und Porsche-Stadt Stuttgart auf.

Ettinger Straße, Ingolstadt, tgl. 9–18 Uhr,
www.audi.de/foren

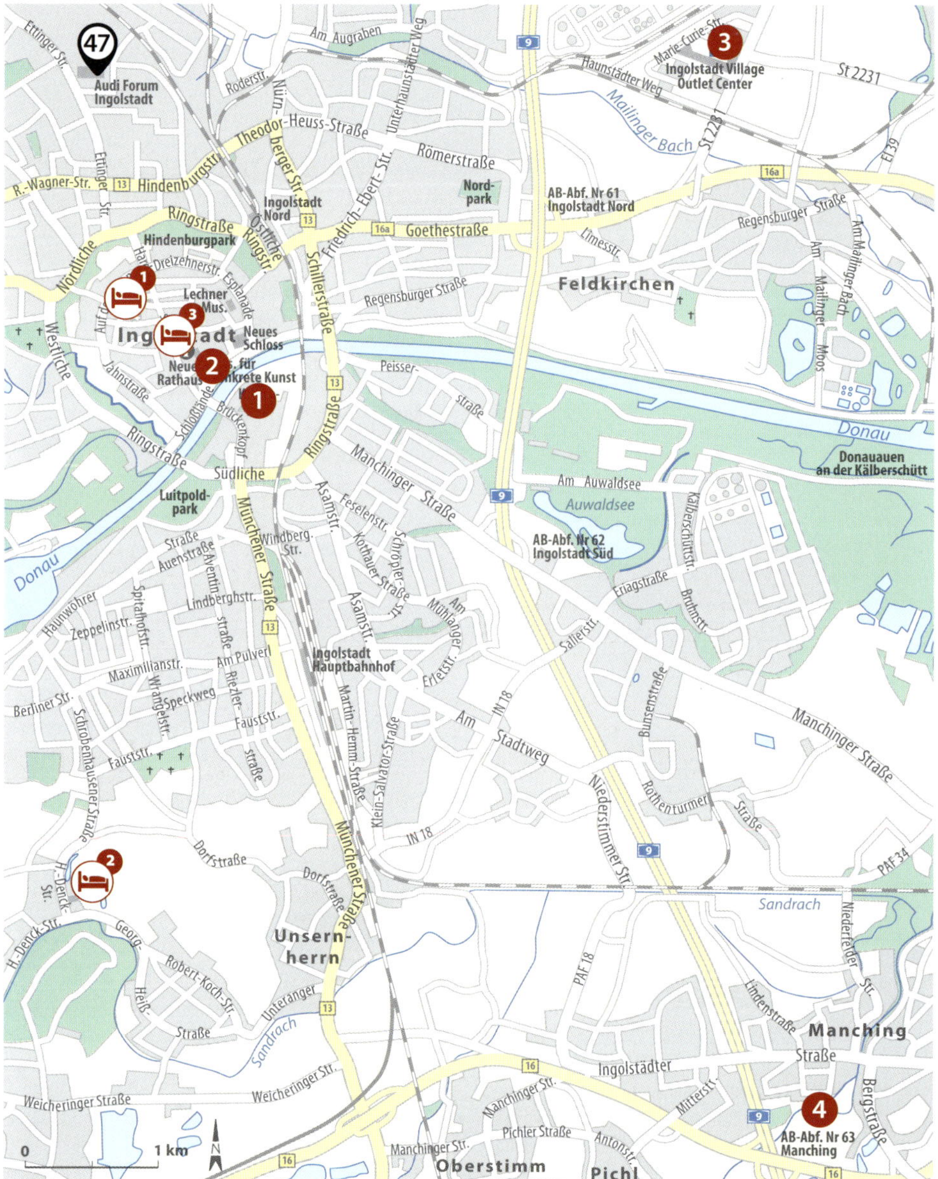

47 Audi Forum
1 Klenzepark
2 Konkrete Kunst
3 Ingolstadt Village
4 Kelten Römer Museum
Hotel 1 Altstadthotel
Hotel 2 Mercure Hotel
Hotel 3 Hotel Rappensberger

1 Glacis und Klenzepark

Fast vollständig umschließt das grüne Band des Glacis die Altstadt. Früher ein Bestandteil der Festung, bietet er heute Radlern und Fußgängern Wege in schönster Umgebung. Der neue Donausteg leitet hinüber zum Klenzepark, einem Erbstück der Landesgartenschau 1992. Im halbkreisförmigen Reduit Tilly aus dem 19. Jh. zeigt das Bayerische Armeemuseum hinter dicken Mauern seine Ausstellung über den 1. Weltkrieg. In den ovalen Turm Triva, den östlichen Flankenturm des Reduit, ist 2011 das Bayerische Polizeimuseum eingezogen (beide: Paradepl. 4, Di–Fr 9–17.30 Uhr, Sa/So 10–17.30 Uhr, www.armeemuseum.de). Von den Nachkriegswirren 1918/1919 über die NS-Zeit und die Aufgaben im Kalten Krieg bis zur »Schlacht« um die atomare Wiederaufbereitungsanlage Wackersdorf in den 1980er-Jahren – das gibt was her!

Klenzepark, Reduit Tilly, Ingolstadt, www.ingolstadt-tourismus.de

Ingolstädter Jazztage

Ray Charles, Miles Davis, Al Jarreau: Sie alle waren schon zu Gast bei den Ingolstädter Jazztagen. »Jazz« versteht man hier aber nicht dogmatisch. Hauptsache, es groovt – und das tut es, alljährlich im Okt. und Nov. Wer kann, geht auf die sagenhaften Jazzpartys. www.ingolstaedter-jazztage.de

So ein hübsches »Kultbäumchen« gibt es weltweit nur im Kelten Römer Museum.

2 Museum für Konkrete Kunst

1992 eröffnet, ist es das einzige Museum seiner Art in Deutschland. Prominente »Konkrete« wie Max Bill und Victor Vasarely sind zu sehen, daneben viele Wechselausstellungen. Für 2017 plant man den Umzug in eine ehemalige Gießereihalle – und die Umbenennung: Museum für Konkrete Kunst und Design (MKKD).

Tränktorstr. 6–8, Ingolstadt,
Di–So 10–17 Uhr,
www.mkk-ingolstadt.de

3 Ingolstadt Village

Schnäppchenjagd im Gewerbegebiet? Das ist nicht stilvoll, aber effektiv. Das Outlet-Mekka neben der Autobahn, Ausfahrt Ingolstadt-Nord, ist so beliebt, dass sogar Shuttlebusse von München die Shopper herbeischaffen. Mehr als 110 Shops bzw. Boutiquen bedienen die Nachfrage.

Otto-Hahn-Str. 1, Ingolstadt, Mo–Sa 10–20 Uhr,
www.ingolstadtvillage.de

4 Kelten Römer Museum

10 km südlich von Ingolstadt verbirgt eine kantige Fassade aus undurchsichtigem Glas neben der Autobahn einen Schatz aus 450 Goldmünzen und ein goldenes »Kultbäumchen« aus dem 3. Jh. v. Chr. sowie die Wracks zweier römischer Militärschiffe aus der Zeit um 100 n. Chr., die man hier bei Ausgrabungen fand. Das 2006 eröffnete Museum unterstreicht die große Bedeutung, die dieser Ort einmal hatte, als sich hier vor mehr als 2000 Jahren zuerst eine der wichtigsten keltischen Städte Europas befand – und später ein Militärlager an der Grenze des römischen Reiches.

Im Erlet 2, Manching, Di–Fr 9.30–16.30 Uhr,
Sa/So 10.30–17.30 Uhr,
www.museum-manching.de

Anreise

Hamburg:	5:26 h
Berlin:	4:30 h
Dresden:	3:20 h
Köln:	3:54 h
München:	0:40 h

Hotels

Altstadthotel
Angenehme Herberge in absolut zentraler Lage mitten in der Innenstadt. Geboten werden helle, moderne Zimmer, ein kleiner Wellnessbereich mit finnischer, Sauna, Dampfbad, Solarium und Whirlpool sowie eine schöne Dachterrasse.
Gymnasiumstr. 9, Ingolstadt,
Tel. 08 41/886 90, DZ ab 89 €,
www.altstadthotel-ingolstadt.de

Mercure Hotel
Das eher kleine Tagungshotel liegt etwa 6 km südlich der Altstadt und 8 km westlich des Kelten Römer Museums in einem ruhigen Wohngebiet und bietet zweckmäßigen Komfort zu fairen Preisen in einer netten Atmosphäre. Internationale Küche wird im Hotelrestaurant »Widmann« serviert.
Hans-Denck-Str. 21, Ingolstadt,
Tel. 084 50/92 20, DZ ab 66 €,
www.accorhotels.com

Hotel Rappensberger
Exakt im Zentrum Ingolstadts liegt dieses 400 Jahre alte, schön modernisierte und sehr familiär geführte Haus. In den Zimmern und Suiten stehen teilweise antike Möbel neben neuen Designerbetten. WLAN bekommt man als Hotelgast gratis, die italienischen Köstlichkeiten im Restaurant »Castello« leider nicht.
Harderstr. 3, Ingolstadt,
Tel. 08 41/31 40, DZ ab 97 €,
www.rappensberger-hotel.de

48 Glaspalast

Augsburg

Bis 1988 wurde hier richtig gearbeitet. Dann war die Mechanische Baumwollspinnerei und Weberei Augsburg (SWA) endgültig pleite – und ließ der Stadt ihre Produktionsstätte zurück: einen fünfgeschossigen Stahlskelettbau aus dem Jahr 1910 samt markantem Sprinklerturm mit Glockenhaube. Der Glaspalast, wie er wegen seiner großflächig verglasten Fassade heißt, stand einige Jahre leer, dann kaufte ihn der Bauunternehmer Ignaz Walter für seine Kunstsammlung. 2002 öffnete das Kunstmuseum Walter (Di–So 10–17 Uhr, www.kunstmuseum walter.de) seine Tore für die Öffentlichkeit, die hier eine der größten Privatsammlungen Deutschlands bestaunen kann: Werke von A. R. Penck und Max Ernst, Markus Lüpertz, Georg Baselitz und Meistern der Leipziger Schule. Auch 118 Objekte des venezianischen Glaskünstlers Egidio Costantini sind zu sehen. Und es ist nicht das einzige Museum im Augsburger Glaspalast. Das H2 – Zentrum für Gegenwartskunst (Fr–So, 11–18 Uhr und nach Vereinbarung, www.kunstsammlungen-museen.augsburg.de) zeigt eine Sammlung zeitgenössischer Kunst, ergänzt durch temporäre Installationen. Die Staatsgalerie Moderne Kunst (Di–So 10–17 Uhr, www.pinakothek.de/bayerische-staatsgemaeldesammlungen), eine Zweiggalerie der Pinakothek der Moderne in München, steuert seit 2006 bedeutende Kunst ab 1945 bei.

Beim Glaspalast 1, Augsburg, www.glaspalast-augsburg

Viel Glas und ein Palast für die Kunst: Augsburgs moderne Kulturadresse.

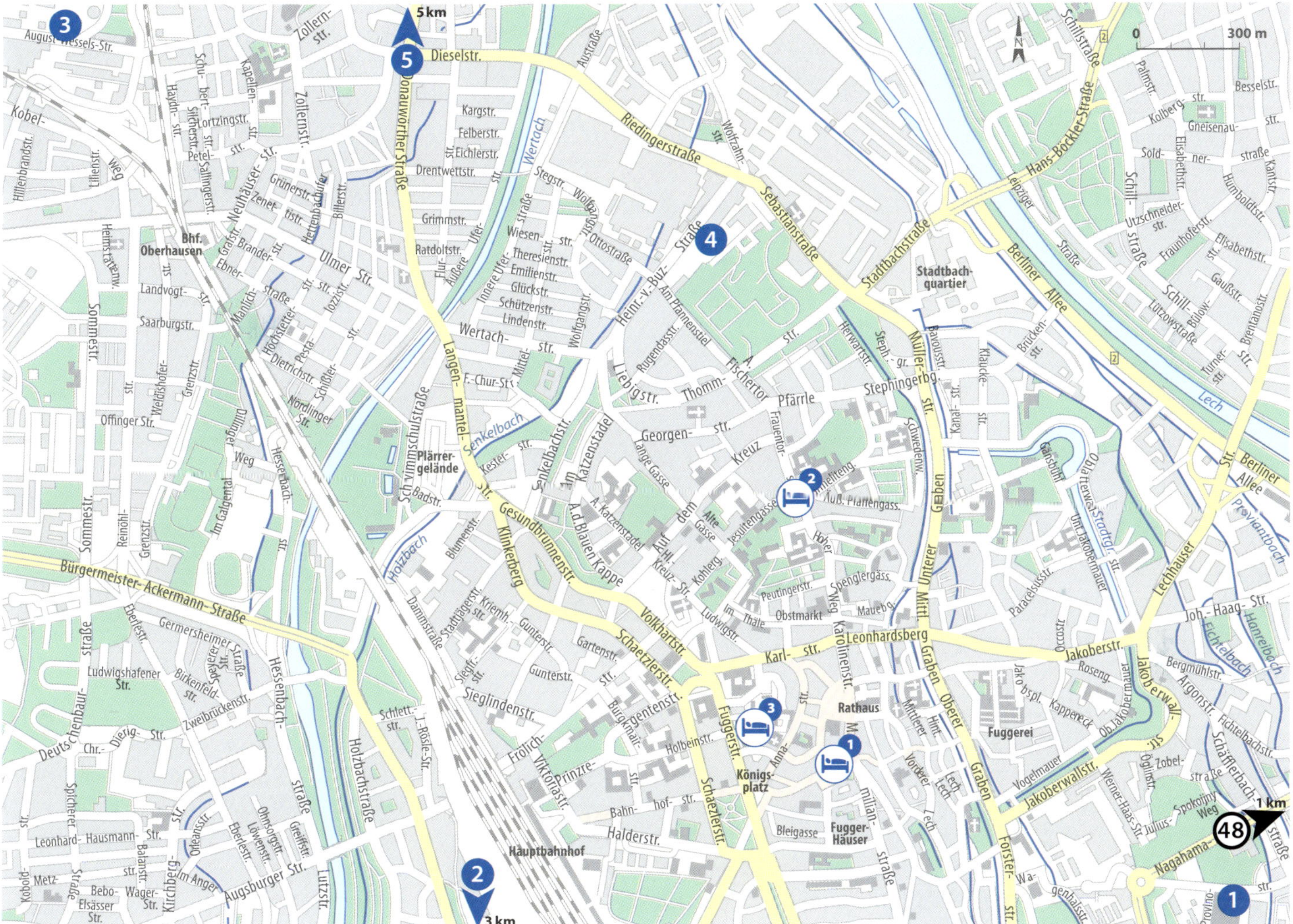

1 Textil- und Industriemuseum

Das Augsburger Textilviertel ist zur echten touristischen Alternative zur berühmten Fuggerei geworden. Auf dem großen Areal zwischen Lech und Innenstadt zeugen viele Gebäude von der Zeit im 19. Jh., als Augsburg das »Manchester Deutschlands« war (www.das-textilviertel.de). Mittendrin steht die im Jahr 1836 gegründete Augsburger Kammgarn-Spinnerei (AKS), der erste große Industriebetrieb der Stadt. Bis zu 2000 Menschen produzierten hier Textilien – und sie hörten erst 2004 damit auf. Sechs Jahre später zog das Staatliche Textil- und Industriemuseum (tim) in den wunderbar restaurierten Gebäudekomplex, in dem Gründerzeit und Moderne aufs Schönste harmonieren. Die Sammlung ist nach den Themen »Mensch«, »Maschine«, »Muster« und »Mode« gegliedert und präsentiert viele funktionsfähige Textilmaschinen sowie ein großartiges Stoffmusterarchiv. Die Sonderausstellungen beschäftigten sich bisher u. a. mit Dessous, Quilts und Synthetikstoffen, das »Mit-Mach-Museum« bietet originelle Workshops an.

Provinostr. 46, Augsburg, Di–So 9–18 Uhr, www.timbayern.de

Schicke Muster sind im Staatlichen Textil- und Industriemuseum nicht nur hinter, sondern manchmal auch vor den Vitrinen zu bewundern.

2 Bahnpark

Der schönste Zug der Welt? Viele tippen auf den Trans-Europa-Express TEE, der seine Fahrgäste auf dem Weg nach Mailand, Paris oder Basel seit 1957 nicht nur Salon- und Speisewagen, sondern auch Klimaanlagen, bequeme Sessel und ein eigenes Zug-Sekretariat bot. Zwei komplette Dieseltriebzüge stehen auf dem Freigelände im Bahnpark, einer darf sogar betreten werden. Auf dem 24 ha großen Areal südlich des Hauptbahnhofs mit seinen denkmalgeschützten Hallen – darunter die riesige Dampflokhalle und das imposante Rundhaus mit seiner Drehscheibe – entsteht seit einigen Jahren ein wahrhaft ungewöhnliches Museum. Wann es mal fertig sein wird? Vielleicht 2018, zusammen mit der »Werkstatt der Entdeckungen«, einem modernen Science Center. Schon heute kann man So. zwischen Mai und Okt. die Werkstatt-Atmosphäre schnuppern, in der historische Dampflokomotiven restauriert werden, und auf dem Freigelände weitere Entdeckungen machen. Unbedingt den Veranstaltungskalender checken – es gibt »Mitmach-Tage« für Bastler und »Dampftage« für Zuschauer, Jazzkonzerte und am 7./8. Mai 2016 das große Dampflokfest.

Firnhaberstr. 22c, Augsburg, Mai–Okt. So 11–17 Uhr und Führungen auf Anfrage, www.bahnpark-augsburg.de

lab.30

Ende Okt. wird das Kulturhaus abraxas in der Sommerstraße vier Tage lang zum »Labor« für Medien- und Installationskünstler, Soundtechniker, Computer-Grafiker und Animationskünstler. Spannende Performances, Ausstellungen und Workshops für Interessierte jeden Alters. www.lab30.de

3 Gaswerk

Das Wichtigste zuerst: 2015 wird kräftig saniert. Führungen werden voraussichtlich erst wieder ab 2016 stattfinden – bitte die Website checken! Denn ein Besuch des fantastischen Industriedenkmals lohnt sich. Das Gaswerk in Augsburg-Oberhausen ging vor 100 Jahren in Betrieb, 2001 wurde es vollständig stillgelegt. Seitdem kümmert sich der Verein Gaswerkfreunde Augsburg e.V. um das Gelände, dessen Blickfang der 84 m hohe große Gasometer ist, das vierthöchste Gebäude der Stadt und seit 2009 ein begehbares Klangkunstwerk. Im Inneren hängt ein Foucaultsches Pendel, eine Klanginstallation liefert den Sound: 58 Orgelpfeifen geben (sehr langsam ...) Bachs C-Dur-Präludium wieder. Auf dem Dach befindet sich eine Aussichtsplattform, von der man sich auch abseilen lassen lassen. Zum denkmalgeschützten Gaswerk-Ensemble gehören daneben weitere gut erhaltene Gebäude.

August-Wessels-Str. 30,
Augsburg-Oberhausen,
www.gaswerk-augsburg.de

4 MAN-Museum

Von den ersten Anfängen im Ruhrgebiet anno 1758 dauerte es genau 150 Jahre, bis die Maschinenfabrik Augsburg Nürnberg ihre Produkte erstmals unter dem Zeichen M.A.N. entwickelte und vertrieb. Am Standort in Augsburg produziert das Unternehmen heute Dieselmotoren und Turbomaschinen sowie Gas- und Dampfturbinen – und ein bisschen Legendenbildung. Das MAN-Museum am Rand des Betriebsgeländes ist ein Museum der deutschen Industriegeschichte. Im Mittelpunkt steht der Versuchsmotor, den Rudolf Diesel in den Jahren 1893–1897 in Augsburg bis zur Serienreife entwickelte. Eindrucksvoll ist neben vielen weiteren originalen Exponaten auch die große Rotationsdruckmaschine von 1877.

Heinrich-von-Buz-Str. 28, Augsburg, Mo–Fr 9–16 Uhr auf Anfrage (Tel. 08 21/322 33 66), www.man.de

5 Ballonmuseum

1897 gründete August Riedinger die Ballonfabrik Augsburg, seit 1901 produzierte die Firma Hoechst in Gersthofen das Traggas Wasserstoff. Riedinger und Hoechst lieferten auch den Ballon bzw. das Gas, das den Stratosphärenforscher Prof. Auguste Piccard im Mai 1931 von Augsburg aus in die vorher noch nie erreichte Höhe von 15 781 m trug. Der Nachbau der Druckkugel ist eines der Highlights des Ballonmuseums im alten Gersthofener Wasserturm und im 2003 eröffneten Neubau: eine tolle Ausstellung über das Abenteuer, kontrolliert in die Luft zu gehen.

Bahnhofstr. 12, Gersthofen, Mi/Fr 13–17 Uhr, Do 10–19 Uhr, Sa/So 10–17 Uhr, www.ballonmuseum-gersthofen.de

Anreise

Hamburg:	5:34 h
Berlin:	5:54 h
Dresden:	4:20 h
Köln:	3:58 h
München:	0:29 h

Hotels

Steigenberger Drei Mohren
Mitten in Augsburgs guter Stube hat das traditionsreiche Haus schon weltberühmte Celebreties wie Casanova, Mozart, Napoleon und Richard Wagner beherbergt. Nach der umfassenden Generalüberholung bietet es seit 2012 elegante Zimmer und Suiten, dazu Showcooking im Restaurant »Maximilian's«, Gourmetküche im »Sartory« – und feine Cocktails in der »3M Bar«.
Maximilianstr. 40, Augsburg,
Tel. 08 21/503 60, DZ ab 106 €,
www.augsburg.steigenberger.de

Dom Hotel
Freundliches Quartier im schönen Domviertel. Durch das stilvolle Treppenhaus erreicht man die sehr gemütlichen Zimmer und Maisonetten – teilweise mit großartiger Aussicht, v. a. aus den Loggien. Das Frühstück genießt man nach Möglichkeit auf der tollen Dachterrasse.
Frauentorstr. 8, Augsburg,
Tel. 08 21/34 39 30, DZ ab 95 €,
www.domhotel-augsburg.de

City Hotel Ost am Kö
Das kleine Hotel punktet durch seine gute Lage am Westrand der Altstadt und die freundliche Atmosphäre. Bekannt gutes Frühstück.
Fuggerstr. 4–6, Augsburg,
Tel. 08 21/50 20 40, DZ ab 90 €,
www.ostamkoe.de

Bayern dreht auf: In Erding wird die weiß-blaue Gemütlichkeit neu interpretiert.

49 Therme Erding

Erding

Dumm gelaufen, dachte man, als Texaco 1983 nordöstlich von München bei Erding nach Öl bohrte – und in 2350 m Tiefe eine Quelle mit 63 Grad heißem, schwefelhaltigen Wasser anzapfte. Wer das Gelände heute sieht, denkt eher, dass es Gold ist, das hier sprudelt. Das Thermalwasser hat die ohnehin schon boomende Münchner Flughafenregion in die Champions League des modernen Wohlfühltourismus mit seiner Verbindung von Gesundheit und Spaß gespült. 1999 wurde die Therme Erding eröffnet, schon bald fielen die Rekorde: Europas größte Rutschenwelt, Europas größte Thermenwelt, größtes Sauna- und Wellnessparadies der Welt ... Die architektonisch angstfreie Mischung von beweglichen Stahlkuppeln, verglasten Hallendächern und Hüttengaudi erfuhr bis 2014 weiteren Zuwachs durch pseudovenezianische Palastfassaden und das Thermenhotel »Victory«, das einem englischen Linienschiff aus dem späten 18. Jh. nachempfunden sein soll. Was noch? 2500 Rutschmeter auf 26 Innen- und Außenrutschen, 27 Becken und 30 Saunen, die von mehr als 300 Palmen umstandene Wellenlagune ... Die einzelnen Bereiche sind zwar miteinander verbunden, aber auch wieder hinreichend getrennt. Wem es im »Rutschenparadies« zu laut ist, zieht sich ins »Meditationsbecken« oder in die Ruhebereiche der »VitalOase« zurück.

Thermenallee 1–5, Erding, generell Mo–Fr 10–23, Sa/So 9–23 Uhr, Rutschenparadies an schulfreien Tagen ab 9 Uhr, sonst ab 14 Uhr, www.therme-erding.de

- (49) Therme Erding
- 1 Erdinger Weißbräu
- 2 Museum Erding
- 3 Flughafen München
- 4 Weihenstephaner Gärten
- 5 Europäisches Künstlerhaus
- Hotel 1: Hotel Victory Therme Erding
- Hotel 2: Hotel Erdinger Weißbräu
- Hotel 3: Best Western Park Hotel

1 Erdinger Weißbräu

Erdinger Weißbier gibt es in 95 Ländern weltweit und sogar in Norddeutschland … 1886 wurde der Weißbräu in Erding gegründet, heute ist er nicht nur die größte deutsche Weißbierbrauerei in Familienbesitz, sondern auch die größte weltweit. Gebraut wird ausschließlich in Erding. 1983 zog man mit den Produktionsstätten an den Stadtrand, und 2000 öffnete dort das Besucherzentrum seine Tore. Hier beginnt die Führung durch die hochmoderne Brauereianlage. Sie dauert, abschließende Bewirtung eingeschlossen, 3 Std. und erklärt genau, wie man in Erding aus den vier Rohstoffen Wasser, Hopfen, Malz und Hefe zehn unterschiedliche Weißbiersorten braut – die man natürlich am Ende zusammen mit Weißwürsten und Brezn probieren kann.

Franz-Brombach-Str. 1, Erding, März–Dez. Di–Fr 10, 14, 18 Uhr, Sa 10 u. 14 Uhr (Anmeldung erforderlich!), www.erdinger.de

2 Museum Erding

Erding, 36 000 Einwohner, eine *der* deutschen Boom-Städte, ist uralter keltischer Siedlungsgrund. Wie es vom einen zum anderen kam, erfährt man im schönen Regionalmuseum mit seinem golden verkleideten Neubau aus dem Jahr 2010. Sehenswert sind nicht nur die archäologische und zeitgeschichtliche Sammlung, sondern auch die Sonderausstellungen – und die große Fotowand am Eingang: eine Art städtisches Familienalbum, wo man alteingesessenen Erdingern dabei zusehen kann, wie sie sich selbst, Verwandte und Bekannte entdecken.

Prielmayerstr. 1, Erding, Di–So 13–17 Uhr, www.museum-erding.de

3 Flughafen München – Besucherpark

Mit rund 40 Mio. Passagieren ist der Flughafen München der zweitgrößte in Deutschland. In der Nacht vom 16. zum 17. Mai 1992 war der Flugbetrieb vom alten Flughafen in Riem zum neuen Gelände im Erdinger Moos umgezogen – ein logistisches Meisterwerk. Vom Besucherhügel sieht man auf den laufenden Flugbetrieb am Terminal 1, auf Vorfeld und den beiden Start- und Landebahnen. Am Fuß des Berges stehen eine »Tante Ju«, eine Douglas DC-3 und eine Super Constellation. Das Besucherzentrum wurde 2015 komplett erneuert. Hier starten auch die Airport-Touren (unbedingt Tickets reservieren): Am besten bucht man die Airport-Tour XXL (Sa/So und in den bayr. Ferien 11 Uhr), die je nach Betriebslage auch die Abfertigungsvorgänge bei den Starts und Landungen miteinbezieht.

Nordallee 8, München, März–Okt. tgl. 9.30–18 Uhr, Nov.–Feb. tgl. 9.30–17 Uhr, www.munich-airport.de

4 Weihenstephaner Gärten

Auch Nicht-Akademiker dürfen die Gärten des weltbekannten Wissenschaftszentrums auf der Südseite des Weihenstephaner Berges neben der Freisinger Altstadt besuchen. Der Oberdieckgarten (Weihenstephaner Fußweg) für Rosen und Freilandorchideen, Duft- und Arzneipflanzen

Erdinger Herbstfest

Wem das Münchner Oktoberfest zu voll und zu groß ist und das Gäubodenfest in Straubing zu abgelegen, der kommt nach Erding. Zum drittgrößten Volksfest. Neun Tage lang (Ende Aug./Sept.) gibt es das ausgezeichnete Festbier von der Stiftungsbrauerei. www.herbstfest-erding.de

Neben JU 52, Douglas DC-3 und Super Constellation starten die Rundfahrten über das Gelände des zweitgrößten deutschen Flughafens.

wurde 2008 neu gestaltet. Großartig sind auch der Sichtungsgarten für Stauden und Gehölze (Thalhauser Str.) mit seinen Steppengewächsen und Steingärten, der Kleingarten (Am Staudengarten) mit seltenen Gemüse- und Obstarten, der Hofgarten mit seinem Baumbestand und der Buchsgarten – mit bunten Schmuckpflanzen.

Freising, Apr.–Okt. tgl. 9–18 Uhr,
Hof- und Buchsgarten ganzjährig,
www.hswt.de/weihenstephaner-gaerten

5 Europäisches Künstlerhaus

Im ehemaligen Stall der königlich-bayerischen Merinoschafherde dürfen seit 2005 »Artists in residence« drei Ateliers jeweils drei Monate lang bewohnen. Die Lage auf einem grünen Bergrücken am nördlichen Stadtrand von Freising ist ebenso inspirierend wie wunderschön. Zu sehen gibt es spannende Ausstellungen zeitgenössischer Kunst: Malerei, Plastik, Foto, Video, Media. Schönes Café mit Gartenterrasse.

Am Schafhof 1, Freising,
Di–Sa 14–19 Uhr, So 11–19 Uhr,
schafhof-kuenstlerhaus.bezirk-oberbayern.de

Anreise

Hamburg:	1:20 h	Flug
Berlin:	1:10 h	Flug
Dresden:	0:55 h	Flug
Köln:	1:10 h	Flug
Wien:	6:56 h	Bahn

Hotels

Victory Therme Erding
Das neue Themenhotel in der Thermenwelt bietet einen kunterbunten Mix aus Erlebnis-Hotellerie und teilweise erstklassiger Gastronomie. Zimmer und »Kabinen« in verschiedenen »maritimen« Designs mit viel Holz und allem Komfort. Showcooking im »Hafenrestaurant«, internationale Gourmet-Cuisine im »Empire«, feine Cocktails in der »Kaleidoskop«-Bar.
Thermenallee 1a, Erding,
Tel. 081 22/550 30 00, DZ ab 220 €,
www.victory-hotel.de

Hotel Erdinger Weißbräu
Sehr schönes, traditionsreiches Haus in Erdings guter Stube. Zimmer im eleganten Landhausstil, geräumige Suiten in verschiedenen Themenbereichen. Gastronomischer Anziehungspunkt mit großer Reichweite ist natürlich die Brauereigaststätte im Erdgeschoss.
Lange Zeile 1–3, Erding,
Tel. 081 22/88 00 10, DZ ab 120 €,
www.hotel-erdinger-weissbraeu.de

Best Western Parkhotel
Sehr beliebt bei Geschäftsreisenden, Thermengästen und Urlaubern auf dem Weg zum Flughafen München. Unmittelbar neben dem Bahnhof gelegen. In wenigen Minuten ist man zu Fuß in der Altstadt.
Am Bahnhof 3, Erding,
Tel. 081 22/49 90, DZ ab 77 €,
www.bestwestern.de

50 BMW-Welt

München

Premium – darunter macht man es nicht in München und schon gar nicht bei BMW. Für Aufregung sorgten die weiß-blauen Autobauer schon 1973 mit ihrer umgehend zur Architekturikone gewordenen neuen Konzernzentrale, dem »Vierzylinder«, und dem angeschlossenen BMW-Museum. Seit 2007 spannt sich von dort eine 100 m lange Brücke zu einer wild verquirlten Architektur aus Glas und Stahl. Als kombinierte Ausstellungs-, Auslieferungs-, Erlebnis-, Museums- und Eventstätte des Konzerns hat sich die BMW-Welt in kürzester Zeit zur meistbesuchten Sehenswürdigkeit Bayerns entwickelt – weit vor Schloss Neuschwanstein. Man kann das Gebäude bei freiem Eintritt selbst erkunden oder aber die Premium Tour buchen: Zuerst geht es ins 2008 neu konzipierte BMW-Museum (Di–So, 10–18 Uhr), wo 125 Premium-Fahrzeuge in Szene gesetzt werden, und danach ins BMW Werk. Abschließend wird in der BMW-Welt avantgardistische Architektur erklärt – und wie hier Kunden aus aller Welt ihre neuen Autos bekommen. Führungen durch das Stammwerk, wo täglich 900 Autos und bis zu 1400 Motoren entstehen, werden auch angeboten (Mo–Fr 9–16.30 Uhr, langfristig buchen unter Tel. 089/125016001, infowelt@bmw-welt.com). »Premium« sind übrigens auch der Veranstaltungskalender und das 2-Sterne-Restaurant »EssZimmer«.

Am Olympiapark 1, München,
Mo–Sa 7.30–24 Uhr, So 9–24 Uhr,
www.bmw-welt.com

Der »Vierzylinder« der Konzernzentrale wird vom architektonischen Tornado der BMW Welt getoppt.

50 BMW-Welt
1 Olympia-Zeltdachtour
2 Allianz-Arena
3 Pinakotheken
4 Fünf Höfe, Hypo Kunsthalle
1 Anna Hotel
2 Louis
3 Cortiina

1 Olympia-Zeltdachtour

Nicht weit gegenüber der heutigen BMW-Welt wurde am 26. Mai 1972 das Olympiastadion eingeweiht – mit dem Fußball-Länderspiel Deutschland – UdSSR (4:1). Die Architektur des Sporttempels schlägt jene des 35 Jahre jüngeren Autotempels an Kühnheit um Längen. Das liegt vor allem am aberwitzigen Zeltdach: 78 000 qm Acrylglas auf einem von schrägen Masten aufgespannten Netz aus Stahlseilen. Auf dieser atemberaubenden Dachkonstruktion kann man heute eine schwindelerregende Bergwanderung machen – mit Aussicht bis zur Zugspitze. Wer sich traut, kann am Ende per Seilrutsche 200 m quer über die Arena »fliegen« oder sich 40 m frei hängend abseilen lassen.

Spiridon-Louis-Ring 21, München,
Anmeldung unter Tel. 089/30 67 24 14,
www.olympiapark.de

2 Allianz-Arena

Der FC Bayern hat mit Pep Guardiola nicht nur den besten Trainer, sondern mit der 2005 eröffneten Alianz-Arena nach Selbstauskunft auch die »schönste Fußball-Arena der Welt« – selbst wenn die Lage im hohen Norden Münchens, im Winkel zweier Auobahnäste, neben Gewerbegebieten und einer großen Kläranlage nicht toptoptop ist. Die Basler Stararchitekten Herzog & de Meuron haben das Signature Building mit seiner Fassade aus ETFE-Folienkissen entworfen, von denen die 1056 Kissen im Bereich der Außenfassade rot, blau oder weiß leuchten können. 75 0000 Zuschauer verfolgen hier die Heimpartien des FC Bayern München. Touren führen durch die Katakomben mit den Spielerkabinen, auf die Tribünen und zu den Pokalen in der FC Bayern Erlebniswelt. Heiß begehrt sind natürlich die FC Bayern Spieltagstouren – mit Pep live.

Werner-Heisenberg-Allee 25, München,
tgl. 10–18 Uhr, an Spieltagen Sonderzeiten,
www.allianz-arena.de

3 Kunstareal und Pinakotheken

Autos, Fußball – war da noch was? Richtig: Kunst! Die »Museums-, Kunst- und Wissenschaftslandschaft« zwischen Uni und Hauptbahnhof wird seit 2009 als »Kunstareal« weiterentwickelt. Neuester Zugang: das NS-Dokumentationszentrum (Brienner Str. 34, Di–So 10–19 Uhr), ein weißer, von Fensterbändern gegliederter Kubus, in dem seit 1. Mai 2015 vermittelt wird, wie und warum München in den 1930er-Jahren zur »Hauptstadt der Be-

Tollwood

Alle Jahre wieder, und zwar zwei Mal: im Sommer (Juni/Juli) im Olympiapark, im Winter (Nov./Dez.) auf der Theresienwiese. Jeweils 4–5 Wochen lang Markt, Bio-Gastronomie, Theater, Performances, Kabarett, Comedy und Konzerte. Bob Dylan, Patti Smith und Cypress Hill waren auch schon da.
www.tollwood.de

Innen wie außen ein echtes Haus für die Kunst: das 2009 eröffnete Museum Brandhorst.

wegung« wurde. Ebenfalls noch sehr neu ist das Museum Brandhorst (Theresienstr. 35a, Di–So 10–18 Uhr, Do 10–20 Uhr) mit seiner Fassade aus bunten Keramikstäben, hinter der seit 2009 Werke von Warhol, Beuys, Polke, Hirst und v. a. von Cy Twombly zu sehen sind. Die berühmten Pinakotheken daneben haben ihre Felder sauber abgesteckt: In der 2002 eröffneten Pinakothek der Moderne (Barer Str. 40, Di–So 10–18 Uhr, Do 10–20 Uhr) ist neben Werken der klassischen Moderne viel Gegenwartskunst untergebracht: Bilder, Installationen, Design, Foto, Video; daneben zeigt das Architekturmuseum seine Wechselausstellungen. Die Alte Pinakothek (Barer Str. 27, Di–So 10–18 Uhr, Do 10–20 Uhr) zeigt Alte Meister bis zum Beginn des 19. Jh., die »Neue« (Barer Str. 29, Mi–Mo 10–18 Uhr, Mi 10–20 Uhr) hört bei Jugendstil und Impressionismus auf.

Barer Str., Theresienstr., Briennerstr., München, www.kunstareal.de, www.pinakotheken.de

4 Fünf Höfe, Hypo-Kunsthalle

Schick shoppen, das kann man nicht nur in der Münchner Maximilianstraße, sondern auch in den Fünf Höfen: in Markenstores von A wie Alessi bis Z wie Zegna. Auch hier plante das Architekturbüro Herzog & de Meuron den Umbau des ehemaligen Bankenstandorts in Münchens guter Stube zu einem 17 000 m^2 großen Stadtquartier. Dazu gibt es ein Dutzend Cafés, Bars und Restaurants – und eine tolle Kunstlocation: die Hypo Kunsthalle (Theatinerstr. 8, tgl. 10–20 Uhr, www.kunsthalle-muc.de), die mit wechselnden Ausstellungen internationaler Kunst aus allen Epochen begeistert: von Dürer bis Disney, von Rembrandt bis Rothko.

Theatinerstr. 11, München,
Mo–Fr 10–19 Uhr, Sa 10–18 Uhr,
www.fuenfhoefe.de

Anreise

Hamburg:	1:20 h	Flugzeug
Berlin:	1:10 h	Flugzeug
Dresden:	0:55 h	Flugzeug
Köln:	1:10 h	Flugzeug
Frankfurt:	3:13 h	Bahn

Hotels

Anna Hotel
Zeitgemäßer Luxus am Karlsplatz. Wer es sich leisten kann, nimmt ein Turmzimmer mit tollem Rundblick auf das Gewimmel der Menschen und Autos – oder sogar die Turmsuite mit eigener Dachterrasse, ein echtes Münchner Highlight. Asiatisch grundierte Küche serviert das Restaurant im Erdgeschoss.
Schützenstr. 1, München,
Tel. 089/59 99 40, DZ ab 160 €,
www.annahotel.de

Louis
Recht neue und unaufdringlich-schicke Adresse in der ersten Reihe am berühmten Viktualienmarkt. In den wunderschön gestalteten Zimmern dominieren helle Naturtöne, im Restaurant »Emiko« gefallen japanische Kochkünste.
Viktualienmarkt 6, München,
Tel. 089/41 11 90 80, DZ ab 189 €,
www.louis-hotel.com

Cortiina
Immer noch so etwas wie ein Geheimtipp ist dieses schöne Designhotel ganz in der Nähe des Hofbräuhauses – und von diesem um gastronomische Welten getrennt. Einen absoluten Tipp verdient die schöne Bar mit ihren feinen Gerichten, v. a. aber mit ausgezeichneten Cocktailvariationen.
Ledererstr. 8, München,
Tel. 089/242 24 90, DZ ab 179 €,
www.cortiina.com

REGISTER

IMPRESSUM // BILDNACHWEIS

Liebe Leserinnen und Leser,
vielen Dank, dass Sie sich für einen Titel der Marke Holiday entschieden haben. Wir freuen uns, Ihre Meinung zu diesem Reiseführer zu erfahren. Bitte schreiben Sie uns an holiday@travel-house-media.de, wenn Sie Berichtigungen und Ergänzungen haben – und natürlich auch, wenn Ihnen etwas ganz besonders gefällt.

Alle Angaben in diesem Reiseführer sind gewissenhaft geprüft. Preise, Öffnungszeiten usw. können sich aber schnell ändern. Für eventuelle Fehler übernimmt der Verlag keine Haftung.

Holiday ist eine eingetragene Marke der GANSKE VERLAGSGRUPPE.

1. Auflage
ISBN: 978-3-8342-2132-2

Bei Interesse an maßgeschneiderten Produkten:
veronica.reisenegger@travel-house-media.de
Tel. 089/450 00 99 12

Bei Interesse an Anzeigenschaltung:
KV Kommunalverlag GmbH & Co KG
Tel. 089/928 09 60
info@kommunal-verlag.de

TRAVEL HOUSE MEDIA
Postfach 86 03 66
81630 München
holiday@travel-house-media.de
www.travel-house-media.de

TRAVEL HOUSE MEDIA

Ein Unternehmen der
GANSKE VERLAGSGRUPPE

Programmgeschäftsleitung
Michaela Lienemann

Idee/Konzept
Verónica Reisenegger, Axel Klemmer

Autor
Axel Klemmer, Jahrgang 1963, hat Geografie studiert und als gebürtiger Berliner den Süden der Republik mit dem Mittelpunkt München zur zweiten Heimat gewählt. Er schreibt für Zeitungen und Fachmagazine und ist Autor zahlreicher Reiseführer und Publikationen über Deutschland, Österreich und die Schweiz.

Autor Booklet
Axel Klemmer

Layout
Michaela Reitinger M-DESIGN

Bildredaktion
Dr. Nafsika Mylona

Schlussredaktion
Christine Miller

Bearbeitung der Karten
Sybille Rachfall

Produkt- und Projektmanagment
Bianca Jasny, Veronika Geiger

Produktion
Anna Bäumner

Repro
Repro Ludwig, Zell am See

Druck und Bindung
Printer Trento, Italien

PEFC
PEFC/18-31-506

4-5 laif: Thomas Ernsting; 7 laif: Martin Kirchner; 8-9 LOOK-foto; 11 laif: Martin Kirchner; 12-013 JAHRESZEITEN VERLAG: Lukas Spoerl; 15 laif: Norbert Enker; 16-17 mauritius images: Torsten Krüger; 19 JAHRESZEITEN VERLAG: Gerald Hänel; 20-021 JAHRESZEITEN VERLAG: Gerald Hänel; 23 JAHRESZEITEN VERLAG: Gerald Hänel; 24 J.M. Schlorke; 26 mauritius images: imageBROKER/ Wolfgang Diederich; 27 laif: Christian Kaiser; 29 Glow Images; 30 JAHRESZEITEN VERLAG: Gerald Hänel/ GARP; 32 JAHRESZEITEN VERLAG: Gerald Hänel/GARP; 34-035 Bildagentur Huber: C. Dörr; 37 LOOK-foto: Thomas Grundner ; 38-039 JAHRESZEITEN VERLAG: Lukas Spoerl; 41 dpa Picture-Alliance: Stefan Sauer; 42 mauritius images: imageBROKER/ Hans Zaglitsch; 44 Glow Images; 45 imago/BildFunkMV; 47 dpa Picture-Alliance: Sabine Steinmeier; 48-49 Corbis; 51 vario images: imageBROKER; 52 JAHRESZEITEN VERLAG: Philip Koschel; 54 JAHRES-ZEITEN VERLAG: Philip Koschel; 56 imago/Schöning; 58 dpa Picture-Alliance: Patrick Pleul; 60 laif: Kirchner; 62 dpa Picture-Alliance: Andreas Franke; 63 Bildagentur Huber: R. Schmid; 65 vario images: Ulrich Baumgarten ; 66-67 JAHRESZEITEN VERLAG: Darshana Borges; 69 fotolia: T. Linack; 70 Getty Images: Olaf Protze; 72 JAHRESZEITEN VERLAG: Walter Schmitz; 74-75 dpa Picture-Alliance: Hendrik Schmidt; 77 JAHRESZEITEN VERLAG: Lukas Spoerl; 78-79 JAHRESZEITEN VERLAG: Lukas Spoerl, © VG Bild-Kunst, Bonn 2015; 81 JAHRESZEITEN VERLAG: Lukas Spoerl, © courtesy Galerie EIGEN + ART Leipzig/Berlin/ VG Bild-Kunst, Bonn 2015; 82 laif: Peter Hirth; 84 laif: Clemens Zahn; 85 laif: Heiko Meyer; 87 fotolia: Leonardo Franko; 88-89 Bildagentur Huber: Lubenow; 91 dpa Picture-Alliance: Peter Endig; 92-93 mauritius images: Christian Bäck; 95 Shutterstock: Oleg Senkov; 96-97 JAHRESZEITEN VERLAG: H & D Zielske; 99 Marek Kruszewski; 100-101 laif: Dirk Eisermann; 103 fotolia: thomaslerchphoto; 104-105 JAHRESZEITEN VERLAG: Arthur F. Selbach; 107 Bildagentur Huber: Arcangelo Piai; 108 JAHRESZEITEN VERLAG: Lukas Spoerl; 110 laif: Martin Kirchner; 112-113 Shutterstock: Smileus; 115 JAHRESZEITEN VERLAG: H & D Zielske; 116-117 mauritius images: imageBROKER/Sabine Lubenow; 119 imago/Rüdiger Wölk; 120-121 Shutterstock: Dirk Ercken; 123 JAHRESZEITEN VERLAG: Klaus Bossemeyer; 124-125 imago/blickwinkel; 127 Red Dot Design Museum: Simon Bierwald; 128 vario images: HPHeinrichs; 131 laif: Sabine Bungert; 132-133 LOOK-foto/Jörn Sackermann; 135 fotolia: Markus Haack; 136 vario images: Joern Wolter; 138 mauritius images: Alamy; 139 mauritius images: Andreas Vitting; 141 Eric Nehrbass; 142 JAHRESZEITEN VERLAG: Arthur F. Selbach; 144 fotolia: sinuswelle; 145 BASF SE; 147 GlowImages; 148-149 Shutterstock: Sean Pavone; 151 Corbis; 152 dpa Picture-Alliance: Uli Deck; 154 fotolia: Yven Dienst; 155 JAHRESZEITEN VERLAG: Klaus Bossemeyer; 157 JAHRESZEITEN VERLAG: Arthur F. Selbach; 158-159 LOOK-foto: H. & D. Zielske; 161 laif: Raach; 162 VISUM: Bjoern Goettlicher; 164 Bildagentur Huber: R. Schmid; 166 laif: Ralf Brunner; 168 dpa Picture-Alliance: Stefan Puchner; 169 GlowImages; 172-173 laif: Kruell; 175 dpa Picture-Alliance: Frank Mächler; 176 Sigrun Lenk; 178 JAHRESZEITEN VERLAG: Darshana Borges; 180-181 THERME ERDING; 183 mauritius images: Alamy; 184-185 JAHRESZEITEN VERLAG: Klaus Bossemeyer; 187 laif: Jens Schwarz
Icons: Michaela Reitinger; Artco/Fotolia.com; Thierry RYO/Fotolia.com